영단어
이미지 기억법

단어를 분석하여 쉽게 외우는
영단어 이미지 기억법3

발행일   2025년 3월 31일

지은이   전왕   감수   박 프란세스, Jeffrey Fuller
펴낸이   손형국
펴낸곳   (주)북랩
편집인   선일영   편집   김현아, 배진용, 김다빈, 김부경
디자인   이현수, 김민하, 임진형, 안유경   제작   박기성, 구성우, 이창영, 배상진
마케팅   김회란, 박진관
출판등록 2004. 12. 1(제2012-000051호)
주소   서울특별시 금천구 가산디지털 1로 168, 우림라이온스밸리 B동 B111호, B113~115호
홈페이지   www.book.co.kr
전화번호   (02)2026-5777   팩스   (02)3159-9637

ISBN   979-11-7224-559-7 13740 (종이책)   979-11-7224-560-3 15740 (전자책)

(주)북랩 성공출판의 파트너
북랩 홈페이지와 패밀리 사이트에서 다양한 출판 솔루션을 만나 보세요!
홈페이지 book.co.kr   •   블로그 blog.naver.com/essaybook   •   출판문의 book@book.co.kr

작가 연락처 문의 ▸ ask.book.co.kr
작가 연락처는 개인정보이므로 북랩에서 알려드릴 수 없습니다.

단어를 분석하여 쉽게 외우는

영단어 ③
이미지 기억법

전왕 지음 | 박 프란세스, Jeffrey Fuller 감수

**영단어 기억의 원리,
몸통을 찾고 형상화하여 의미를 부여하라!**

 북랩

영단어 기억의 원리

1. 몸통 찾기

영어 단어는 몸통(어근, 語根, root / 어간, 語幹, stem - 단어의 실질적 의미를 나타내는 중심 부분으로 더 이상 분해할 수 없는 부분)에 접두사(ab, ad, bene, con, dis, ex, pre 등), 접미사(ate, ics, tion, ward 등)가 결합된 구조로 되어 있다. 보이지 않는 실체를 공략하기 위해서는 몸통을 찾아야 하듯이 영어 단어를 정복하기 위해서는 우선 몸통을 찾아야 한다. 단어의 몸통은 단어 형성 초기의 가장 원시적이고 기본적인 형태로서 대체로 그 기원은 라틴어, 그리스어에 있다. 이것을 찾으면 관련 단어를 쉽게 이해할 수 있다. 예컨대 라틴어 caput(머리)에서 나온 cap을 몸통으로 하여 escape, cape, capital 등의 단어가 만들어지는데 escape는 밖으로(es=ex) 머리(cap)를 내밀어 「탈출하다」. cape는 바다로 머리를 내민 곳, capital은 사업을 위해 가장 중요한 머리에 해당하므로 '자본'이 된다.

라틴어 tingere(물들이다, 염색하다)에서 tin, tinge라는 몸통을 찾아낼 수 있는데 tin, tinge는 '물들다', '접촉하다'의 의미를 가지게 되고 여기서 tint(색조, 염색하다), tinge(색채를 가미하다), contingent(대표단, 우발적인), contiguous(인접한, 근접한)가 만들어졌다.

trad(라틴어 tradere - 넘겨주다, 인도하다)를 몸통으로 하여 trade(거래), tradition(전통), extradite(범죄인을 인도하다)가 만들어졌다. 농사를 짓기 전 인류는 forest(숲)에서 사냥하거나 채집 생활을 하며 먹을 것을 찾았기 때문에 fo 또는 for는 먹이와 관련이 있다. food(음식), foster(먹이를 주어 양육하다), foray(먹이를 낚아채기 위해 습격하다)에는 모두 fo(for)가 몸통으로 들어가 있다. 항구(port)에 가면(ap=ad ~쪽으로) 기회(apportunity)가 있고 ramp(경사로)에는 풀이 걷잡을 수 없게 자란다(rampant 걷잡을 수 없는). 이런 식으로 영어 단어는 그 몸통을 찾으면 그 의미를 쉽게 유추할 수 있으므로 단어의 몸통을 찾는 것은 기억에 매우 유리하게 작용한다.

2. 형상화

　문자가 발명되기 전 인류 역사의 대부분 동안 인간은 이미지로 기억해 왔기 때문에 인간은 이미지로 기억하도록 진화되어 왔다(수백만 년의 인류 역사에 비하면 문자를 사용한 2,000년 정도의 기간은 지극히 짧은 기간이다). 뇌과학 이론에 따르면 인간의 기억은 학습(경험) 당시의 분위기, 학습자의 감정과 섞여 일련의 스토리가 되어 맥락으로 저장되어 있고 인간은 기억할 때 이미지를 먼저 떠올리는데 진화 과정에서 쌓아온 인간의 이미지 재생능력은 매우 탁월하다. 기억할 내용의 이미지는 전체 기억의 골격이 되고 우리가 이미지를 떠올릴 수 있다면 이미 절반 이상은 기억한 것이다. 따라서 기억하고 싶은 내용을 이미지로 저장하는 것은 기억 재생에 있어서 매우 유리한 조건이 된다.

---

3. 의미 부여

　"숲속을 헤매다가 기진맥진한 상태에서 맛본 잊을 수 없는 그 과일의 맛"처럼 기억하고자 하는 대상에 특별한 의미가 있다면 그것은 더 잘 기억된다. 의미를 부여하는 것은 기억의 접착제 역할을 한다. 이미지를 만드는 것이 기억이라는 건물의 골격을 만드는 것이라면 의미를 부여하는 것은 건물 벽에 접착제로 외장재를 붙이는 것이 되어 기억의 완성도가 더 높아지게 된다. 암기한 단어는 의미를 부여하고 이해해야 그것을 완전히 안다고 말 할 수 있다.

4. 이 책의 특징

- 단어의 어원에서 단어의 실질적 의미를 나타내는 몸통(어근, 어간)을 찾아서 기억하기 쉽도록 이미지로 형상화하였다.
- 영단어의 몸통에 해당하는 부분을 이미지로 형상화한 후 몸통에서 파생되는 여러 단어를 찾아 관련성 있는 어휘를 모두 익힐 수 있도록 하였다.
- 수록된 단어에 의미를 부여하여 이해를 통해 기억의 완성도를 높이고 그것을 다른 학문 분야와 연결하여 다방면의 지식과 통합함으로써 세상사 전반에 대한 사고력, 통찰력을 기를 수 있도록 하였다.

- p.s: 이 책의 영어문장을 감수해 주신 박 프란세스 선생님과 미국인 Jeffrey Fuller 선생님께 감사드립니다.

2025년 3월

저자 전왕

이 책의 공부 방법

1.

왼쪽 페이지의 그림과 단어를 보고 그 의미를 짐작해 본 후 자신이
생각했던 의미와 일치하는지 확인해 본다.

2.

왼쪽 페이지의 그림과 박스 부분에서 어원을 파악하고 단어의 기본적 형
태가 어떻게 변형되어 파생어를 낳게 되는지 살펴본다.

3.

오른쪽 페이지의 박스 부분에서 단어의 상세한 의미를 이해하고
박스 아래쪽의 예문, 구문으로 단어의 구체적 활용법을 익힌다.

4.

단어를 생각할 때 그 이미지를 떠 올려서 쉽게 기억할 수 있도록
그림을 머릿속에 입력시킨다.

5.

최상의 방책은 반복이라는 점을 명심하고 이미지와 내용이
상승작용을 일으킬 수 있도록 반복적으로 보고 읽는다.

Contents

78. dysfunction, accomplice, intimate
79. laconic, megalith, megalomania, forge, forgery
80. negate, negative, positive, gaudy, joyful, rejoice
81. depose, deposit, affix, inquisitive, inquiry
82. intertwine, skeleton, tit for tat
83. kernel, core, cardiac, jut
84. legacy, legatee, steamline, perfume
85. offspring, tease, invertebrate
86. restore, mine, miner, undermine
87. stalemate, deadlock, moratory, moratorium, hive
88. trait, dice, camouflage
89. blanket, cushion, jocose
90. precipice, precipitate, precipitation, runoff
91. armament, armor, disarm, intervene
92. surface, superficial, insulate, ingenious
93. evangel, evangelize, retrospect, prospect, dwell
94. daze, dazzle, anxious, anxiety, collective, collection
95. frequent, infrequent, latitude, longitude, extend, extent
96. plunge, reverse, irreversible, terrify, terrific
97. demote, promote, rebate, dignity, dignitary
98. baggage, divide, indivisible, subdivide, outlying
99. install, equanimity, equanimous
100. apply, appliance, applicable, centripetal, centrifugal
101. nutrient, nurture, nurse, event, eventful, eventual
102. embody, rake, beget
103. proper, property, propel, embark, disembark
104. sure, ensure, assure, obstinate, glare
105. atmosphere, biosphere, hemisphere, lurk, doom
106. inform, information, patch, dispatch, prestige
107. approach, ulcer, cue, queue
108. stub, stubby, stubborn, compromise, confront
109. crescent, increase, increment, prerequisite, commensurate
110. figure, figurative, configuration, rip, ripple
111. scrutiny, scruple, deprave, depravation
112. dispel, repel, peril, perish, imperil
113. guile, beguile, sullen, solitary, solitude
114. glow, glory, glimpse, outweigh, overtake, undertake
115. exhort, synthetic, thesis, hypothesis, refashion
116. replenish, plate, lag, laggard, rubbish
117. retail, wholesale, prudent, provide, commodity, commerce
118. postulate, conceal, literal
119. memory, memorial, commemorate, even, acute
120. refer, reference, relate, relation
121. perspire, respire, inspire, acrobat, damp
122. respect, respective, disrespect, cater
123. avian, aviate, exert, exertion
124. encompass, acclaim, effect, efficiency, efficacy
125. prolific, proliferate, proletariat, resort
126. intense, tension, intensity, intend, drop out
127. notorious, notice, notify, concur, current, concurrent
128. hale, inhale, exhale, sewer, sewage
129. pound, impound, vacuum, vacuous, vacate
130. convoy, convey, invert, revert, advert, convert
131. catastrophe, catacomb, debt, debit, outlay
132. audio, audit, audition, auditory, distress
133. presence, precedented, absence, tort, torture, retort
134. profuse, effuse, diffuse, wring
135. consist, consistent, consistency, subdue
136. revere, reverent, eloquent, traitor, betray
137. voluntary, involuntary, impede, impeach
138. autonomous, autonomy, precept, concept, mischief
139. superstition, trivia, trivial, trifle, fortress
140. sterile, sterilize, expedite, expedition
141. tread, trespass, treadmill, itinerary, itinerant, detergent
142. advantage, disadvantage, integrate, integral, integrity
143. portion, proportion, affirmative, endeavor
144. pregnant, pregnable, impregnable, allure, stride, strident
145. amphibian, setback, accost
146. strenuous, pest, pester, combust
147. compound, rectangle, correct, incorrect
148. criterion, critic, criticize, robe, rubbish, quarry
149. defer, deference, multitude, multiple, multilateral
150. prophet, prophecy, prophesy, meander, meanderingly

prominent, temporary, contemporary

eminent people

eminent scholar

*라틴어 minere
돌출하다

*eminent 저명한, 탁월한
*prominent 두드러진,
　　　　　현저히 눈에 띄는
*prominence 명성, 중요성

prominent nose

prominent
ear

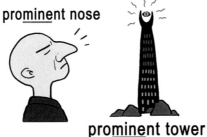

prominent tower

tempo

temporary

*tempo 박자, 속도

*temporary 일시적인, 임시의
*temporal 현세적인, 속세의
*temporize 시간을 벌다, 미루다
*temporizer 기회주의자
*contemporary 동시대의(인물)

temporal joy

temporary
passport

세종대왕
헨리 7세
코페르니쿠스

contemporaries
동시대 인물들

temporal power

prominent ① 중요한, 유명한 ② 두드러진, 현저한

* **e**(밖으로 ex) + 라틴어 **minere**(돌출하다) + **ent**(접미사) → **eminent** 저명한, 탁월한

* **pro**(앞으로) + **eminent**(저명한, 탁월한) → **prominent** 중요한, 유명한, 두드러진

* **prominence** 중요성, 명성, 유명함, 현저함　* **prominently** 눈에 잘 띄게

예문

He has a wide network of prominent figures. 그는 저명인사들과 폭넓은 인간관계를 가지고 있다.

She has recently risen to prominence. 그 여자는 최근에 유명해졌다.

Reason can never be popular. It will always remain the property of a few eminent individuals.

이성은 결코 인기가 없다. 이성은 항상 소수의 뛰어난 자들의 자산으로 남을 것이다. - 괴테

*대중은 열정과 감정에 익숙하며 이성적으로 판단하지 않는 경우가 많다. 따라서 다수의 견해가 옳다는 보장은 전혀 없다.

구문

• prominent career 뛰어난 경력
• prominent feature 두드러진 특징
• a prominent nose 돌출된 코
• prominent cheekbones 툭 튀어나온 광대뼈
• a prominent expert 유명한(뛰어난) 전문가
• prominent teeth 뻐드렁니
• be prominently displayed
　눈에 잘 띄게 전시(진열)되어 있다

• give an undue prominence to
　~에 과도한 중요성을 부여하다
• achieve a prominence 명성을 얻다
• political eminence 정치적 명성
• come to prominence 두각을 나타내다, 유명해지다
• rise to international prominence
　세계적 인기를 얻다

contemporary ① 동시대의, 당대의 ② 동년배, 같은 시대의 사람

* **tempo**(박자, 속도) → **temporary** 일시적인, 임시의

* **con**(함께) + **temporary**(일시적인, 임시의) → **contemporary** 동시대의, 당대의

* **temporal** ① 현세적인, 속세의 ② 시간의 제약을 받는

* **temporize** (결정, 확답을) 미루다, 우물쭈물하며 시간을 끌다

구문

• contemporary literature 현대문학
• contemporary dance 현대무용
• a contemporary of Newton 뉴턴과 동시대의 사람
• a temporary home 임시 가옥
• temporary accommodation 임시 거처(숙소)
• temporary traffic control 일시적 교통 통제
• a temporary settlement 잠정적 해결
• a temporary passport 임시 여권

• a temporary error 일시적인 오류
• temporal power 세속적 권력
• temporal joys 현세(속세)의 기쁨
• temporal dimensions 시간적 차원
• temporal authority 세속적 권위
• temporize on the witness stand
　증인석에서 직접적 질문을 교묘히 피하며 시간을 끌다

clumsy, feeble, canine, tusk

thumb

numb

dumb

um은 감각이 둔한
것과 관련이 있다

*numb 감각이 없는, 멍한
*thumb 엄지 손가락
*dumb 벙어리의, 멍청한
*clumsy 어설픈, 서투른

clumsy fingers

clumsy walking

*feeble 허약한

*enfeeble 약화시키다
*feebly 약하게, 희미하게

enfeeble

feeble

fang

tusk

canine

tusk

*canine 개의, 송곳니
*fang 송곳니, 독니
*tusk 엄니

clumsy 어설픈, 서투른, 어색한

* 스칸디나비아어 **klumsa**(추워서 감각이 없는, 말을 잃은) → **clumsy** 어설픈, 서투른
* **um**은 감각이 둔한 것과 관련이 있다.   * **numb** ① 감각이 없는, 멍한 ② 감각이 없게 만들다
* **thumb** 엄지손가락(엄지손가락은 감각이 둔하다)   * **dumb** 벙어리의, 말을 못하는, 멍청한

(예문)

Your clumsy fingers cannot untie the knot. 너의 어설픈(서투른) 손으로는 그 매듭을 풀 수 없다.

He has clumsy hands. 그는 손재주가 없다.

The action was a clumsy attempt to enlarge distribution. 그 조치는 분배를 확대하려는 어설픈 시도였다.

He is under the thumb of his wife. 그는 아내의 손아귀에 있다.

(구문)

• a clumsy dancer 어설픈 무용수
• a clumsy lie 서투른 거짓말
• numb with cold 추위로 감각이 없는
• a numb leg 저린 다리

• a dumb thing 멍청한 짓
• a dumb blonde 멍청한 금발 미인
• be stuck dumb with amazement
  너무 놀라 말문이 막히다

feeble 아주 약한, 허약한

* 스페인어 **feble**(약한, 여윈) → **feeble** 허약한
* **en**(make) + **feeble**(약한) → **enfeeble** 약화시키다, 쇠약하게 만들다
* **feebly** 약하게, 힘없이, 희미하게   * **feebleness** 약함, 미약함, 무력함

(예문)

A feeble body enfeebles the mind. 허약한 육체는 마음을 허약하게 한다.

It is a feeble argument. 그것은 설득력이 없는 주장이다.

(구문)

• feeble-minded 의지가 박약한, 정신력이 약한
• Don't be so feeble. 허약하게 굴지 마.

• the feeble heartbeat 약한 심장박동 소리
• a feeble attempt 미약한 시도

canine ① 개(의) ② 송곳니

* 라틴어 **canis**(개) → **canine** ① 개의 ② 송곳니
* **fang** (뱀, 개 등) 송곳니   * **tusk** 엄니, 입 밖으로 나와 있는 길고 뾰족한 이빨

(예문)

We have two canine teeth in our mouth. 우리 입속에는 두 개의 송곳니가 있다.
*영장류(primates)가 송곳니를 드러내는 것은 물어뜯겠다는 위협의 의사표시다.

A rat always flashes his fangs when backed into a corner. 생쥐도 궁지에 몰리면 송곳니를 내보인다.

(구문)

• kill elephants for their tusks
  상아를 얻기 위해 코끼리들을 죽이다

• a venom fang (독사의) 독니

alter, alternate, discern, discreet

alter ego

alter the price

~~10000 원~~
5000 원

voice alteration

cloth alteration

*alter 변하다, 바꾸다

*alteration 변화, 변경
*alternate 번갈아 생기는,
　　　　하나 거르는
*alternative 대안, 대체제

alternate

plan A
plan B

alternative
solution

alternate
layer

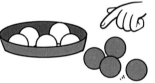

discern
the difference

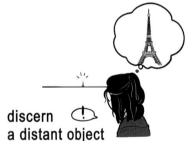

discern
a distant object

great
discernment

...Hum.

sign

discreet
in behavior

discreet
person

discerning
person

*discern 알아차리다, 식별하다

*discerning 안목이 있는
*discernment 안목

* 라틴어 cernere
체로 치다, 골라내다
*라틴어 discretus
분리된

*discreet 신중한, 조심스러운

*discretion 신중함, 재량
*indiscreet 지각없는, 조심성 없는

ROOT/STEM

alter ① 변하다, 달라지다 ② 바꾸다, 고치다 ③ 다른

* 라틴어 **alter**(다른 other) → **alter** ① 변하다, 달라지다 ② 바꾸다, 고치다.　　* **alteration** 변화, 변경, 개조
* **alternate** ① 번갈아 생기는, 하나 거르는 ② 번갈아 나오(게 하)다
* **alternative** ① 대안, 대체재 ② 대체 가능한, 대안이 되는, 대안적인
* **alternatively** 그 대신에, 그렇지 않으면(양자택일로)

예문

Love is not love which alters when it alteration finds.
변화가 생길 때 변하는 사랑은 사랑이 아니다. - 윌리엄 셰익스피어

Fashion is a form of ugliness so intolerable that we have to alter it every six months.
유행이란 참을 수 없을 정도로 볼품없는 것이어서 6개월마다 바꿔주어야 한다. - 오스카 와일드

Joy and sorrow alternate. 기쁨과 슬픔은 번갈아 온다.

Good luck alternates with misfortune. 행운과 불행은 번갈아 온다.

The only alternative to coexistence is codestruction. 공존을 대체할 유일한 것은 공멸이다. - 자와할랄 네루

The more alternatives, the more difficult the choice. 대안이 많을수록 결정이 어렵다.

구문

- **alter ego** 또 다른 자아
- **alter one's voice** 목소리를 바꾸다
- **alter the schedule** 일정을 변경하다
- **alter one's mind** 마음을 바꾸다(고쳐먹다)
- **clothing alteration** 의류 수선
- **voice alteration** 음성변조
- **allow of some alteration** 다소 변경의 여지가 있다
- **alternate A and B** A와B를 번갈아 끼우다
- **work on alternate sundays** 일요일 격주로 근무하
- **on alternate days** 격일제로
- **alternate layers of A and B** A와 B가 층층이 쌓인 것

ROOT/STEM

discreet 신중한, 조심스러운

* **dis**(분리) + 라틴어 **cernere**(체로 치다, 골라내다, 구별하다) → **discern** (분리해서 체로 치면 알아보기 쉬우므로) 알아차리다, 식별하다
* **discern**(식별하다) → **discerning** 안목이 있는　　* **discernment** 안목
* 라틴어 **discretus**(분리된) → **discreet** 신중한, 조심스러운　　* **discretion** 신중함, 재량
* **indiscreet** 지각없는, 조심성 없는　　* **indiscretion** 무분별한(지각없는, 경솔한) 행동

예문

Love is a madness most discreet. 사랑은 가장 분별 있는 광기이다. - 셰익스피어

The better part of valour is discretion. 용기의 중요한 부분은 신중함이다. - 셰익스피어

The pride of old age is in discretion. 노년기의 자랑스러움은 분별력에 있다. - 데모크리토스
*청년기의 자랑은 힘, 혈기, 아름다움에 있고 노년의 자랑은 분별력에 있다.

It is left to his discretion. 그것은 그의 재량에 달려 있다.

A sound discretion is indicated by never repeating a mistake.
건전한 분별은 잘못을 결코 반복하지 않는 것으로 나타난다.

구문

- **indiscreet use** 무분별한 사용
- **an indiscreet person** 조심성 없는 사람
- **discerning customers** 안목 있는(눈이 높은) 고객들
- **a discerning interrogator** 통찰력 있는 질문자(심문관)

subside, subsidy, adjourn, hotbed

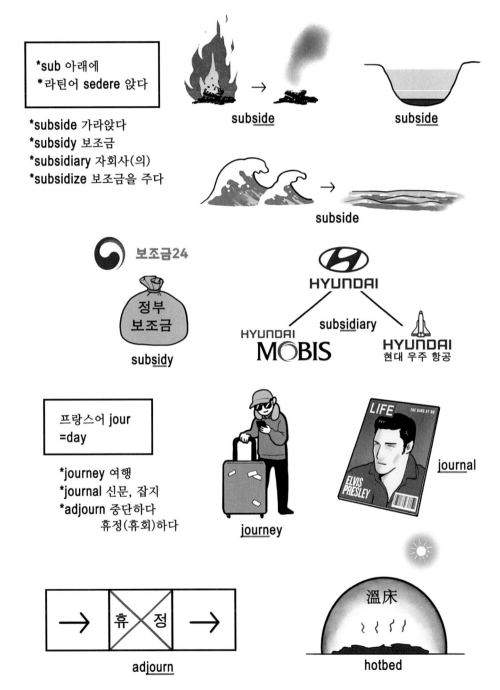

*sub 아래에
*라틴어 sedere 앉다

*subside 가라앉다
*subsidy 보조금
*subsidiary 자회사(의)
*subsidize 보조금을 주다

subside

subside

subside

보조금24

정부
보조금

subsidy

HYUNDAI

subsidiary

HYUNDAI
MOBIS

HYUNDAI
현대 우주 항공

프랑스어 jour
=day

*journey 여행
*journal 신문, 잡지
*adjourn 중단하다
    휴정(휴회)하다

journey

LIFE
ELVIS
PRESLEY

journal

휴 정

adjourn

溫床

hotbed

ROOT/STEM

subside ① 가라앉다, 진정되다 ② 침하되다, 내려앉다, 빠지다

* **sub**(아래에) + 라틴어 **sedere**(앉다) → 라틴어 **subsidere**(가라앉다, 진정되다)

→ **subside** 가라앉다, 진정되다, 침하되다

* **subside**(가라앉다, 진정되다) → **subsidy** (불안을 가라앉히기 위한) 보조금

* **subsidy**(보조금) → **subsidize** 보조금을 주다   * **subsidiary** (보조금을 받는) 자회사, 자회사의

예문

A sinkhole caused the building to subside into the earth. 싱크홀이 그 건물을 땅속으로 내려앉게 했다.

I waited for his anger to subside. 나는 그의 화가 가라앉기를 기다렸다.

The subsidy has been slashed. 보조금이 대폭 삭감되었다.

The electric vehicles are subsidized by the government. 전기자동차는 정부의 보조금을 받는다.

We have to avoid subsidies just to keep the company alive.
우리는 단지 그 회사의 연명을 위한 보조금 지급을 피해야 한다.

구문

• **subsidize the party** 정당에 보조금을 주다   • **a subsidiary subject** 부전공

• **agricultural subsidies** 농업 보조금   • **a subsidiary company** 자회사

• **operating subsidy** 운영 보조금

ROOT/STEM

adjourn (재판, 회의 등) 중단하다, 휴정(휴회)하다

* 프랑스어 **jour**(day) → **journey** 여행 * **journal** 신문(잡지, 학술지)

* **ad**(방향) + **jour**(day) → **adjourn** 중단하다, 휴정(휴회)하다

예문

The court will adjourn for 30 minutes. 법원은 30분 동안 휴정할 것이다.

Our mortal journey is over all too soon. 죽음을 향해 가는 우리의 여행은 너무도 빨리 끝난다.

구문

• **adjourn the meeting** 회의를 연기하다   • **a medical journal** 의학 학술지

• **adjourn until tomorrow** 내일로 미루다   • **this month's journal** 이번 달 잡지

ROOT/STEM

hotbed (범죄, 폭력 등의) 온상

예문

The beauty salon is a hotbed of rumors. 그 미용실은 소문의 온상이다.

The area has been a hotbed of terrorism attacks for decades.
그 지역은 수십 년간 테러 공격의 온상이 되어 왔다.

He claims the migrant worker community is a hotbed of violent crime.
그는 이주노동자 사회가 폭력 범죄의 온상이라고 주장한다.

구문

• **a hotbed of crime** 범죄의 온상   • **a hotbed of vices** 악의 소굴

purchase, affiliate

*chase
뒤쫓다, 추적하다

*purchase
구입(구매), 구입(구매)하다

chase a criminal

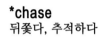

chase money

proof of pur<u>chase</u>

pur<u>chase</u>

af (방향)
*라틴어 filius 아들, 자식

*affiliate 제휴하다, 연기하다
*affiliated 소속된, 연계된
*affiliation 소속, 제휴, 가맹
*unaffiliated 소속되어 있지 않은
*sub- affiliate 하위협력업체

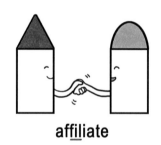

aff<u>ili</u>ate

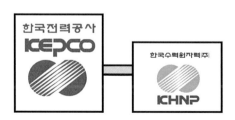

sub-aff<u>ili</u>ate

ROOT/STEM

purchase 구입, 구매(하다), 구입(구매)한 것
* **pur**(앞으로 **pro**) + **chase**(뒤쫓다, 추적하다)
→ **purchase** (앞으로 가서 추적하여) 구입하다, 구입한 물건
* **chase** ① 뒤쫓다, 추적하다, ② 추적, 추격 ③ ~을 좇음(추구함)

예문

Everything is worth what its purchaser will pay for it. 모든 것은 구매자가 값을 지불한 만큼의 가치가 있다.
*사람들은 공짜로 얻는 것을 소홀히 여기는 경향이 있다.

The bag is a wise purchase. 그 가방은 아주 잘 산 거야.

The more you chase money, the harder it is to catch it. 돈을 좇을수록 돈을 잡는 것이 더 힘들어진다.
*돈을 추구하면 돈은 달아난다. 열심히 노력하여 어떤 일을 잘하게 되면 그 일이 좋아지게 되고, 좋기 때문에 몰입하게 되면 돈은
  저절로 따라온다.

구문

• **chase after truth** 진실을 추구하다
• **chase a criminal** 범인을 뒤쫓다
• **cut to the chase** 바로 본론으로 들어가다
• **a chaser** 추적자
• **proof of purchase** 구매의 증거(=receipt 영수증)

ROOT/STEM

affiliate ① 제휴하다, 가입하다, 연계되다 ② 계열회사, 제휴회사
* **af**(방향 **ad**) + 라틴어 **filius**(아들, 자식) + **ate**(동사형 접미사)
→ **affiliate** (아들로 삼듯이) 제휴하다, 연계되다
* **affiliated** 소속된, 연계된
* **unaffiliated** 소속되어 있지 않은, 독립적인
* **affiliation** 소속, 제휴, 가맹, 가입

예문

What group are you affiliated with? 당신은 어디 소속입니까?

Our company has an affiliate in New York. 우리 회사는 뉴욕에 지사가 있다.

구문

• **Samsung affiliate** 삼성 계열사(제휴회사)
• **an affiliate** 제휴사, 자회사, 지부
• **foreign affiliate** 외국 제휴회사
• **overseas affiliate** 해외 관련(계열)회사
• **affiliated company** 계열기업
• **affiliated unions** 가맹조합
• **a government-affiliated institute**
  정부 산하(관련)기관
• **a sister-city affiliation** 자매도시 결연
• **affiliation letter** (대학)입학 승인 편지
• **political affiliation** 정치적 제휴
• **my affiliation** 나의 소속

affluent, flux, reflux, augment, auction

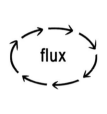

flux

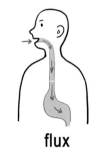

flux

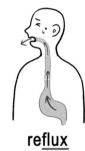

reflux

*flux
변화, 유동, 흐름

*affluent 부유한, 풍족한
*afflux 유입, 쇄도, 충혈
*reflux 역류, 퇴조

influx

afflux

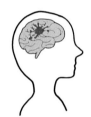

an afflux of
blood to the brain

affluent

augment auction

*라틴어 augere
늘리다, 증식시키다

*augment 늘리다, 증가시키다
*auction
(값을 올려가며 하는) 경매

augment

affluent 부유한, 풍족한
* 라틴어 **fluere**(흐르다) → **flow** 흐르다, 흐름
* **flux** 끊임없는 변화, 유동, 흐름 * **reflux** 역류, 환류, 퇴조(썰물)
* **af**(방향 ad) + 라틴어 **fluere**(흐르다) + **ent**(접미사) → **affluent** 부유한, 풍족한
* **affluence** 풍요로움, 부유함 * **affluenza** 부자병(무기력증, 극도의 물질주의)
* **af**(방향 ad) + **flux**(흐름, 유동) → **afflux** ① 유입, 쇄도 ② 충혈 * **influx** 유입, 밀어닥침

예문

He is truly affluent who is content with the least.

진정으로 부유한 사람은 가장 적은 것으로도 만족하는 사람이다.

The world is in a state of flux. 세상은 끊임없이 변하고 있다.

There are flux and reflux in the tide. 조수에는 간만이 있다.

His face reeks of affluence. 그의 얼굴에는 기름기가 좔좔 흐른다.　*reek 냄새(악취)가 강하게 나다.

구문

• an affluent society 풍요로운 사회
• an affluent area 부유한 지역
• the affluence of Korea 한국의 풍요로움
• private affluence 사적 부유함
• reflux esophagitis 역류성 식도염

• reflux gastritis 역류성 위염
• influx of capital 자본의 유입
• influx of orders 주문 쇄도
• an afflux of blood to the brain 뇌출혈
• influx of refugees 밀려드는 난민

augment (격식적 표현) 늘리다, 증가시키다
* 라틴어 **augere**(늘리다, 증식시키다) → **augment** 늘리다, 증가시키다
* 라틴어 **augere**(늘리다, 증식시키다) → 라틴어 **auctio**(경매, 공매)
→ **auction** (값을 올려가며 하는) 경매, 경매로 팔다 * **auctioneer** 경매인

예문

We have to augment reservoirs to protect against drought. 우리는 가뭄에 대비하여 저수량을 늘려야 한다.

The meteorite is up for auction. 그 운석은 경매에 나와 있다.

*철로 된 운석은 경제적 가치는 별로 없으나 태양계의 형성 초기에 만들어져 연구 가치가 높다.

It was knocked down to me at an auction. 그것은 경매에서 나에게 낙찰되었다.

The painting is put up for auction. 그 그림은 경매에 나와 있다.

구문

• augment the quality 품질을 높이다
• augment one's savings 저축을 늘리다
• augment military capability 군사적 역량을 강화하다
• auction-goer 경매 참가자

• attend the auction 경매에 참가하다
• put up for auction 경매에 부치다
• auction house 경매소, 경매장

liquidate, clout, outreach

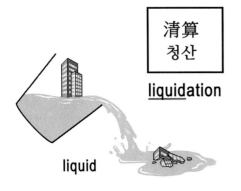

清算
청산

liquidation

liquid

liquor

*liquid 액체

*liquidate 청산(매각)하다
*liquidation 청산, 정리, 현금화
*liquidity 유동성, 환금성
*liquor 술

자산매각

$

improve liquidity

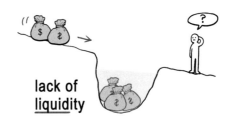

?

lack of
liquidity

clout

* Old English clut(뭉치)

*clot 엉기다
*clout 영향력, 세게 때리다

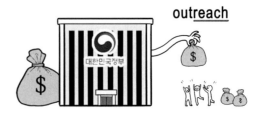

outreach

*reach ~에 이르다, 도달하다

*outreach
①내뻗다, 초과하다
② 지원

liquidate 청산(정리)하다, 매각하다

* **liquid**(액체) + **ate**(동사형 접미사) → **liquidate** 청산(정리)하다, 매각하다
* **liquidity** (자산의) 유동성, 환금성 * **liquor** 독한 술, 모든 종류의 술

예문

We have to liquidate our assets to clear off our debts. 우리는 부채를 정리하기 위해 자산을 매각해야 한다.
He wants to liquidate his stocks. 그는 주식을 처분하기를 원한다.

구문

* **liquidate stocks** 주식을 처분하다
* **liquidate assets** 자산을 정리(매각)하다
* **liquidate the inventory** 재고를 정리하다
* **liquidity crisis** 유동성 위기
* **the smell of liquor** 술 냄새
* **refrain from liquor** 술을 삼가다

clout ① 영향력 ② 세게 때리다, 강타하다 ③ 세게 때리기, 강타

* **Old English 「clut(뭉치)」→ clot** ① 엉기다, 응고되다 ② 응고시키다
* **clot**(엉기다, 응고시키다) → **clout** 영향력, 강타

예문

He has a lot of clout in the financial circle. 그는 재계에서 많은 영향력이 있다.

I gave a clout on his head. 나는 그의 머리를 한 대 쳤다.

Cast not a clout till May be out. 5월이 지날 때까지는 입던 옷을 벗지 마라.
*새로운 것이 검증되어 문제없다고 판명될 때까지는 가지고 있던 것을 서둘러 없애버리는 우를 범하지 말아야 한다.

구문

* **the clout chaser**
인기 있는(영향력 있는) 사람을 따라다니는 사람
* **remove a clot from one's head**
~의 머리에서 혈전을 제거하다
* **give A a clout** A에게 한 방 먹이다
* **the blood clot** 혈액 응고(혈전)
* **clotted blood** 응고된 피

outreach ① 지역 주민에 대한 봉사활동(지원) ② 확대하다, 초과(능가)하다

* **out**(밖으로) + **reach**(내뻗다) → **outreach** ① 지원 ② 초과(능가)하다

예문

The government is expanding the outreach to the poor. 정부는 저소득층에 대한 지원을 확대하고 있다.
The demand has outreached supply. 수요가 공급을 초과하고 있다.

구문

* **outreach workers** 봉사활동가들
* **outreach education** 파견 교육
* **public outreach** 공공 지원
* **outreach program** 지원 프로그램
* **outreach service** 확대 서비스(찾아가는 서비스)

exclude, conclude, orient, disorient, original

***clud, clos(clus) 는
닫는 것과 관련이 있다**

*close 닫다
*closet 벽장

include

exclude

다 내꺼야!

exclusive

排斥
배척
exclusion

close

독점중계

exclusive right
to cover the world cup

*exclude 제외하다
*exclusive 독점적인, 배타적인
*conclude 결론을 내리다
*conclusive 결정적인

conclude the deal

conclusion

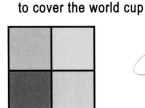

sexual orientation

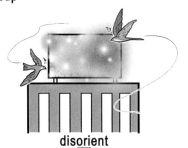

disorient

orient

origin

originate

라틴어 oriri
뜨다, 일어나다

*origin 기원
*original 원래의, 원본
*originate 비롯되다, 유래하다
*originality 독착성

beauty-oriented
society

*orient ~를 향하게 하다, 동양

*orientation
① 방향, 성향
② 예비소집

*disorient
① 방향감각을 혼란시키다
② 갈피를 못 잡게 하다

exclude 제외하다, 배제(차단)하다

* 라틴어 **claudere**(닫다, 잠그다, 끝내다, 마무리하다)

* **clude**는 닫는 것과 관련이 있다. → **close**(닫다), **closet**(벽장)로 변화

* **ex**(밖으로) + **clude**(닫다, 잠그다) → **exclude** 제외하다, 거부(차단)하다(=**rule out**)

* **con**(완전히) + **clude**(닫다, 잠그다) → **conclude** 결론을 내리다, 협정(조약)을 맺다 → **conclusion** 결론, 결말, 체결

* **conclusive** 결정적인, 확실한   * **ex**(밖으로) + **clusion**(닫음) → **exclusion** 제외, 배제, 차단

* **exclusive** ① 독점적인, 배타적인 ② 독점 기사

(예문)

It is easier to exclude harmful passions than to rule them.

잘못된 열정은 통제하는 것보다 배제하는 것이 더 쉽다.

Investigators didn't rule out the possibility of murder. 수사관들은 타살 가능성을 배제하지 않았다.

How do I conclude this? 이거 어떻게 마무리하지?

(구문)

- exclude the possibility of negotiation
  협상의 가능성을 배제하다
- exclude others with different opinions
  다른 견해를 가진 사람들은 배제하다
- exclusive rights to televise TV독점 중계권
- exclusive access to the beach 전용 해안 접근로
- exclusion of air 공기 차단

- digital exclusion 정보화 소외
- exclusion from the list of nominees
  후보자 명단 제외
- exclusion of new technology 새로운 기술의 배척
- a conclusive evidence 결정적 증거
- logical conclusion 논리적 결말

orient ① ~를 향하게 하다 ② 적응하다, ~에 맞추다 ③ 동양

* 라틴어 **oriri**(뜨다, 일어나다, 솟아오르다) → **orient** ~를 향하게 하다

* **dis**(반대) + **orient**(~를 향하게 하다) → **disorient** 방향감각을 잃게 하다, 갈피를 못 잡게 하다

* **oriented** ~을 지향하는   * **oriental** 동양의, 동양인   * **orientation** ① 방향, 지향, 성향 ② 예비교육, 예비소집

* **origin** 기원, 출신   * **original** 원래의, 원본   * **originality** 독창성   * **originate** 비롯되다, 유래하다

(예문)

We abolished male-oriented family register system. 우리는 남성 중심의 가족등록부 제도를 폐지했다.

We became more and more family-oriented. 우리는 좀 더 가족 지향적이 되었다.

Korea has become a beauty-oriented society. 한국은 외모 지향의 사회가 되었다.

Lights of skyscrapers can disorient migratory birds. 고층 빌딩의 불빛은 철새들의 방향감각을 잃게 할 수 있다.

(구문)

- the oriental perspective 동양의 관점
- oriental medicine 동양의학
- the orientation of the planet's orbit
  행성 궤도의 방향
- sexual orientation 성적 취향
- the origin of the word 그 단어의 기원

- my original plan 나의 원래 계획
- keep the original 원본을 보관하다
- lack in originality 독창성이 없다
- rich in originality 독창성이 풍부하다
- originated from Latin 라틴어에서 유래되었다
- disorient pilots 비행사의 방향감각을 잃게 하다

defuse, diffuse, infuse, equilibrium

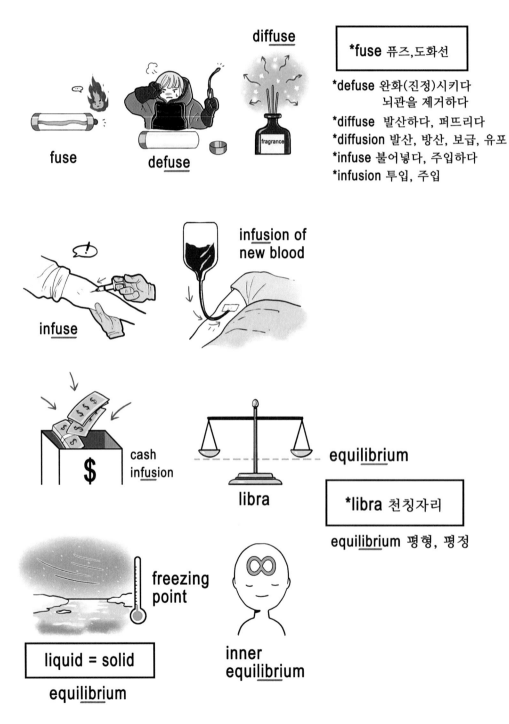

diffuse

fuse

defuse

*fuse 퓨즈,도화선

*defuse 완화(진정)시키다
뇌관을 제거하다
*diffuse 발산하다, 퍼뜨리다
*diffusion 발산, 방산, 보급, 유포
*infuse 불어넣다, 주입하다
*infusion 투입, 주입

infusion of
new blood

infuse

cash
infusion

libra

equilibrium

*libra 천칭자리

equilibrium 평형, 평정

freezing
point

liquid = solid

equilibrium

inner
equilibrium

defuse ① 진정(완화)시키다 ② 뇌관을 제거하다

* **de**(이탈) + **fuse**(퓨즈, 도화선) → **defuse** (긴장, 위험을) 완화시키다.

* **dif**(분리 **di**) + **fuse**(퓨즈, 도화선) → **diffuse** ① 발산하다, 퍼뜨리다 ② 확산된, 널리 퍼진

* **in**(안으로) + **fuse**(퓨즈, 도화선) → **infuse** 불어넣다, 주입하다 * **infusion** 주입

(예문)

The ruling party is trying to defuse political tensions. 집권당은 정치적 긴장을 해소하기 위해 애쓰고 있다.

The diffusion of water through a cell membrane is osmosis.

세포막을 통해 물이 퍼져나가는 것은 삼투작용이다.

Cultures develop through diversity and diffusion. 문화는 다양성과 확산을 통해 발전한다.

(구문)

• **defuse the crisis** 위기를 해소하다
• **defuse racial tension** 인종 간 긴장을 완화시키다
• **defuse a bomb** 폭탄을 해체하다
• **defuse a mine** 지뢰의 뇌관을 제거하다
• **the fuse had gone** 퓨즈가 나갔다
• **a short fuse** 금방 화내는 성격(을 가진 사람)
• **blow one's fuse** ~를 화나게 하다
• **fuse together** 함께 융합되다
• **diffuse the knowledge** 지식을 보급하다
• **diffuse power** 권력을 분산시키다
• **diffuse light** 분산된 빛

• **diffuse cloud** 흩어진 구름
• **diffuse the crisis** 위기를 분산시키다
• **diffuse new ideas** 새로운 사상을 보급하다
• **nuclear diffusion** 핵무기 확산
• **diffusion brand** 보급형 브랜드
• **an infusion of new capital** 새로운 자본의 투입
• **intravenous infusion**
  정맥주입(intra 안에 + venous 정맥의)
• **infuse new life into** ~에 새 생명을 불어넣다
• **infuse A with new hope** ~에 새 희망을 불어넣다
• **infuse new blood into** ~에게 새로운 피를 주입하다

equilibrium ① 평형, 균형 (상태) ② (마음의) 평정

* 라틴어 **libra**(천칭, 저울) → 영어 **libra** 천칭자리, 파운드(중량, 통화 파운드)

* **equi**(같은 **equ**) + **libra**(천칭) + **ium**(접미사) → **equilibrium** 평형, 균형

(예문)

The freezing point is the point at which the solid and the liquid are in equilibrium.

빙점은 고체와 액체가 평형 상태를 이루는 점이다.

(구문)

• **equilibrium price** 균형 가격
• **equilibrium of one's mind** 마음의 평정

• **recover equilibrium** 평정을 되찾다
• **the body's state of equilibrium** 신체의 균형 상태

10

apprehend, comprehend, booty, loot

*라틴어 prehendere
붙잡다, 체포하다

*apprehend
체포하다, 파악(이해)하다,
염려하다
*apprehension 체포, 우려, 불안
*apprehensive 걱정되는, 불안한
*comprehend (충분히) 이해하다
*comprehension 이해력
*comprehensive 포괄적인, 종합적인

apprehend　　apprehend

 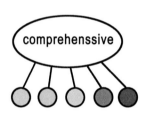

comprehend　　comprehenssive

booty of war

loot

*프랑스어 butin
전리품, 노획품

*booty 전리품, 노획물
*loot ① 전리품, 노획물
　　　② 훔치다, 약탈하다
*trophy 트로피, 전리품

trophy wife

apprehend ① 체포하다, 검거하다 ② 파악(이해)하다 ③ 염려하다

* **ap**(방향 ad) + 라틴어 **prehendere**(붙잡다, 체포하다) → **apprehend** 체포하다, 파악하다
* **apprehension** ① 우려, 불안 ② 체포 * **apprehensive** 걱정되는, 불안한
* **com**(함께, 완전히) + **prehend**(잡다) → **comprehend** 이해하다(깊이 있게 충분히 이해하다)
* **comprehension** 이해력 * **comprehensive** 포괄적인, 종합적인
* **re**(뒤로, 다시) + **prehend**(잡다) → **reprehend** (문어) 꾸짖다, 나무라다, 비난하다

예문

The police apprehended the kidnappers. 경찰은 납치범들을 체포했다.
He was nimble to apprehend. 그는 빨리 이해했다.
There is nothing to apprehend. 염려할 필요 없다.
It is above my apprehension. 나로서는 그것을 이해할 수 없다.
We are apprehensive that she may go wrong. 우리는 그녀가 잘못될까 우려하고 있다.
I didn't comprehend her meaning. 나는 그녀의 말을 이해할 수 없었다.
It's not easy to comprehend the other's mind. 다른 사람의 마음을 이해하기는 어렵다.
Don't reprehend the imperfection of others. 남의 결점을 비난하지 마라.

구문

• apprehend the culprit 범인을 체포하다
• apprehend the word 그 단어를 이해하다
• apprehend violence 폭력을 우려(염려)하다
• growing apprehension 커지는 우려
• a mother's apprehension 어머니의 염려
• the look of apprehension 염려의 표정
• be apprehensive of the future
  미래에 대해 불안해하다
• be apprehensive of her safety
  그녀의 안부를 염려하다

• comprehend the main structure
  주요 구조를 이해하다
• comprehend what happened
  무슨 일이 일어났는지 이해하다
• aural comprehension 청취 이해도(청취력)
• beyond comprehension 이해할 수 없는
• reading comprehension 읽기 능력(독해력)
• a comprehensive study 포괄적 연구
• comprehensive real estate tax
  종합부동산세금(종부세)

booty ① 전리품, 노획물(**loot**) ② 상금, 상품 ③ 엉덩이
* 프랑스의 **butin**(전리품, 노획물) → **booty** 약탈한 전리품으로 부티나게 꾸미고 다닌다
* **loot** ① 전리품, 노획물 ② (폭동, 화재 등의 경우) 물건을 훔치다, 약탈하다 * **trophy**도 전리품이라는 뜻이 있다.
* **trophy husband**: 성공한 아내 대신 가사와 육아를 책임지는 남편
* **trophy wife**: 성공한 남성의 신분의 상징으로 여겨지는 젊고 예쁜 아내

예문

The conquistadors returned from Cuzco with a boat full of booty.
스페인 정복자들은 전리품을 가득 싣고 쿠스코에서 돌아왔다.

구문

• booty of war 전쟁에서 약탈(노획)한 물품
• shake one's booty 엉덩이를 흔들다
• play booty 패거리와 짜고 상대를 속이다

• a booty call 밀회를 요구하는 수작 전화
• divide the loot 전리품을 나누다
• a looter 약탈자

11

prior, priority, define, definite, indefinite

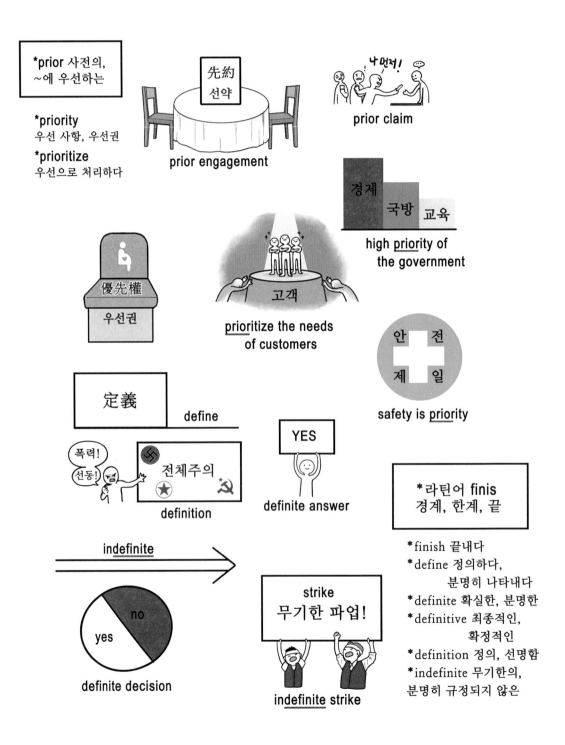

*prior 사전의,
~에 우선하는

*priority
우선 사항, 우선권
*prioritize
우선으로 처리하다

先約
선약

prior engagement

나먼저!

prior claim

경제
국방 교육

high priority of
the government

優先權
우선권

고객

prioritize the needs
of customers

안 전
제 일

safety is priority

定義
define

폭력!
선동!
전체주의
★

definition

YES

definite answer

*라틴어 finis
경계, 한계, 끝

*finish 끝내다
*define 정의하다,
분명히 나타내다
*definite 확실한, 분명한
*definitive 최종적인,
확정적인
*definition 정의, 선명함
*indefinite 무기한의,
분명히 규정되지 않은

indefinite

no
yes

definite decision

strike
무기한 파업!

indefinite strike

priority 우선 사항, 우선(권)

* **prior**(사전의, ~보다 우선하는) → **priority** 우선 사항, 우선(권)

* **prioritize** 우선순위를 매기다, 우선적으로 처리하다

예문

Security is priority. 보안이 우선이다.

Please prioritize my requirements. 내 요구 사항을 우선적으로 처리해 주세요.

You have to prioritize all the jobs you have to do. 네가 할 일의 우선순위를 정해야 해.

구문

- have a prior claim to ~에 대해 우선권을 가지다
- have a prior engagement 선약이 있다
- give me prior notice if ~하면 사전에 알려줘
- have some prior knowledge for
  ~에 대한 약간의 사전지식이 있다
- prior to using ~를 사용하기 전에
- one day prior to the deadline 마감 하루 전날
- an attorney with prior experience with
  ~에 대해 경험 있는 변호사

- give priority to ~에게 우선권을 주다
- priority seating 우대석, 경로석
- priority allocation 우선할당제
- priority in time 때의 순서가 앞섬
- prioritize this 이것을 최우선으로 고려하다
- prioritize one's tasks 과업에 우선순위를 매기다
- prioritize the needs of customers
  고객의 요구 사항을 우선적으로 고려하다

---

define 정의(규정)하다, 분명히 나타내다

* 라틴어 **finis**(경계, 한계, 끝, 마지막), 라틴어 **finire**(끝내다) → **finish** ① 끝내다, 끝나다 ② 마지막 부분, 마감(상태)

* **de**(아래로, 분리하여) + 라틴어 **finire**(끝내다) → 라틴어 **definire**(경계를 정하다, 결정하다)

   → **define** 정의(규정) 하다, 분명히 나타내다

* **definite** 확실한, 분명한   * **definitive** 최종적인, 확정적인, 거의 완벽한   * **definition** 정의, 의미, 선명도

* **indefinite** 무기한의, 분명히 규정되지 않은   * **indefinitely** 무기한으로, 무한정

예문

Your happiness is defined by what makes your spirit sing.

행복은 무엇이 당신의 영혼을 노래하게 하는가에 따라 결정된다. - 낸시 설리번

Failure is defined by our reaction to it. 실패는 우리가 어떻게 그것에 대처하느냐에 따라 결정된다.

Give me a definite answer by tomorrow. 내일까지 확답을 주세요.

He was suspended indefinitely from school. 그는 무기정학 처분을 받았다.

구문

- define the border 경계를 정하다
- define abstract concepts 추상적 개념을 정하다
- definite article 정관사
- definitely not! 절대 안 돼!
- definitive effect 확실한 효과
- definitve answer 명확한(최종적인) 답
- definitive proof 명확한 증거

- definitive date 정확한 날짜
- definition of happiness 행복의 정의
- indefinite strike 무기한 파업
- take an indefinite leave from ~에 무기한 불참하다
- postpone indefinitely 무기한 연기하다
- an indefinite answer(doubt) 막연한 대답(의심)
- adjourn for an indefinite period 무기한 연기하다

allege, patron, patronize, landfill

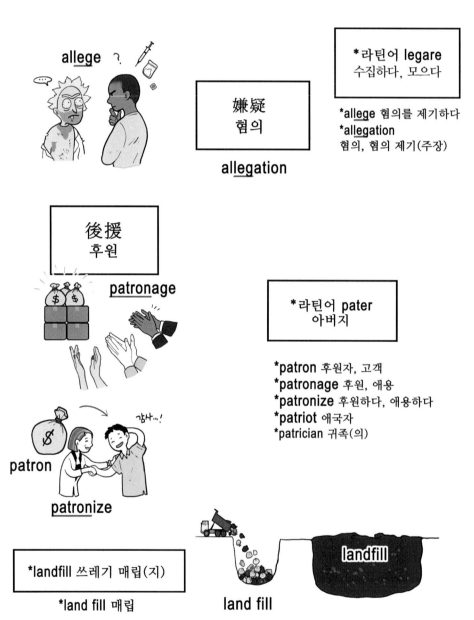

allege ?

嫌疑
혐의

allegation

*라틴어 legare
수집하다, 모으다

*allege 혐의를 제기하다
*allegation
혐의, 혐의 제기(주장)

後援
후원

patronage

patron

patronize

*라틴어 pater
아버지

*patron 후원자, 고객
*patronage 후원, 애용
*patronize 후원하다, 애용하다
*patriot 애국자
*patrician 귀족(의)

감사…!

*landfill 쓰레기 매립(지)

*land fill 매립

land fill

landfill

allege 혐의를 제기하다, ~라고 주장하다
* al(방향 ad) + 라틴어 legare(수집하다, 모으다) → allege (주장을 모아서) 혐의를 제기하다
* allegation (증거 없이 제기하는) 혐의, 주장

예문

It was alleged that he had accepted bribes. 그가 뇌물을 받고 있었다는 혐의가 제기되었다.

He is alleged to have abused children. 그는 아동을 학대했다는 혐의를 받고 있다.

구문

• an evidence to support his allegation
그의 혐의를 뒷받침할 만한 증거

• allege vote rigging 투표 조작 혐의를 제기하다

ROOT / STEM

patron 후원자, 홍보대사
* 라틴어 pater(아버지) → patron 후원자, 고객   * patronage 후원, 지원, 애용
* patronize ① 후원하다 ② 애용하다 ③ 가르치려 들다, 아랫사람 대하듯 하다
* patriot 애국자   * patriotic 애국적인   * patrician 귀족(의), 귀족적인(↔plebian)   * patriotism 애국심

예문

The art in the middle ages were always for patrons, aristocrats, and royalty.

중세시대의 예술은 후원가들, 귀족, 왕족을 위한 것이었다.

I patronize this restaurant. 나는 이 식당 단골손님이다.

Patriotism is the last refuge of a scoundrel. 애국심은 악당의 마지막 구실이다.

구문

• patronize a promising athlete
유망한 선수를 후원하다
• patronize children
아이들을 깔보는 듯한(가르치려 하는) 태도를 보이다,
무시하다

• patronage of the arts 예술 후원
• continued patronage 지속적 후원(거래)
• patrician family 귀족 가문
• patrician tastes 귀족적 취미

ROOT / STEM

landfill 쓰레기 매립, 쓰레기 매립지, 매립 쓰레기 * land fill 매립
* land(땅) + fill(채우다) → landfill 쓰레기 매립지

예문

Most trash is hauled to landfills. 대부분의 쓰레기는 매립지로 운반된다.

*haul (무거운 것, 남은 것을) 끌다, 많은 양

duplicate, replicate, centipede

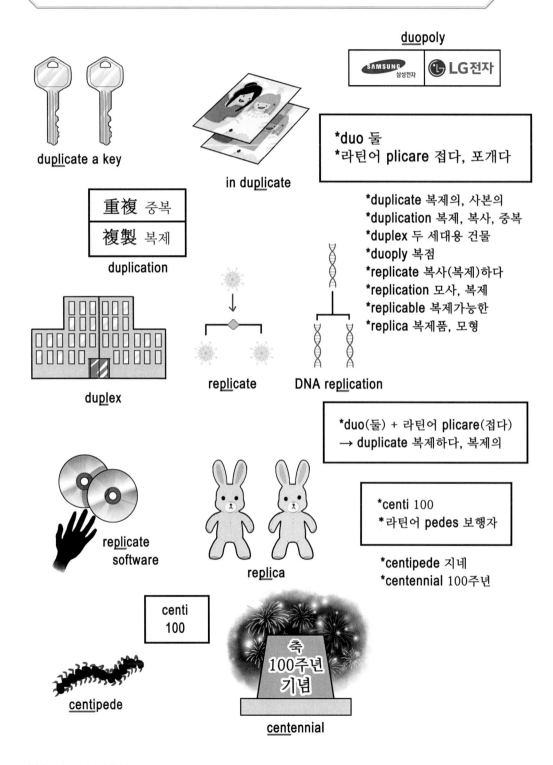

duplicate a key

duopoly

SAMSUNG 삼성전자   ⓛⓖ LG전자

in duplicate

*duo 둘
*라틴어 plicare 접다, 포개다

重複 중복
複製 복제

duplication

*duplicate 복제의, 사본의
*duplication 복제, 복사, 중복
*duplex 두 세대용 건물
*duoply 복점
*replicate 복사(복제)하다
*replication 모사, 복제
*replicable 복제가능한
*replica 복제품, 모형

duplex

replicate   DNA replication

*duo(둘) + 라틴어 plicare(접다)
→ duplicate 복제하다, 복제의

replicate
software

replica

*centi 100
*라틴어 pedes 보행자

*centipede 지네
*centennial 100주년

centi
100

centipede

축
100주년
기념

centennial

duplicate ① 복사(복제)하다 ② 복제(사본)의 ＊ replicate 모사하다, 자기복제를 하다

＊ duo(둘) + 라틴어 plicare(접다, 포개다) → duplicate 복제하다

＊ duplication 복제, 복사, 중복

＊ duplex 두 세대용 건물, 복층 아파트

＊ duo(둘) → duet 이중주 ＊ duopoly 2개 업체에 의한 시장 독점(복점)

＊ re(다시) + 라틴어 plicare(접다, 포개다) → replicate 모사(복제)하다

＊ replication 모사, 복제 ＊ replicable 모사(복제) 가능한 ＊ replica 복제품, 모형

(예문)

I have a duplicate key in case it gets lost. 나는 분실에 대비해서 복제 키를 가지고 있다.

Duplicate questions are not allowed. 중복된 질문은 허용되지 않는다.

Turn in your resume in duplicate. 이력서를 두 통 내세요.

Viruses replicate itself. 바이러스는 자기복제를 한다.

The photograph doesn't replicate exactly circumstances. 사진이 상황을 정확하게 그대로 모사하지는 않는다.

He is a replica of his father. 그는 아버지를 꼭 빼닮았다.

(구문)

• duplicate a key 열쇠를 복제하다
• make a duplicate 사본을 만들다
• prepare a contract in duplicate
  계약서 2통을 준비하다
• the original and a duplicate 원본과 사본
• a duplex apartment 두 세대용 아파트
• cells replicate 세포가 자기복제를 하다
• DNA replication DNA 복제

• self-replicate 자기복제를 하다
• replicate one's voice ~의 음성을 복제하다
• illegal software duplication 불법 소프트웨어 복제
• unnecessary duplication 불필요한 중복
• audience duplication 시청자 중복
• a duplication of effort 노력의 중복
• a duplication of the original 원본의 복제품

centipede 지네

＊ centi(100) + 라틴어 pedes(보행자) → centipede 지네

＊ centennial 100주년(centenary)

＊ centenarian 나이가 100세인 사람 ＊ centenially 100년마다

(구문)

• celebrate the centennial anniversary 100주년을 기념(축하)하다

14

scar, scary, scarce, rescue, wreck

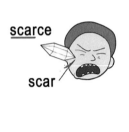 scarce / scar

 scary / scar

*scar 흉터

*scary 무서운 겁나는
*scare 겁주다, 무서워하다
*scarce 부족한, 드문
*scarcely 거의 ~없다
*scarcity 부족, 결핍

稀少性
희소성

scarcity

truth is scarce

rescue

Cue!

*cue 신호

*rescue 구조하다

*wreck 난파선, 망가뜨리다

*wrecker 파괴자, 견인차
*wreckage 잔해
*shipwreck 난파(선)

wrecker   wreck

shipwreck

scarce ① 부족한, 드문 ② 겨우, 간신히 ③ 거의 존재하지 않는

* **scarcely** ① 거의 ~않다 ② 겨우, 간신히 * **scarcity** 부족, 결핍

* **scar**(흉터) → **scary** 무서운, 겁나는(흉터가 있는 사람이 무섭다고 생각하면 기억하기 쉽다)

* **scare** ① 겁주다, 겁먹다, 무서워하다 ② 놀람, 공포

* **scar**(흉터) → **scarce** 부족한, 드문(흉터는 아주 드물다고 생각하면 기억하기 쉽다)

예문

As scarce as truth is, the supply has always been in excess of the demand.
진실은 흔하지는 않지만 공급이 언제나 수요를 초과한다. - 조쉬 빌링스

Diamond is high in scarcity. 다이아몬드는 희소가치가 높다.

Many countries compete for scarce resources. 많은 나라들이 희소자원 확보를 위해 경쟁한다.

Scarcity requires us to choose. 희소성은 우리에게 선택권을 요구한다.
*우리는 유용성(utility)을 중시한다. 그러나 희소성이 경제적 가치를 결정하기 때문에 우리는 희소성과 유용성 중 하나를 선택해야 한다.

The price of jewelry depends entirely on their scarcity. 보석의 가격은 전적으로 희소가치에 달려 있다.

I can scarcely hear him. 나는 그의 말을 거의 들을 수 없었다.

Will the operation leave a scar? 수술하면 흉터가 남을까요?

She doesn't scare easily. 그 여자는 쉽게 겁먹지 않는다.

구문

• scarcely recognize 거의 못 알아보다
• scarcely believe 거의 믿을 수 없다

rescue (위험에서) 구하다, 구조하다
* **cue**(신호)에 따라 **rescue**(구조)한다고 생각하면 기억하기 쉽다.

예문

He rescued a child from drowning. 그는 물에 빠진 어린이를 구했다.

구문

• the rescue boat 구조선
• sea rescue 해상 구조

wreck ① 난파선, 사고 잔해 ② 망가뜨리다, 파괴하다
* 레카차(**wrecker**)가 난파선, 사고 자동차의 잔해(**wreck**)를 끌고 간다고 생각하면 기억하기 쉽다.
* **wreckage** 난파선 등의 잔해 * **shipwreck** ① 난파선, 조난 사고 ② 조난을 당하다

예문

The car was wrecked by an explosion. 그 차는 폭발로 파괴되었다.

I was a total wreck. 나는 완전히 망가졌다.

We narrowly escaped shipwreck in a storm. 우리는 폭풍우 때 간신히 난파를 면했다.

구문

• a total wreck 만신창이
• escape shipwreck 난파를 피하다
• survivors of the wreck 난파선의 생존자들
• shipwreck a company 회사를 망하게 하다

15

solute, dissolute, dissolve, recoil

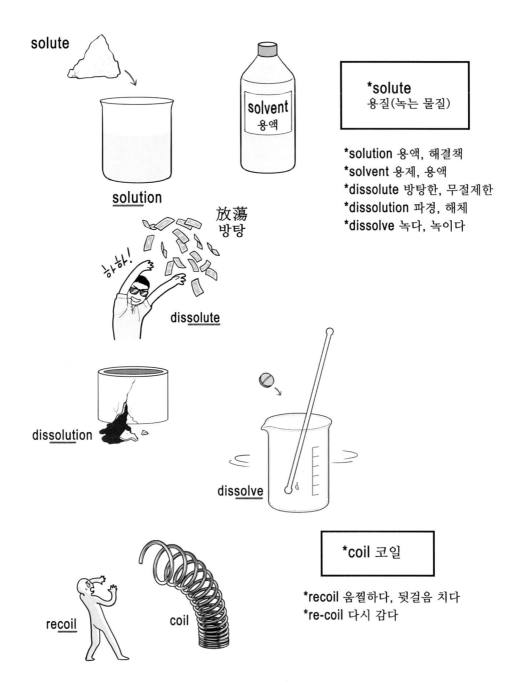

solute

solvent
용액

solution

放蕩
방탕

하하!

dissolute

dissolution

dissolve

recoil

coil

*solute
용질(녹는 물질)

*solution 용액, 해결책
*solvent 용제, 용액
*dissolute 방탕한, 무절제한
*dissolution 파경, 해체
*dissolve 녹다, 녹이다

*coil 코일

*recoil 움찔하다, 뒷걸음 치다
*re-coil 다시 감다

dissolute 방탕한, 방종한, 무절제한

* 라틴어 **solutus**(풀린, 해방된) → **solute** 용질(녹는 물질)
* **solution** 용액(녹이는 액체), 해결책, 해법
* **solvent** ① 용제, 용액 ② 지불(상환) 능력이 있는 ③ 용해되는
* **dis** (분리) + **solute** (녹는 물질, 용질)
→ **dissolute** 방탕한, 무절제한 * **dissolution** 파경, 관계의 해소, 해체
* **dissolve** 녹다, 녹이다

(예문)

He had a dissolute youth. 그는 방탕한 유소년 시절을 보냈다.

A dissolute life will impoverish you. 방탕한 생활이 너를 빈곤하게 할 것이다.

People call for the dissolution of the National Assembly. 국민들은 국회 해산을 요구한다.

The significant problems we have cannot be solved at the same level of thinking with which we created them.

우리가 가지고 있는 문제들은 우리가 문제를 만들어냈을 때와 같은 사고 수준에서는 해결될 수 없다. - 알버트 아인슈타인

A bankrupt company is not solvent. 파산한 회사는 지불 능력이 없다.

(구문)

- dissolute life 방탕한 생활
- a man of dissolute disposition
  방탕한 기질이 있는 사람
- dissolute in conduct 행실이 좋지 못한
- the velocity of dissolution 용해 속도
- the dissolution of the team's spirit 팀의 사기 저하

- the dissolution of the government 정부의 붕괴
- the dissolution of the firm 그 회사의 해체
- solve entanglement 엉킴을 해결하다
- solvent in water 물에 용해되는
- dissolve the tablet 정제를 녹이다
- dissolve in water 물에 녹다

recoil ① (무섭거나 불쾌한 것을 보고) 움찔하다, 움츠러들다 ② (총기 발사 후의) 반동

* **re**(뒤로) + **coil**(코일) → **recoil**(코일이 뒤로 튀겨서) 움찔하다, 뒷걸음질 치다
* **coil** 감다, 고리, 전선 * **re-coil** 다시 감다

(예문)

The dog recoiled from my touch. 그 개는 나의 손길에 움찔했다.

Hate is only the recoil of love. 미움은 사랑의 반동일 뿐이다.

Their curses will recoil on themselves. 그들의 저주는 그들에게 되돌아갈 것이다.

(구문)

- coil around ~주위를 감다
- coil the rope up 밧줄을 감다
- recoil in horror 무서워서 뒷걸음질 치다

- elastic recoil 탄력 있는 반동
- the recoil of a spring 스프링의 반동

relieve, relief, leverage, paramount

relieve

sigh with relief

*lev는 가볍게 하는 것과
관련이 있다
*라틴어 relevare
가볍게 하다

*lever 지렛대, 지렛대로 움직이다
*leverage 지렛대 사용, 영향력
*relieve 없애주다, 덜어주다
*relief 안도, 경감, 완화, 구호품

tax

20% off
tax relief

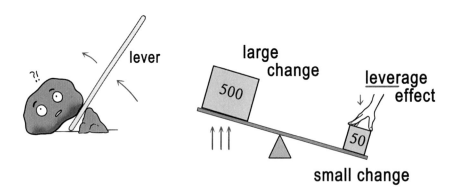

lever

large
change

leverage
effect

500

50

small change

mount

*para ~이상, 초월하는

*paramount 가장 중요한, 최고의
*paramountcy 최고권(자), 가장 중요한 것

ROOT/STEM

relieve ① 없애주다, 덜어주다, 완화하다, 줄이다, ② 안도하게 하다

* 라틴어 **levare**(들어 올리다, 일으켜주다)

* **lev**는 들어 올리는 것, 일으키는 것, 가볍게 해주는 것과 관련이 있다.

→ **lever** 지렛대, 지렛대로 움직이다　* **leverage** 지렛대 사용, 영향력

* **re**(반복) + 라틴어 **levare**(들어 올리다) → 라틴어 **relevare**(가볍게 하다, 감면해주다)

→ **relieve** 없애주다, 덜어주다　* **relief** ① 안도 ② 경감, 완화, 제거 ③ 구호(품), 구호물자

예문

It is easy to give a cup of rice to relieve hunger.

기아로부터 사람을 구제하기 위하여 한 움큼의 쌀을 주는 것은 쉬운 일이다.

What a relief! 정말 다행이군!

The tax relief will soon sunset. 그 세금 감경 조치는 곧 만료될 것이다.

구문

• relieve the tedium 지루함을 덜어주다
• relieve the monotony 단조로움을 덜어주다
• relieve symptoms 증상을 완화시키다
• relieve the pressure 압력을 줄이다
• sigh with relief 안도의 한숨을 쉬다

• smile with relief 안도의 미소를 짓다
• pull the lever 레버를 잡아당기다
• turn the lever 레버를 돌리다
• leverage effect
　지렛대 효과(타인 자본을 이용하여 자기 자본의 이익을 상승시키는 효과)

ROOT/STEM

paramount 가장 중요한, 최고의

* **para**(~ 이상, 초월하는 **beyond**) + **mount**(오르다, 산)

→ **paramount** 가장 중요한, 최고의 * **paramountcy** 최고권(자), 주권, 가장 중요(우월)한 것

예문

The safety is paramount to all other thing. 안전이 다른 무엇보다도 가장 중요하다.

The survival is of paramount importance. 생존이 다른 무엇보다 중요하다.

He is a paramount leader of the Allied Forces. 그는 연합군의 최고지도자이다.

구문

• the paramount leader 최고지도자
• the paramount concern 최고의 관심사

proxy, proximate, approximate

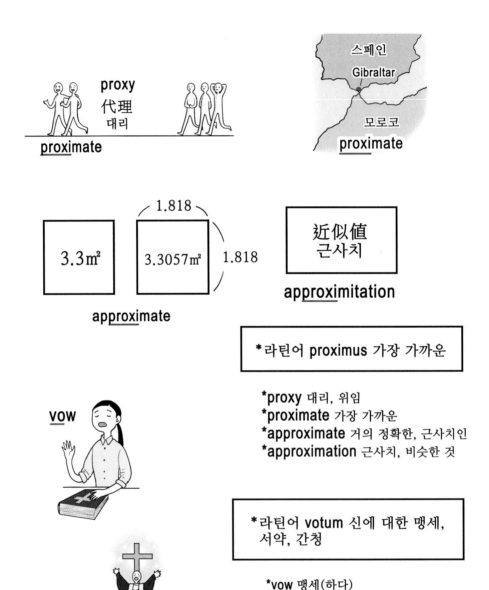

proxy
代理
대리

proximate

스페인
Gibraltar

모로코
proximate

1.818

3.3㎡

3.3057㎡ ⌐ 1.818

approximate

近似値
근사치

approximitation

* 라틴어 proximus 가장 가까운

* proxy 대리, 위임
* proximate 가장 가까운
* approximate 거의 정확한, 근사치인
* approximation 근사치, 비슷한 것

vow

* 라틴어 votum 신에 대한 맹세, 서약, 간청

* vow 맹세(하다)
* votary 숭배자, 애호가
* vote 투표

votary

ROOT/STEM

approximate ① 거의 정확한, 근사치인 ② 비슷하다, 가깝다 ③ 근사치를 내다

* 라틴어 **proximus**(가장 가까운, 아주 비슷한) → **proxy** ① 대리, 위임 ② 대리인, 대용물
* 라틴어 **proximare**(가까이 있다, 가까이 가다) → **proximate** 가장 가까운, 가장 근접한
* **proximity** 가까움, 근접 * **prox**는 가까운 것과 관련 있다.
* **ap**(방향 ad) + **proxymate**(가장 가까운) → **approximate** 거의 정확한, 근사치인, 근사치를 내다
* **approximately** 거의 정확하게, 가까이 * **approximation** 근사치, 비슷한 것

예문

The approximate cost is around 500 dollars. 대략적 계산은 5백 달러 정도이다.

The total income approximates to 20,000 dollars. 총 수입은 2만 달러에 가깝다.

No proxy vote will be allowed. 대리 투표는 허용되지 않습니다.

You can vote either in person or by proxy in a shareholder's general meeting.

주주총회에서는 직접 투표할 수도 있고 대리로 투표할 수도 있습니다.

The most proximate Europe from Africa is Gibraltar. 아프리카에서 가장 가까운 유럽은 지브롤터이다.

구문

* vote by proxy 대리로 투표하다
* proxy parents 대리 부모
* proxy bidding 대리 입찰
* proxy war 대리전
* proxy drivers 대리운전자
* approximate number 대략적인 수
* approximate the weight 무게를 근사치로 계산하다

* approximation to the truth
  진리에의 접근, 진실에 가까움
* the approximate cost 대략적 비용(경비)
* approximate distance 대략적 거리
* approximate to perfection 완벽에 가까운
* take approximately 3 hours 세 시간 가까이 걸리다

ROOT/STEM

votary 숭배자, 애호가

* 라틴어 **votum**(신에 대한 맹세, 서약, 서원, 간청) → **votary** 숭배자, 애호가
* **vo**는 신의 부름, 신의 부름에 대한 의무, 신성한 것과 관련이 있다.
  → **voice**(목소리), **vow**(맹세, 맹세하다), **vocal**(목소리의), **vocation**(천직, 소명의식)
  advoacte(지지하다, 옹호자, 지지자, 변호사), **vote**(투표), **voter**(투표자, 유권자)

예문

He is a votary of Bacchus. 그는 바커스(술의 신)의 숭배자이다(술꾼이다).

구문

* a votary of the law 법의 신봉자
* a votary of Jesus 그리스도 숭배자
* a votary of golf 골프광

* a vow of celibacy 순결(독신) 서약
* make a vow not to ~하지 않기로 맹세하다
* a vow(an oath) of allegiance 충성 맹세(서약)

stagnant, stationary, plagiarism

stagnant water

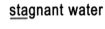

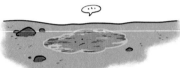

statue

> * 라틴어 **stare** 서있다
> * **sta**는 가만히 있는
> 상태와 관련이 있다

*stagnant 고여있는, 침체된
*stagnate 침체(정체)되다
*stagnation 침체, 부진
*standstill 정지, 멈춤
*station 역, 정거장
*stationary 정지(고정)된
*static 정지 상태의, 고정된
*stable 안정된

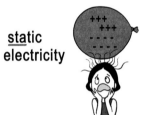

static
electricity

positive
stance

stage

stagnate

economic
stagnation

complete
standstill

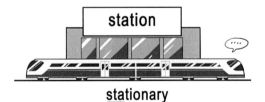

station

stationary

> * 라틴어 **plagiare**
> 납치하다, 노예로 팔다

剽竊
표절

plagiarism

*plagiarize 표절하다
*plagiarism 표절
*plagiarist 표절자, 도용상인

stagnant 고여 있는, 침체된

* 라틴어 **stare**(서 있다), 라틴어 **stagnans**(물이 흐르지 않고 고여 있는)
* **sta**는 가만히 있는 상태와 관련이 있다 → **stay**(머물다), **stage**(무대), **static**(고정된, 정지 상태의), **stance**(입장, 자세), **standstill**(정지, 멈춤), **stable**(안정된), **statue**(조각상)
* **stagnant**(침체된) → **stagnate** ① 침체되다, 정체되다 ② 고이다, 고여서 썩다
* **stagnation** 침체, 부진 * **station** 역, 정거장 * **stationary** 움직이지 않는, 정지된, 고정된

예문

Stagnant water is bound to corrupt. 고인 물은 썩게 마련이다.

Trade is stagnant. 거래가 한산하다.

Ticket sales have been stagnant. 티켓 판매가 정체되어 있다.

A stationary target is easy to hit the mark. 정지된 과녁은 명중시키기 쉽다.

House prices have been stationary for a long period. 주택 가격이 오랫동안 변동이 없다.

구문

• **stagnant air** 정체된(탁한) 공기
• **a stagnant market** 침체된 시장
• **show signs of stagnating** 침체의 징후를 보이다
• **stagnation of trade** 거래의 침체(부진)

• **stationary front** 정체전선
• **a stationary device** 고정된 장치
• **stationary troups** 주둔군(상비군)
• **a stationary vehicle** 정지해 있는 차량

plagiarism 표절

* 라틴어 **plagiare**(납치범, 노예상인) → **plagiarism** 표절
* **plagiarize** 표절하다 * **plagiarist** 표절자, 도용인 * **plagiaristic** 표절자(도용자)의

예문

His novel was caught in plagiarism scandal. 그의 소설은 표절 시비에 휘말렸다.

Art is either plagiarism or revolution. 예술은 표절이 아니면 혁명이다.

Originality is undetected plagiarism. 독창성이란 들키지 않은 표절이다.

When you take stuff from one writer, it is plagiarism.

한 사람의 작품을 인용하면 표절이다(여러 사람의 글을 인용하면 연구가 된다).

구문

• **claims of plagiarism** 표절 고소(주장)

• **plagiarize a term paper** 학기말 리포트를 베끼다

19

parallel, paralyze, unparalleled, parasite, barren

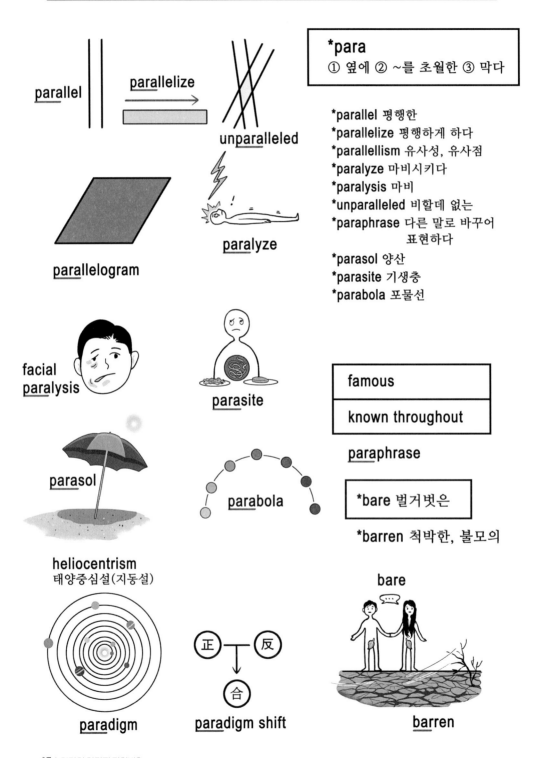

*para
① 옆에 ② ~를 초월한 ③ 막다

*parallel 평행한
*parallelize 평행하게 하다
*parallellism 유사성, 유사점
*paralyze 마비시키다
*paralysis 마비
*unparalleled 비할데 없는
*paraphrase 다른 말로 바꾸어
　　　　　　표현하다
*parasol 양산
*parasite 기생충
*parabola 포물선

famous
known throughout

paraphrase

*bare 벌거벗은

*barren 척박한, 불모의

parallel

parallelize

unparalleled

parallelogram

paralyze

facial paralysis

parasite

parasol

parabola

heliocentrism
태양중심설(지동설)

paradigm

正 反 合
paradigm shift

bare

barren

ROOT/STEM

parallel ① 평행한, ~와 아주 유사한 ② 유사점

* 그리스어 **para**는 ① 옆에 ② ~를 뛰어넘는, 초월한 ③ 막다

* **para**(옆에) + **ll**(평행) + **el**(접미사) → **parallel** 평행한, 아주 유사한

* **parallelism** 유사성, 유사점　* **parallelize** 평행하게 하다, 평행으로 놓다, 비교하다

* **unparalleled** 비할 데 없는 미증유의, 전대미문의　* **parallelogram** 평행사변형

* **paradigm** (한 시대의) 사고체계, 공통된 인식의 체계, 전형적 사례

* **paralyze** (평행으로 눕게) 마비시키다, 무력하게 만들다　* **paralysis** 마비

* **paraphrase** 다른 말로 바꾸어 표현하다(한 것)　* **paragraph** 단락, 절

* **para**(막다) + **sol**(태양) → **parasol** 양산, 비치파라솔

* **para**(옆에) + **site**(위치, 장소) → **parasite** (옆에 자리 잡고 먹는) 기생충　* **parabola** 포물선(**arc**)

예문

The dreams and reality are always parallel. 꿈과 현실은 늘 평행이다.

The road runs parallel to the river. 도로는 강과 나란히 뻗어 있다.

Snake venom paralyzes the nerves. 뱀의 독은 신경을 마비시킨다.

It is an unparalleled opportunity to get rich overnight.

그것은 하루아침에 부자가 될 수 있는 더 없이 좋은 기회다.

Old growth paradigm can not last forever. 과거의 성장 공식이 영원히 지속될 수는 없다.

구문

- draw a parallel between A and B
  A와 B사이의 유사점을 이끌어내다
- unparalleled success 유례없는 성공
- have no parallel 유례(비할 데)가 없다
- cause total paralysis 전면적 마비를 초래하다
- facial paralysis 안면마비
- paralyze the marine transport
  해상운송을 마비시키다
- paralyze the overland transport
  육상운송을 마비시키다
- get sleep paralysis 가위눌리다
- paraphrase the answer
  대답을 다른 말로 바꾸어 표현하다
- paraphrase in my own words
  나 자신의 말로 바꾸어 표현하다

ROOT/STEM

barren ① 척박한, 황량한 ② 불모의, 불임의

* **bare**(벌거벗은, 헐벗은, 드러내다) → **barren** 척박한, 불모의

예문

Israel has desalinated seawater to irrigate barren deserts.

이스라엘은 척박한 사막에 물을 대기 위해 해수를 담수화했다.

구문

- barren soil 척박한 토양
- a barren land 불모지
- bare face 생얼(민낯)
- a barren wilderness 메마른 황무지
- a barren landscape 황량한 풍경
- a barren woman 불임의 여자
- a barren writer 작품을 내지 못하는 작가

ration, rational, versatile, beacon, beckon

ration

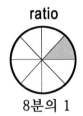

ratio

8분의 1

*ratio 비율

*ration 배급량, 할당량
*rational 합리적인
*rationality 합리성
*irrational 비합리적
*irrationality 불합리, 부조리

rational

irrational

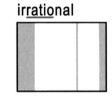

| 50 | 50 |

the ratio of
men to woman

versatile

swiss army knife

*라틴어 versare
돌리다, 굴리다
*verse는 돌리는 것,
다양한 것과 관련이 있다

versatile resource

versatile
organ

*beacon 신호등,
불빛,봉화

*beckon 손짓하다

beacon

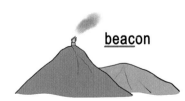

beckon

ROOT/STEM

ration ① 배급량, 배급식량, 할당량 ② 배급을 주다, 양을 제한하다

* **ratio**(비율) → **ration** 배급량 * **rational** (비율이 알맞게 되어) 합리적인

* **rationality** 합리성 * **irrational** 비합리적 * **irrationality** 불합리, 부조리

(예문)

Men out of occupation is almost 20%. 실업자 비율이 20% 정도다.

I never came upon any of my discoveries through the process of rational thinking.

나는 한 번도 이성적 사고를 통해 발견한 적이 없다. - 알버트 아인슈타인

*엄청난 발견은 우연한 계기로 또는 실수에 의해 이루어진 경우가 많다. 때로는 이성적·논리적 사고에서 벗어나 다르게 생각해보자.

Irrational anger misleads the public. 비이성적 분노는 대중을 잘못된 방향으로 이끈다.

(구문)

• the ratio of men to women 남녀 비율(성비)
• teacher - student ratio 교사 대 학생 비율
• the ratio of casualties to survivors
 사망자와 생존자의 비율

• ration meat 고기를 배급제로 하다
• a day's ration 1일 배급량
• emergency ration 비상휴대식량
• the irrational phobia 비합리적 혐오증

ROOT/STEM

versatile 다재다능한, 다용도의, 다목적의

* 라틴어 **versare**(돌리다, 굴리다) → **verse**는 돌리는 것, 다양한 것과 관련이 있다.

* 라틴어 **versare**(돌리다, 굴리다) → **versatile** 다재다능한, 다용도의, 다목적의

(예문)

Soil is a most versatile resources. 흙은 다용도로 쓰이는 자원이다.

The elephant's trunk is the versatile organ. 코끼리의 코는 용도가 다양한 신체 기관이다.

(구문)

• a versatile performer 다재다능한 연기자
• a versatile tool 다용도로 쓸 수 있는 도구

• a versatile athlete 다재다능한 운동선수
• a versatile food 다용도 식품

ROOT/STEM

beacon 신호등, 불빛, 봉화

* **beacon**(신호등, 불빛, 봉화) → **beckon** 손짓하다, 손짓으로 부르다, (유혹의) 손짓을 하다

(예문)

The beacon doesn't shine on its own base. 등잔 밑이 어둡다.

She beckoned me to come nearer. 그 여자는 나에게 가까이 오라고 손짓했다.

Fortune didn't beckon to him. 행운의 여신은 그에게 손짓하지 않았다.

(구문)

• the beacon of hope 희망의 불빛(등대)

benefit, benediction, rapt, rapture

benefit concert

*라틴어 **bene** 좋은

*benefit 혜택(을 입다)
*beneficial 유익한, 이로운
*beneficent 도움을 주는, 자선의
*beneficiary 수혜자
*benediction 축복 기도

unemployment benefits

benediction

beneficial insects

beneficiary of pandemic

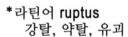
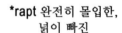

*라틴어 **ruptus**
　　강탈, 약탈, 유괴

*rapt 완전히 몰입한,
　　넋이 빠진
*rapture 황홀(감)
*rapturous 황홀해 하는
　　열광적인

rapt in love

rapture of love

benefit ① 혜택, 이득, 복지 혜택 ② 유익하다 ③ 혜택을 입다(~ from)

라틴어 **bene**(좋은) + 라틴어 **factum**(사실, 행위, 일)

→라틴어 **benefactum**(좋은 일, 업적, 선행) → **benefit** 혜택, 이득, 혜택을 입다

* **beneficial** 유익한, 이로운 * **beneficent** 도움을 주는, 혜택(선)을 베푸는, 자선의

* **beneficiary** 수혜자, 유산 수령인 * 라틴어 **bene** + **diction**(말씨, 말투, 발음) → **benediction** 축복(기도)

예문

When you accept a benefit you can sell your freedom. 혜택을 받으면 자유를 팔게 된다.

He had the benefit of rich father. 그는 부유한 아버지의 혜택을 받았다

She was the chief beneficiary of his will. 그 여자는 그가 남긴 유언의 최고 수혜자이다.

구문

- **derive benefit from the business**
  그 사업에서 이득을 얻다
- **benefit concert** 자선 콘서트
- **the benefit of civilization** 문명의 혜택
- **the benefit of a good education** 좋은 교육의 혜택
- **give a benediction** 축도를 하다, 감사 기도를 하다
- **beneficial to health** 건강에 이롭다

- **beneficial relationship** 유익한 관계
- **a beneficial trust** (이익이 되는) 수익 신탁
- **a beneficent work** 자선사업
- **the beneficiary of insurance** 보험 수익자
- **the main beneficiary** 주된 수혜자
- **a beneficiary certificate** 수익증권

라틴어 **raptus**(강탈, 약탈, 유괴) → **rapt** 완전히 몰입한, 넋이 빠진

* **rapture** 황홀(감) * **rapturous** 황홀해하는, 열광적인

예문

He who can no longer pause to wonder and stand rapt in awe is as good as dead.

잠시 멈춰서 놀라고 경외감으로 서 있을 수 없는 사람은 죽은 거나 다름없다.

구문

- **gaze at ~ in rapture** 황홀경에 빠져 ~를 응시하다
- **the rapture of love** 사랑의 황홀감(환희)

- **rapturous applause** 열광적인 갈채

elongate, prolong, muggy, meddle

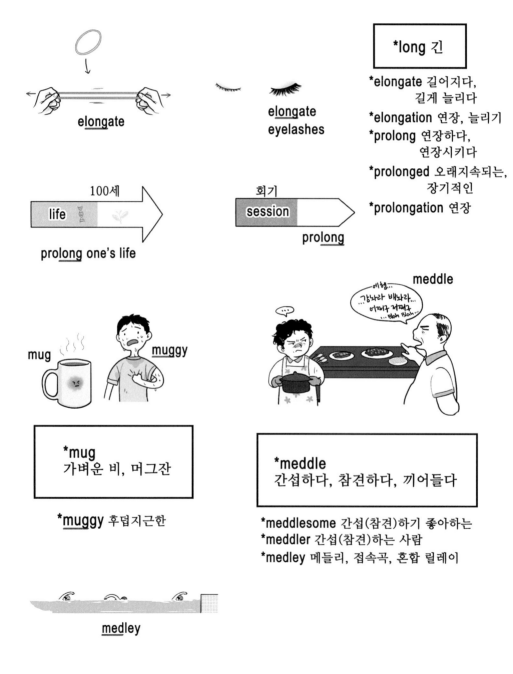

elongate

elongate
eyelashes

100세

life

prolong one's life

회기

session

prolong

*long 긴

*elongate 길어지다,
　　　　　길게 늘리다
*elongation 연장, 늘리기
*prolong 연장하다,
　　　　　연장시키다
*prolonged 오래지속되는,
　　　　　장기적인
*prolongation 연장

meddle

mug

muggy

***mug
가벼운 비, 머그잔**

*muggy 후덥지근한

***meddle
간섭하다, 참견하다, 끼어들다**

*meddlesome 간섭(참견)하기 좋아하는
*meddler 간섭(참견)하는 사람
*medley 메들리, 접속곡, 혼합 릴레이

medley

ROOT/STEM

elongate ① 길어지다, 늘어나다 ② 길게 늘이다, 연장하다
* **e**(ex 밖으로) + **long**(긴) + **ate**(동사형 접미사) → **elongate** 길어지다, 연장하다
* **elongation** ① 연장, 신장 ② 늘리기, 늘어남
* **pro**(앞으로) + **long**(긴) → **prolong** 연장하다, 연장시키다(=**prolongate**)
* **prolonged** 오래 지속되는, 장기적인 * **prolongation** 연장

예문

A rubber band elongates easily. 고무줄은 쉽게 늘어진다.

The cells elongate as they take in water. 세포들은 물을 흡수함에 따라 늘어난다.

You can prolong the visa if you get employed. 네가 취업이 되면 비자를 연장할 수 있다.

He who visits the sick prolong their life. 병자를 방문하는 사람은 그들의 생명을 연장시킨다. - 탈무드

구문

• **elongate one's eyelashes** 속눈썹을 길게 하다
• **elongate the process** 과정을 연장하다
• **look elongated** 길어 보이다
• **elongation test** 늘어남 테스트
• **prolong a line** 선을 길게 하다
• **prolong the session** 회기를 연장하다
• **artificial prolongation of human life**
  인간 생명의 인위적 연장

ROOT/STEM

muggy 후덥지근한(덥고 습기가 많은 sultry)
* **mug**(가벼운 비, 머그잔) → **muggy** 후덥지근한

예문

It's so muggy today. 오늘 엄청 후덥지근해.

구문

• **muggy weather** 후덥지근한 날씨
• **a sultry summer afternoon** 후덥지근한 여름날 오후

ROOT/STEM

meddle ① 간섭하다, 참견하다, 끼어들다 ② (남의 것, 다룰 줄 모르는 것을) 손대다, 건드리다
Old French 「**medler**(섞다, 혼합하다)」→ **meddle** 간섭하다
* **meddlesome** 간섭(참견)하기 좋아하는 * **meddler** 간섭(참견)하는 사람
* **medley** ① 메들리, 접속곡 ② 여러 가지 뒤섞인 것 ③ (수영) 혼합 릴레이

예문

Don't meddle in other people's lives. 남의 생활에 참견하지 마.

Don't meddle in my affairs. 내 일에 상관하지 마.

Children should not meddle with guns. 애들은 총을 만지면 안 된다.

구문

• **meddle in one's affairs** ~의 일에 간섭하다
• **meddling with one's life** ~의 생활에 대한 참견(간섭)
• **meddlesome neighbors** 참견하기 좋아하는 이웃들

23

blindside, cruise, cipher, decipher

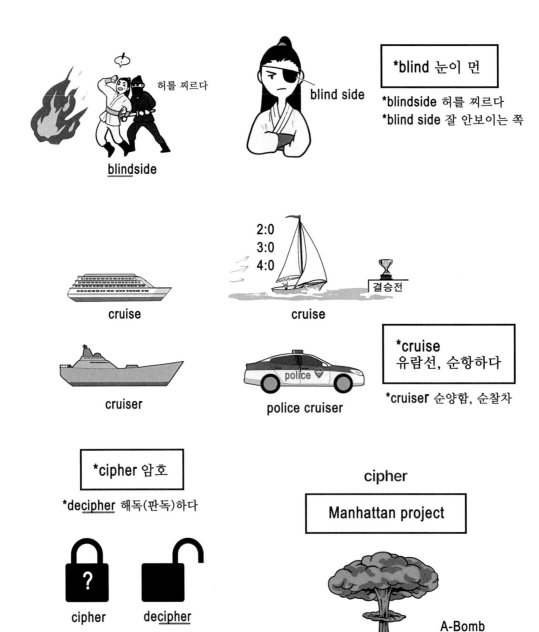

허를 찌르다

blindside

blind side

*blind 눈이 먼

*blindside 허를 찌르다
*blind side 잘 안보이는 쪽

cruise

2:0
3:0
4:0

결승전

cruise

cruiser

police cruiser

*cruise
유람선, 순항하다

*cruiser 순양함, 순찰차

*cipher 암호

*decipher 해독(판독)하다

cipher

decipher

cipher

Manhattan project

A-Bomb

ROOT/STEM

blindside 상대가 못 보는 쪽에서 공격하다, 약점을 공격하다, 허를 찌르다, 기습하다

* **blind**(눈이 먼) + **side**(쪽, 면) → **blindside** 상대가 못 보는 쪽에서 공격하다

blind side (다가오는 위험의) 잘 안 보이는 쪽

예문

Mortgage loan applicants were blindsided by an unexpected interest rate increase.
주택담보대출 신청자들은 예상치 못한 금리 인상에 허를 찔렸다.

구문

• **blindside one's rivals** 경쟁자들의 약점을 찌르다
• **a nifty blindside move** 허를 찌르는 솜씨 좋은 움직임
• **sneak up on the blind side** 약점을 은밀히 공격하다
• **blindside the president**
  대통령의 약점을 공격하다(찌르다)

ROOT/STEM

cruise ① 유람선 여행 ② 유람선을 타고 다니다 ③ 순항하다, 쉽게 진출하다(이기다)

* **cruiser** 순양함, 순항보트, 순찰차

예문

Tottenham cruised to a 3-0 victory over Chelsea as Son scored a hat-trick.
토트넘은 손(흥민)이 해트트릭을 기록하면서 첼시에 3-0으로 손쉽게 이겼다.

구문

• **a cruise up** 강을 거슬러 올라가는 크루즈 여행
• **go on a round-the-world cruise** 세계 일주 유람선 여행을 가다
• **cruise into the second round** 2회전에 순조롭게 진출하다

ROOT/STEM

cipher(cypher) 암호

* **de**(분리, 이탈) + **cipher**(암호) → **decipher** 해독(판독)하다, 풀다

예문

Send me the information in cipher. 정보를 암호로 보내주세요.

He completely deciphered the DNA sequence of the rare virus.
그는 희귀 바이러스의 DNA 서열을 완전히 해독했다.

구문

• **a message in cipher** 암호로 쓴 메시지
• **be written in cipher** 암호로 쓰여진
• **decipher the secret** 비밀을 풀다
• **decipher a code** 암호를 해독하다
• **decipher an old manuscript** 고문서를 판독하다
• **decipher the chemical composition**
  화학 성분을 파악하다

despise, spite, manipulate

despise

spite

spiteful

*de 아래로
*라틴어 spicere 보다

*despise 무시하다, 경멸하다
*despite ~를 무시하고, ~에도 불구하고
*spite 앙심, 악의

manipulate

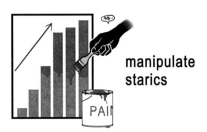

manipulate
starics

manipulate
a puppet

*라틴어 maun 손
*pull 당기다

*manipulate 조작(조종)하다
*manipulation 조작
*manipulative 조작(조종)하는

despise 무시하다, 경멸하다

* **de**(아래로) + 라틴어 **spicere**(보다) → 라틴어 **despicere**(내려다보다, 경멸하다) → **despise** 무시하다, 경멸하다
* **despise** (무시하다, 경멸하다) → **despite** ~를 무시하고, ~에도 불구하고
* **despite** (~를 무시하고) → **spite** 앙심, 악의(무시하면 앙심, 악의를 품게 된다)
* **spiteful** 앙심을 품은, 악의적인　* **spitefulness** 악의 있음, 심술궂음

예문

He who despises himself, respects himself as one who despises.

스스로를 경멸하는 사람도 경멸하는 자신을 존중한다. - 니체

*스스로를 소중히 여기지 않는 자가 남을 경멸할 때는 우쭐함을 느낀다.

He set fire to her car from spite. 그는 앙갚음으로 그 여자의 차에 불을 질렀다.

The rich are apt to despise the poor. 부자들은 가난한 사람들을 얕보는 경향이 있다.

He spread the rumor out of pure spite. 그는 순전히 악의로 그 소문을 퍼뜨렸다.

She tried harder out of spite. 그 여자는 오기가 생겨 더 열심히 노력했다.

구문

• despise danger 위험을 경시하다
• despise pathetic act 한심한 행동을 경멸하다
• despite our worries 우리의 걱정에도 불구하고
• despite her cries 그녀의 울부짖음에도 불구하고
• despite being a big star 대스타임에도 불구하고
• despite rescue effort 구조 노력에도 불구하고
• have a spite against him 그에게 원한이 있다
• a spiteful tongue 독설가

manipulate ① 조작(조종)하다 ② 능숙하게 다루다(처리하다)

* 라틴어 **manu**(손) + **pull**(당기다) + **ate** (동사형 접미사) → **manipulate** 조작(조종)하다
* **manipulation** 조작　* **manipulative** 조작의, 조종하는

예문

Communists manipulated statistics to suit their own ends.

공산주의자들은 자신의 목적에 맞추기 위해 통계를 조작했다.

구문

• manipulate a puppet 꼭두각시를 조종하다
• manipulate figures 숫자를 조작하다
• manipulate account book 회계 장부를 조작하다
• manipulate voters 유권자를 조종(매수)하다
• manipulation of public opinion 여론 조작
• genetic manipulation 유전자 조작

turbid, turmoil, upturn, overturn, disturb

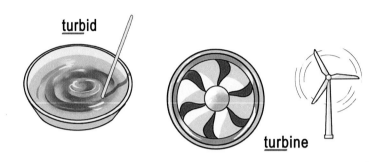

turbid

turbine

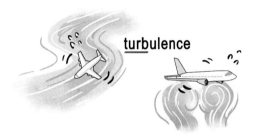

turbulence

*라틴어 **turba** 혼란, 소동, 소란
*tur,turb는 도는 것, 혼란케 하는
것과 관련이 있다

*turbid 탁한, 흐린
*turbine 터빈
*turbulent 격동의, 격변의, 난기류의
*turbulence 격동, 격변, 난기류
*turmoil 혼란, 소란
*upturn 호전, 상승
*overturn 뒤집다, 번복(역전) 시키다
*disturb 방해하다
*disturbance 방해, 소란

mental
turmoil

turmoil

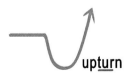

upturn

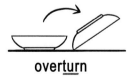

overturn

disturb

* 라틴어 **turba**(혼란, 소동, 소란), 라틴어 **turbare**(어지럽히다, 소란케 하다, 혼란케 하다)
* **tur**, **turb**는 도는 것, 혼란(소란)케 하는 것과 관련이 있다.
* **turbid** 탁한, 흐린 * **turbine** 터빈
* **turbulent** 격동의, 격변의, 요동을 치는, 난기류의 * **turbulence** 격동, 격변, 난기류
* **turmoil** 혼란, 소란 * **upturn** 호전, 상승 * **overturn** 뒤집다, 번복시키다, 역전시키다
* **dis**(반대) + **turb**(돌다) → **disturb** 방해하다 * **disturbance** 방해, 폐해, 소란

(예문) ────────────────────────

Loaches inhabit turbid shallow waters. 미꾸라지는 탁하고 얕은 물에 서식한다.

I got airsick when the plane experienced turbulence. 나는 비행기가 난기류를 만났을 때 멀미를 했다.

A turbulent mob rushed into the auditorium. 폭도들이 강당 안으로 뛰어 들어갔다.

Her mind is in turmoil. 그녀의 마음은 혼란에 빠져 있다.

I am not trying to disturb you. 방해하려는 게 아니야.

(구문) ────────────────────────

- **turbid color** 탁한 색
- **turbid water** 탁한 물
- **a wind turbine** 풍력 터빈(바람개비)
- **a tidal turbine** 조력 터빈
- **the turbine is on line** 터빈이 작동 중이다
- **turbulent waves** 노도
- **turbulent career** 격동적인 경력
- **turbulent times** 난세
- **a turbulent crowd** 사납게 날뛰는 군중
- **a turbulent part** 소용돌이치는 부분
- **a turbulent age** 격동의 시대
- **experience severe turbulence**
  심한 난기류를 만나다
- **cultural turbulence** 문화적 동요
- **financial turbulence** 재정적 어려움
- **an encounter with turbulence** 난류와의 조우

- **mental turmoil** 심리적 혼란
- **racial turmoil** 인종 갈등으로 인한 혼란
- **take an upturn** 상승세를 타다
- **be on the upturn** 상승세에 있다
- **a gradual upturn** 점진적 상승(호전)
- **a sharp upturn in the economy** 경제의 급격한 호전
- **overturn a decision** 결정을 뒤집다, 판정을 번복하다
- **overturn a conviction**(**verdict**)
  유죄관결(평결)을 뒤집다
- **overturn laws** 위헌 결정을 내리다
- **overturn the ban** 금지를 번복하다
- **overturn the current score**
  현재 점수를 뒤집다(역전시키다)
- **disturb fair competition** 공정한 경쟁을 저해하다
- **create**(**cause**) **disturbance** 소동(소란)을 피우다

26

inert, extrude, intrude

*라틴어 **ars**
　기술, 기교, 솜씨

*art 예술
*inert 기력이 없는, 비활성의
*inertia 관성, 타성, 무력함
*inertial 관성의, 관성에 의한

art

inert

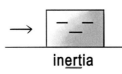

inertia

inert

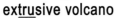

extrusive volcano

extrude

*ex 밖으로 *in 안으로
*라틴어 **trudere** 힘껏 밀다

*extrude 밀어내다
*extrusion 밀어냄, 분출
*extrusive 분출된
*extrude 침범하다, 방해하다
*intrusion 침범, 침입, 방해
*intrusive 그슬리는, 끼어드는,
　　　　　방해가 되는

intrusive guest

intrude

intrusive camera

intrusive

ROOT/STEM

inert 기력이 없는, 비활성(불활성)의, 움직이기 싫어하는

* 라틴어 **ars**(기술, 기교, 솜씨) → **art** 예술
* **in**(no) + **ert**(art의 변형) → **inert** 기력이 없는, 비활성의
* **inertia** ① 무력함 ② 관성, 타성 * **inertial** 관성의, 관성에 의한

예문

Business is inert. 사업이 시원치 않다.

A moving object will continue to move until a force is applied to it.
움직이는 물체는 그것에 힘이 가해질 때까지 계속 움직이려고 한다.

An object at rest will not start to move unless a force is applied to it.
정지해 있는 물체는 그것에 힘이 가해지지 않는 한 멈춰 있으려고 한다.

구문

• the inert body 움직임이 없는 시신
• an inert gas 불활성(비활성) 가스
• an inert boy 게으른 소년
• lie inert 무기력하게 누워 있다

• the law of inertia 관성의 법칙
• institutional inertia 제도적 관성
• mental inertia 정신적 해이
• feeling of inertia 무력감

ROOT/STEM

extrude (압력을 가하여) 밀어내다, 짜내다

* **ex**(밖으로) + 라틴어 **trudere**(힘껏 밀다) → **extrude** 밀어내다, 짜내다
* **extrusion** 밀어냄, 분출, 압출(물) * **extrusive** (화산 작용으로)분출된
* **in**(안으로) + 라틴어 **trudere**(힘껏 밀다)
→ **intrude** (금지된 곳, 사적 영역에) 침범하다, 방해하다
* **intrusion** (개인 사생활 등) 침범, 침입, 침해, 방해
* **intrusive** 거슬리는, 끼어드는, 방해되는

예문

Basalt is a common type of igneous extrusive rocks. 현무암은 화산 분출암의 흔한 유형이다.

You should answer to intrusive questions from journalists. 너는 기자들의 거슬리는 질문에 대답해야 한다.

Don't intrude yourself on my privacy. 내 사생활에 끼어들지 마.

구문

• extrusive volcano 분출 화산
• extruded aluminum 압출 알루미늄
• extrude toothpaste from the tube
  튜브에서 치약을 짜내다
• extrusion press 압출기
• extrusion molding 압출성형
• intrusive remarks 거슬리는 발언
• intrusive guests 거슬리는 손님

• intrusive rock
  관입암(마그마가 지표로 분출되지 않고 땅속에서 굳어서 생긴 화성암
  - 심성암 plutonic rock)
• intrude into a room 방에 마음대로 들어가다
• intrude on one's dayoff 쉬는 날 방해하다
• apologize for the intrusion
  함부로 들어간 것(온 것)에 대해 사과하다

pati, cline이 들어 있는 단어

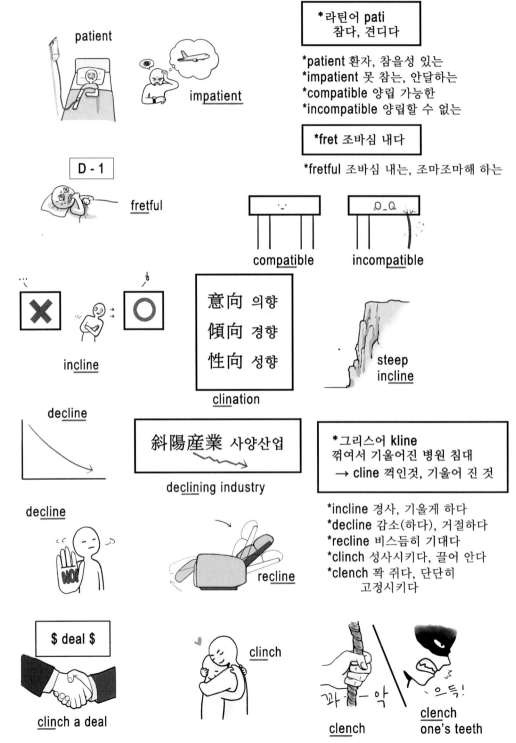

patient

impatient

*라틴어 pati
참다, 견디다

*patient 환자, 참을성 있는
*impatient 못 참는, 안달하는
*compatible 양립 가능한
*incompatible 양립할 수 없는

*fret 조바심 내다

D - 1

*fretful 조바심 내는, 조마조마해 하는

fretful

compatible   incompatible

incline

意向 의향
傾向 경향
性向 성향

clination

steep
incline

decline

斜陽産業 사양산업

declining industry

*그리스어 kline
꺾여서 기울어진 병원 침대
→ cline 꺾인것, 기울어 진 것

decline

*incline 경사, 기울게 하다
*decline 감소(하다), 거절하다
*recline 비스듬히 기대다
*clinch 성사시키다, 끌어 안다
*clench 꽉 쥐다, 단단히
          고정시키다

recline

$ deal $

clinch

clinch a deal

clench

꽉 ─ 악

으득!

clench
one's teeth

pati가 들어 있는 단어
* 라틴어 **pati**(참다, 견디다) → **patient, impatient, compatible, incompatible**
* **patient** ① 환자 ② 참을성(인내심) 있는
* **im**(부정 **in**) + **patient**(참을성 있는) → **impatient** 못 참는, 안달하는, 짜증 나는, 못 견디는
* **fretful**(↔ **patient**) 조바심 내는, 조마조마해 하는   * **fret** 조바심 내다, 조마조마하다
* **com**(함께) + **pati**(참다, 견디다) + **able**(할 수 있는) → **compatible** ① 화합할 수 있는 ② 호환이 되는, 양립 가능한
* **incompatible** 양립(공존)할 수 없는, 호환성이 없는

예문

Paper is more patient than man. 종이는 사람보다 참을성이 있다.

Genius is nothing but a great capacity for patience. 천재는 거대한 인내 능력일 뿐이다.

Life is but a walking shadow, a poor player that struts and frets his hour upon the stage.
인생은 걸어 다니는 그림자, 무대 위에서 자기가 맡은 시간 동안 뽐내며 걷고 안달하며 시간을 보내다가 사라지는 서툰 배우. - 셰익스피어 「맥베스」

You don't have to be so fretful. 그렇게 조바심 낼 필요 없어.

Stop fretting and wait for deliverance. 초조해하지 말고 구조(구제)를 기다려.

구문

* be compatible with existing equipment
  기존 장비와 호환이 가능하다
* compatible neighbors
  잘 지낼 수 있는 (사이좋은) 이웃들
* incompatible colors 서로 잘 어울리지 않는 색깔
* steer a course between incompatible interests
  양립 불가능한 이해관계 사이에서 방향을 조정하다

cline이 들어 있는 단어
* 그리스어 **kline**(꺾어서 기울어진 병원 침대) → **cline**(꺾인 것, 기울어진 것과 관련이 있다)
* **in**(안에) + **cline**(기울다) → **incline** ① 경사 ② ~쪽으로 기울다, 기울게 하다
* **inclination** ① 의향, 성향(경향) ② 경사, 경사도
* **de**(아래로) + **cline**(기울다) → **decline** ① 감소하다(되다) ② 감소, 축소 ③ 거절하다
* **declination** ① 기울기, 편차 ② (공직 등의) 사퇴, 사절(거절)
* **re**(뒤로) + **cline**(기울다) → **recline** 비스듬히 기대다, 뒤로 넘기다
* **recliner** 등받이가 뒤로 넘어가는 의자   * **clench** 꽉 쥐다, 단단히 고정시키다
* **clinch** ① 성사시키다, 매듭짓다, 결말을 내다 ② 부둥켜안음, 끌어안음

예문

One who prays with two hands together is stronger than the other who clenches his two fists.
두 손으로 기도하는 사람이 두 주먹을 꽉 쥔 사람보다 강하다.

Man is born with hands clenched, but has his hands wide open in death.
사람은 태어날 때 두 손을 꽉 쥐고 나오지만 죽을 때는 두 손을 펴고 죽는다.

구문

* clinch the contract(deal) 계약을(거래를) 성사시키다
* clench a rope 밧줄을 꽉 쥐다
* clench an argument 주장을 관철시키다
* clench one's teeth를 악물고 견디다
* go up the incline 비탈길을 올라가다
* a steep incline 급경사
* incline one's ear to the counsel
  조언에 귀를 기울이다
* inclination of watching only one person
  한 사람만 바라보는 경향
* recline the seat 자리를 뒤로 젖히다
* recline on the sofa 소파에 뒤로 기대다

dom, domi가 포함된 단어

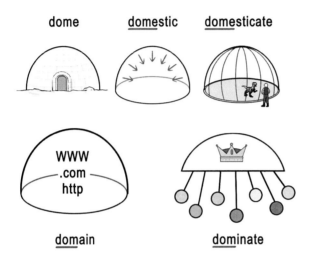

dome   domestic   domesticate

domain   dominate

*라틴어 **domus**
집, 숙소, 조국

*dome 돔, 반구형 지붕
*domestic 가정의, 국내의
*domesticate 길들이다
*domicile 거주지, 주소
*dominate 지배하다
*dominant 우세한, 우성의
*domain 영역, 도메인
*dominion 지배권, 영토(영지)
*indomitable 불굴의

dominant trait   recessive trait   domicile

세종대로
150

dominant
peak

indomitable spirit

불 굴
不屈

ROOT/STEM

dom, domi가 포함된 단어

* **domestic** ① 가정의, 집안의 ② 국내의 ③ 가정부, 가사도우미
* 라틴어 **domus**(집, 숙소, 조국) → 라틴어 **domesticus**(집안의, 국내의) → **domestic** 집안의, 국내의
* **domicile** (공식적, 법적) 거주지, 주소   * **domestic** (집안의, 국내의) → **domesticate** 길들이다, 사육(재배)하다, 가정적으로 만들다   * **dom**은 집, 숙소, 조국과 관련이 있다.
* 라틴어 **dominus**(주인, 가장, 주님) → 라틴어 **dominor**(지배하다, 통치하다, 주재하다) → **dominate** ① 지배(군림)하다 ② ~의 가장 두드러진 특징이 되다
* **domi**는 지배하는 것, 우세한 것과 관련이 있다.
* **dominant** ① 우세한 지배적인 ② 우성의   * **predominant** 두드러진, 뚜렷한, 주된
* **dominion** ① 지배, 통치(권) ② 영토, 영지   * **domain** 영역, 소유지(영토), 분야, 범위, (컴퓨터) 도메인
* **in**(부정) + 라틴어 **domitus**(길들여진, 고분고분한) + **able**(접미사) → **indomitable** 불굴의
* **indomitably** 단호하게

예문

He is a very domestic sort of person. 그는 아주 가정적인 사람이다.

Humans began to domesticate cattle 9,000 years ago. 인간은 9,000년 전에 소를 길들이기 시작했다.

They are fighting to dominate the market. 그들은 시장의 주도권을 장악하기 위해 싸우고 있다

He is a man of indomitable courage. 그는 불굴의 용기를 가진 사람이다.

Green was the predominant color on land. 초록색은 육지에서 주된 색깔이었다.

Samsung Electronics is trying to dominate the semiconductor market.

삼성전자는 반도체 시장을 지배하려고 한다.

Mammonism became dominant drift of our times. 물질만능주의는 우리 시대의 지배적 풍조가 되었다.

Opinions against a tax hike are dominant. 세금 인상에 반대하는 의견이 지배적이다.

구문

* domestic industry 국내 산업
* domestic appliances 가정용 기기(가전제품)
* domestic violence 가정 폭력
* domestic trivials 사소한 집안일들
* domestic products 국산품
* domesticated animals 가축
* domesticate one's body 몸을 만들다
* domicile of origin 본적지
* change one's domicile 주소지를 옮기다
* evidence of domicile 주거지 증명
* dominate the conversation 대화를 주도(지배)하다
* dominate the game 경기를 지배하다
* dominate one's husband 남편을 쥐락펴락하다
* dominate the seas 해상의 패권을 잡다
* maintain dominant position
  압도적 우위를 유지하다
* a dominant gene 우성 유전자
* a dominant peak 우뚝 솟은 봉우리(주봉)
* a dominant figure 우월한 인물
* the dominant party 집권당
* a dominant character(trait) 우성형질
* dominion over the world 세계에 대한 지배권
* indomitable willpower 불굴의 의지력
* indomitable spirit 불굴의 정신
* predominant features 두드러진(뚜렷한) 특징

prevalent, prevail, surge, surgeon, surgery

*라틴어 valere
건강하다, 잘있다, 강력하다
*val은 강한 것, 가치 있는 것과
관련이 있다(vail의변형)

*valour 용기
*value 가치
*prevalent 일반적인, 우세한
*prevail 만연하다, 이기다
*prevailing 우세한, 지배적인
*available 구할 수 있는, 이용할 수 있는

valour

prevailing
religion
in turkey

Good will
prevail

prevailing view

prevail

available   facilities

주차장	수영장
헬스장	휴게실

*surge 밀려들다, 급증하다

*surgeon 외과의사
*surgery 수술
*insurgent 반란을 일으킨 사람

tidal surge

surgery

power surge

surge

surgeon

prevalent (특정 장소, 시기에) 일반적인, 널리 퍼져 있는
* 라틴어 **valere**(건강하다, 잘 있다, 강력하다) → **valour** 용기 * **value** 가치
* **val**(변형 **vail**)은 강한 것과 관련이 있다.
* **pre**(미리) + **val**(강한) + **ent**(접미사) → **prevalent** 일반적인, 널리 퍼져 있는, 유행하는, 우세한
* **prevail** ① 만연(팽배)하다 ② 이기다, 승리하다 * **prevailing** 우세한, 지배적인
* **val, vail**은 힘센 것, 강한 것, 가치 있는 것과 관련이 있다.
* **a**(방향 **ad**) + **vail**(강한 것, 가치 있는 것) → **avail** 도움이 되다, 소용(효과) 있다
* **available** 구할 수 있는, 이용할 수 있는, 사용 가능한

예문

The trend of mutual distrust is prevalent. 상호 불신 풍조가 널리 퍼져 있다.

An unidentified epidemic is prevalent in the country.
그 나라에는 원인불명의 유행성 전염병이 널리 퍼져 있다.

Where justice is denied, where ignorance prevails, neither persons nor property will be safe.
정의가 부정되고 무지가 팽배해 있는 곳에서는 사람도 재산도 안전하지 않을 것이다.

Mammonism prevails these days. 요즘은 황금만능주의가 팽배해 있다.

Many crimes are often committed when emotions prevail over reason.
감정이 이성을 압도할 때 많은 범죄가 일어난다.

구문

• **prevalent among people** 사람들 사이에 널리 퍼져 있는
• **the disease prevalent in the country**
  그 나라에 널리 퍼져 있는 질병
• **a prevalent view** 일반적인 견해
• **prevail against evil** 악을 이기다
• **prevail over tyranny** 폭정을 이기다
• **the prevailing view** 지배적인 견해

• **prevailing wisdom** 널리 알려져 있는 지혜
• **prevailing species** 우세종
• **be of little avail** 별로 소용이 없다
• **no avail** 효과가(소용이) 없다
• **avail you nothing** 너에게 전혀 도움이 되지 않는다
• **not avail against the gun** 총 앞에서는 소용이 없다
• **available facilities** 이용할 수 있는 편의 시설

surge ① 밀려들다 ② 휩싸다, 휘감다 ③ 급등, 급증(하다)
* 라틴어 **surgere**(일어나다, rise up) → **surge** 밀려들다, 급등하다
* **surge**(밀려들다) → **surgeon** (환자가 밀려드는) 외과의사 * **surgery** 수술
* (수술)환자가 밀려들면(**surge**) 외과의사(**surgeon**)는 수술(**surgery**)로 바쁘다
* **in**(안으로) + **surge**(밀려들다) + **ent**(접미사) → **insurgent** 반란(내란)을 일으킨 사람

예문

The crowd surged forward. 군중이 앞으로 밀려들었다.

The demand for housing surged. 주택 수요가 급증했다.

구문

• **tidal surge** 조수가 밀려듦
• **storm surge** 폭풍해일
• **power surge** 전력수요 급증
• **surging crowd** 밀려드는 인파
• **an initial surge of interest** 초기의 반짝 관심

• **a surge of excitement** 밀려드는 흥분
• **a heart surgeon** 심장병 전문의
• **have laser surgery** 레이저 수술을 받다
• **a high-level insurgent** 고위급 반란 주모자
• **insurgent groups** 저항단체들

constrict, restrict, limber, limbus

*strict 엄한, 꽉 죄는

*constrict 조이다, 수축하다
*constriction 압축, 수축, 긴축, 조임
*constrictor 압축 시키는 것,
   먹이를 졸라 죽이는 뱀
*restrict 제한하다, 제약하다
*restriction 제한, 제약
*restrictive 제한하는, 제한적인

constrict

constrictor

blood vessels
constrict

age restriction

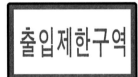

출입제한구역

restricted zone

restrict movements

*limb 팔, 다리,
날개,나뭇가지

*limber 나긋나긋한, 유연한
*limb up 몸을 풀다,
   준비운동을 하다
*limbo 불확실(어중간)한 상태
*limbus 가장자리, 둘레

limb

limbo

limbo game

make one's body
limber

--- **ROOT/STEM** ---

constrict ① 조이다, 위축시키다 ② 수축하다

* **con**(함께) + **strict**(엄한, 꽉 죄는) → **constrict** 조이다, 수축하다
* **re**(뒤로) + **strict**(엄한, 꽉 죄는) → **restrict** 제한하다, 방해하다
* **constriction** 압축, 수축, 긴축, 조임 * **constrictive** 바짝 죄는, 긴축적인
* **constrictor** 압축시키는 것, 먹이를 졸라 죽이는 큰 뱀
* **restriction** 제한, 제약, 규제, 구속 * **restrictive** 제한(구속)하는, 제한적인

(예문)

My privacy is constricted by a stalker. 나의 사생활이 스토커로 인해 제약을 받는다.

Cold air causes the blood vessels to constrict. 차가운 공기는 혈관을 수축시킨다.

A python is a non-venomous constrictor snake. 비단뱀은 독이 없는, 먹이를 졸라 죽이는 뱀이다.

The anaconda will kill a stork by constriction. 그 아나콘다는 황새를 조여서 죽일 것이다.

Abundant natural resources might restrict the economic growth of a country.

풍부한 천연자원이 한 나라의 경제발전을 저해할 수도 있다(풍요의 역설).

(구문)

• constrict one's capacity ~의 능력을 위축시키다
• boa constrictor 보아 구렁이
• constrict muscles 근육을 수축시키다
• constricting rules 제약을 가하는 규칙들
• the constriction of blood vessels 혈관 수축
• a restricted area 통제구역

• a restricted zone 출입제한구역
• restrict visibility 시야를 제한하다
• restrict one's movements 움직임을 제약하다
• restrict speech 언론(발언)을 제약하다
• food restriction 음식 제한
• age restriction 연령 제한

--- **ROOT/STEM** ---

limber 나긋나긋한, 유연한 * **limber up** 몸을 풀다, 준비운동을 하다

* **limb**(팔, 다리, 날개, 나뭇가지) → **limber** 유연한 * **limbus** 가장자리, 둘레
* **limbo** ① 막대기 아래로 몸을 젖히고 빠져나가는 춤 ② 불확실한(어중간한) 상태

(예문)

You need stretching to make your body limber. 너는 몸을 유연하게 하기 위해 스트레칭이 필요해.

He wears an artificial limb. 그는 의족을 착용하고 있다.

(구문)

• tear the paper apart limb from limb
 종이를 갈기갈기 찢다
• a limb of the devil 악마의 앞잡이
• shake in every limb 사지를 부들부들 떨다
• saw the dead limb off the tree
 나무에서 죽은 가지를 톱으로 잘라내다

• the limbo of the stateless people
 나라 없는 사람의 불확실한 상태
• be stuck in limbo
 이도 저도 아닌 상태(어중간한 상태)에 갇혀 있다

pliable, complicate, additive, diagonal

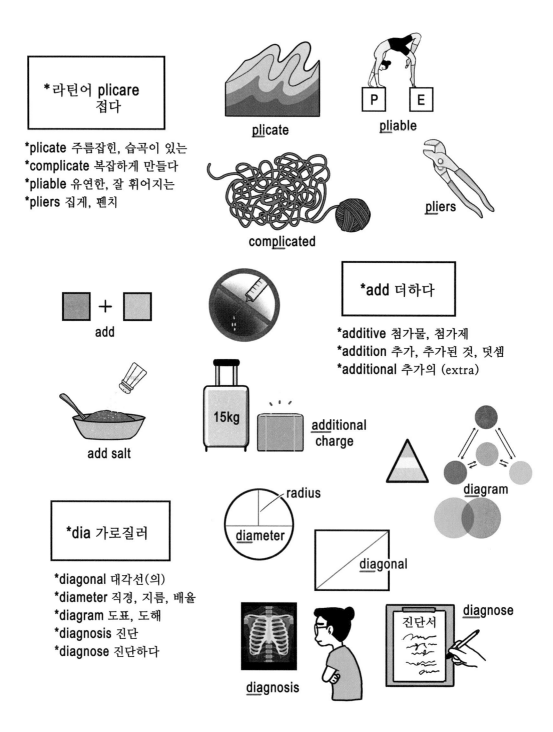

*라틴어 plicare
접다

*plicate 주름잡힌, 습곡이 있는
*complicate 복잡하게 만들다
*pliable 유연한, 잘 휘어지는
*pliers 집게, 펜치

plicate

pliable

pliers

complicated

add

*add 더하다

*additive 첨가물, 첨가제
*addition 추가, 추가된 것, 덧셈
*additional 추가의 (extra)

add salt

15kg
additional
charge

diagram

radius

diameter

diagonal

*dia 가로질러

*diagonal 대각선(의)
*diameter 직경, 지름, 배율
*diagram 도표, 도해
*diagnosis 진단
*diagnose 진단하다

diagnose

진단서

diagnosis

- - -**ROOT/STEM**- - -

pliable ① 유연한, 잘 휘어지는 ② 순응하는, 고분고분한

* 라틴어 **plicare**(접다) → **plicate** 주름 잡힌, 습곡이 있는 ② 주름을 만들다

* **com**(함께) + **plicate**(주름 잡힌, 습곡이 있는) → **complicate** 복잡하게 만들다   * **complicated** 복잡한, 어려운

* **pli**는 접는 것, 구부러지는 것과 관련이 있다 → **pliable** 유연한, 잘 휘어지는, 고분고분한   * **pliers** 집게, 펜치

(예문)

Your bones become less pliable with age. 나이가 듦에 따라 뼈의 유연성이 떨어진다.

Solve the problem in a pliable way. 유연한 방법으로 문제를 해결하라.

You need to be more pliable. 너는 좀 더 유연해질 필요가 있어.

Iron becomes pliable when heated. 쇠는 열을 가하면 구부러진다.

(구문)

• a pliable protective covering 유연한 보호막
• pliers for fishing 낚시용 플라이어
• complicated numbers 복잡한 숫자
• complicated series of events 복잡한 일련의 사건

- - -**ROOT/STEM**- - -

additive 첨가물, 첨가제

* **add**(더하다, 추가하다) → **additive** 첨가물, 첨가제 * **addition** 추가된 것, 부가물

(예문)

Some food additives can make children hyperactive.

어떤 식품첨가제는 어린이들을 과잉행동으로 만들 수도 있다.

Vitamin C is often used as a food additive in the form of citric acid.

비타민 C는 구연산의 형태로 종종 음식 첨가물로 쓰인다(비타민 C는 착색 기능, 방부 기능이 있다).

In addition to discounts, they offer a free gift. 할인뿐 아니라 공짜 선물도 준다.

(구문)

• in addition to that 그 밖에
• an addition to family 새로 태어난 식구

- - -**ROOT/STEM**- - -

diagonal 사선, 대각선(의)

* **dia**(가로질러) + **gon**(각도 angle) + **al**(접미사) → **diagonal** 대각선(의)

* **dia**(가로질러) → **diameter** 직경, 배율 * **diagram** 도표, 도해

* **dia**(가로질러) + **gnosis**(앎) → **diagnonis** 진단 * **diagnose** 진단하다

(구문)

• draw a diagonal line 대각선을 그리다
• diagonal stripes 사선으로 된 줄무늬
• the building diagonally across the street
  길 건너 대각선 방향으로 있는 건물
• gauge the diameter (특수 기기로) 직경을 측정하다
• tree diagram 관계를 보여주는 나뭇가지 모양의 그림
• diagnose tuberculosis 결핵을 진단하다
• an accurate diagnosis 정확한 진단

bounce, bound, rebound, capital, capitalize

*bounce 튀다, 튀어오름

*bound 튀어오름, 얽매인, ~해야하는
*rebound 다시 튀어나오다

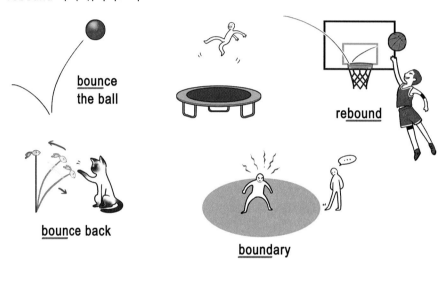

bounce
the ball

rebound

bounce back

boundary

capital

capital

*라틴어 caput 머리

*capital 수도, 자본금
*capitalize 자본화 하다, 출자하다
*capitalize on ~ 을 활용(이용)하다
*capita 머리

per capita
1인당

히히 잘됐다

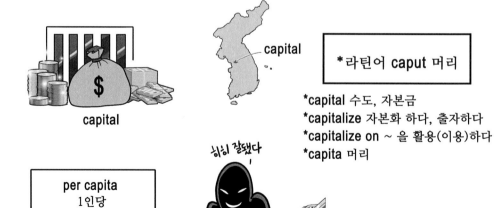

capitalize on the situatuion

bounce ① 튀다, 튀기다 ② 깡충깡충 뛰다 ③ 튀어 오름, 반동력 ④ 되돌아오다, 부도가 나다
bound ① 튀어 오름 ② 얽매인, ~해야 하는 ③ bind(묶다, 감다)의 과거형
* boundary 경계, 한계 * boundless 한(끝)이 없는
* rebound 다시 튀어나오다, 튀어 오르다, 리바운드

(예문)

There is no much bounce in this ball. 이 공은 탄력이 별로 없어.

People who repeatedly bounce checks end up on blacklist.

반복적으로 수표 부도를 내는 사람들은 블랙리스트에 오르게 된다.

I caught the ball on the rebound. 나는 튀어 오른 공을 잡았다.

It's on the rebound. 그것은 반등하고 있어요.

(구문)

• bounce the ball 공을 튀기다
• one bounce of the ball 공이 한 번 튐
• bounce back 튀어서 되돌아오다, 원상회복되다
• bounce back loan 회복 기금
• bounce off an object 물체에 부딪쳐 튕겨 나가다

• a check bounces 수표가 되돌아오다(부도나다)
• a check clears 수표가 결제되다
• get the rebound 리바운드를 잡다
• use the rebound 반동을 이용하다

capitalize 대문자로 쓰다, 자본화하다, 출자하다
* 라틴어 caput(머리) → capital ① 수도 ② 자본금 ③ 사형(死刑)의 ④ 대문자의
* capitalize on ~을 활용하다(기회로 삼다) * 라틴어 caput(머리) → capita(caput의 복수형)
* per capita 1인당 * per capita income 1인당 국민소득

(예문)

Speculators capitalize on the property bubbles and the steady demand from consumers.
투기꾼들은 부동산 버블과 소비자들의 견실한 수요를 이용한다.

(구문)

• exclude foreign capital 외국 자본을 배제하다
• attract capital 자본을 유치하다
• the capital city 수도
• capital punishment 사형
• advance towards the capital 수도를 향해 진격하다
• capitalize on the public's discontent with
 ~에 대한 대중의 불만을 이용하다

• capitalize on his early lead
 초반의 리드를(주도권을) 활용하다
• capitalize the first letter 첫 글자를 대문자로 쓰다
• capitalize on others' mistakes
 타인의 실수를 이용하다

settle, recur, incur

settle down

settler

set

*set 놓다

*settle 해결하다, 정리하다
*settlement 해결, 합의
*settler 정착민
*settle down 정착하다,
   진정되다

unsettled

settle

settle

peace settlement

occur   **recur**

incur danger

再發
재발

recurrent

*occur
일어나다, 발생하다

*recur 되풀이되다, 재발하다
*recurrent 재발되는, 되풀이 되는
*incur (좋지 못한 상황을)초래하다

settle 해결하다, 합의를 보다, 정리하다

* set(놓다, 특정한 상태로 만들다) → settle 해결하다   * settlement 해결, 합의
* settler 정착민   * settle down ① 편안히 앉다, 정착하다 ② 진정시키다, 진정되다

(예문)

War settles nothing. 전쟁은 아무것도 해결하지 못한다.

They settled down in Korea. 그들은 한국에 정착(영주)했다.

The scandal has begun to settle down. 그 스캔들이 진정되기 시작했다.

Did you settle in? 자리 잡았어?

(구문)

• settle up later 나중에 정산하다
• settle this 이것을 결정짓다
• peace settlement 평화 정착
• peaceful settlement 평화로운 해결
• reach a settlement 합의에 이르다
• settler population 정착민 인구

recur ① 되풀이되다, 재발하다 ② ~에게 다시 떠오르다(to) ③ ~에 의존하다(to)

* oc(~를 향하여 ob) + 라틴어 currere(달리다, 질주하다) → occur 일어나다, 발생하다
* re(다시) + occur(일어나다) → reoccur(=recur)   * recurrent 재발되는, 되풀이되는
* in(안으로) + 라틴어 currere(달리다)
→ incur (좋지 못한 상황을) 초래하다, 발생시키다, 손실을 입다
* occurrence 발생, 존재, 나타남   * recurrence 되풀이, 반복, 재발

(예문)

Breast cancer may recur after treatment. 유방암은 치료 후 재발될 수 있다.

Old memories unexpectedly recurred to my mind. 옛 추억이 불현듯 마음에 떠올랐다.

The police were dispatched to prevent a recurrence of the violence.

폭력 사태의 재발을 방지하기 위해 경찰이 파견되었다.

The power outage incurs a great loss of property. 정전은 재산에 큰 손실을 초래한다.

(구문)

• symptoms recur 증세가 재발하다
• the recurrence of illness(accident) 병(사고)의 재발
• incur danger 위험을 초래하다
• incur the wrath of ~의 분노를 사다
• incur hatred 미움을 사다
• incur debts 빚을 지다
• incur expenses 비용을 물게 되다

command, commandment, buck, buckle

*라틴어 **mandare**
맡기다, 위탁하다, 명령하다

*mandate 권한, 권한을 주다,
위임하다
*mandatory 위임에 의한,
외부적인
*command 명령, 지휘
*commandament 계명
*commandeer 징발하다,
수송하다

mandate   command

commander

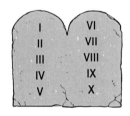

Ten Commandments

徵發
징발

전쟁

집, 트럭,
식량징발

commandeer

buckle

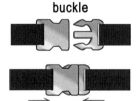

buckle up

*buck 수사슴, 수토끼
날뛰다, 완강하게 저항하다

*buckle 버클(잠금장치)
*buckle up 버클로 채우다
*buckle down 본격적으로
착수하다

buckle down

buckle down to work

ROOT/STEM

command ① 명령, 명령어 ② 지시, 지휘(하다)
* **com**(함께) + 라틴어 **mandare**(맡기다, 위탁하다, 명령하다)
→ **command** 명령, 지시, 지휘(하다) * **commander** 지휘관, 사령관, 해군 중령
* **commandment** 계명   * **commandeer** ① (전시에) 징발하다, 수용하다 ② 강탈하다
* 라틴어 **mandare**(맡기다, 위탁하다, 명령하다) → **mandate** 권한, 통치(재임) 기간, 권한을 주다, 위임하다
* **mandatory** 위임에 의한, 법에 정해진, 의무적인, 필수적인

예문

The hill commands a fine view of the sea. 그 언덕은 바다 전망이 좋다.

Who is in command here? 여기는 누가 지휘(통솔)하고 있나요?

No one has a finer command of language than the person who keeps his mouth shut.
침묵하는 사람보다 언어를 더 능숙하게 구사하는 사람은 없다. - 샘 레이번

The communist government can commandeer private property unrequitedly.
공산주의 정권은 개인의 사유 재산을 보상 없이(일방적으로) 징발할 수 있다.

He attempted to commandeer a fishing vessel. 그는 어선을 강탈하려고 했다.

God's commandments turn human judgments into divine commands.
종교 계율은 인간의 판단을 신의 명령으로 바꾼다.

*신의 명령이라고 해야 사람들이 이유를 따지지 않고 따르기 때문에 인간 사회는 종교를 통해 위험을 회피하고 질서를 유지한다.

구문

- **the troop under his command** 그의 휘하에 있는 부대
- **give the command** 명령을 하다
- **show a fine command of**
  ~을 능숙하게 구사하는 것을 보여주다
- **deft command of English** 능숙한 영어 구사력
- **this command** 이 명령어
- **take command of** ~의 지휘권을 맡다
- **at your command** 명령대로(하겠습니다)

- **the presidential mandate** 대통령 임기
- **mandate of heaven** 천명
- **give a clear mandate** 확실한 권한을 부여하다
- **a mandatory life sentence**
  법에 따른(의무적인) 종신형
- **mandatory course** 필수과목(과정)

ROOT/STEM

buck ① 수사슴, 수토끼 ② 날뛰다, 완강하게 저항(반대)하다 ③ 책임
buckle 버클로 잠그다, 버클(잠금장치)   * **buckle up** 버클을 채우다, 안전벨트를 매다
* **buckle down** 본격적으로 착수하다, 열심히 일하다

예문

Many ruling party lawmakers are bucking the party line.
많은 집권당 의원들이 당의 노선에 강하게 반발하고 있다.

The overwhelming majority of drivers buckle up when they run on the highway.
압도적 다수의 운전자들이 고속도로를 달릴 때 안전벨트를 맨다.

I will buckle down to work. 이제부터 본격적으로 열심히 일해야겠다.

구문

- **buck the trend** 추세를 거스르다
- **buck the system** 체제에 저항하다
- **pass the buck** 책임을 떠넘기다

- **buck up!** 정신 바짝 차려, 힘내!
- **forget to buckle up** 안전벨트 매는 것을 잊어버리다

35

succinct, audio, obey, disobey

*suc(sub)아래
*라틴어 cingere
동여매다

*succinct 간단명료한,
간결한

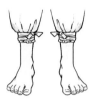

succinct

succinct
design

succinct
direction

*라틴어 audire 듣다
*라틴어 oboedire 복종하다

*audio 소리, 청각
*audience 청중, 관중
*obey 순종(복종)하다
*obedient 순종(복종)하는
*obedience 순종,복종
*disobey 불복종하다, 반항하다
*disobedient 반항하는, 거역하는
*disobedience 불복종,반항,거역

audio

audience

obey

...알겠습니다

disobey

順從 순종
服從 복종

obedience

ROOT/STEM

succinct 간단명료한, 간결한

* **suc**(아래 **sub**) + 라틴어 **cingere**(동여매다, 걷어부치다) + **ct**(형용사형 접미사)

→ **succinct** 간단명료한, 간결한

예문

Explain it as succinct as possible. 최대한 간단명료하게 설명해라.

The manuals provides a succinct description of the car.

그 사용 설명서는 자동차에 대한 간결한 설명을 제공한다.

구문

• a succinct reply 간결한 대답
• a succinct design 간결한 디자인
• a succinct explanation 간결한 설명
• succinct direction 간단명료한 지시

ROOT/STEM

obedience (맹목적, 절대적) 순종, 복종

audience 청중, 관중, 시청자, 독자, 관객

* 라틴어 **audire**(듣다) → 라틴어 **oboedire**(복종하다) → 영어 **obey** 순종(복종)하다

* 라틴어 **audire**(듣다) → 영어 **audio** 소리, 청각   * **audience** 청중, 관중   * **audible** 잘 들리는

* **obedient** 순종적인, 복종하는   * **obedience** 순종, 복종

* **disobey** 불복종하다, 반항하다   * **disobedient** 반항하는, 거역하는   * **disobedience** 불복종, 반항, 거역

예문

He has acted in obedience to the orders of his commander. 그는 지휘관의 명령대로 행동해왔다.

The audience booed as he started his speech. 그가 연설을 시작하자 청중이 야유를 보냈다.

Disobedience by teenagers is the expression of self-consciousness.

십 대의 반항은 자아의식의 표출이다.

His voice was clearly audible. 그의 목소리가 또렷하게 들렸다.

구문

• blind obedience 맹목적 복종
• obedience to God 신에 대한 복종
• obey the traffic regulations 교통법규를 지키다
• obey the laws 법을 준수하다
• be obedient to one's boss 상사에 순종적이다
• disobedient students 말을 듣지 않는 학생들
• civil disobedience movement 시민 불복종운동

36

relinquish, unearth, position, reposition, deposition

> *re 뒤로
> *라틴어 linquere
> 　남기고 떠나다, 포기하다

*relinquish 포기하다, 양도하다
*relinquishment 포기, 양도, 단념

relinquish
custody

relinquish

unearth

> *un 벗겨내다
> *earth 땅, 흙

*unearth 파내다, 발굴하다

> *pose 자세
> *position
> 　위치, 자리, 두다, 배치하다

*reposition 다른 장소로 옮기다, 다시 자리를 잡다
*reposit 보존하다, 저장하다
*repository 저장소, 보관소
*depostion 퇴적물, 퇴위, 물러나게 함
*deposit 착수금, 보증금, 침전(퇴적)시키다

reposition

position

deposition　　　deposit　　　deposit　　　repository

ROOT/STEM

relinquish (마지못해) 포기하다, 양도하다 ＊ **relinquishment** 포기, 양도, 단념
＊ **re**(뒤로) + 라틴어 **linquere**(남기고 떠나다, 포기하다) → 라틴어 **relinquere**(뒤에 남기다, 유산으로 남기다) →
relinquish (지휘, 권한, 권리 등을) 포기하다(**give up**보다 격식적 표현)

예문

It's naive to think a dictator will voluntarily relinquish power.
독재자가 자발적으로 권력을 포기할 것이라는 것은 순진한 생각이다.

He forged the relinquishment papers. 그는 포기문서를 위조했다.

She was forced to relinquish custody of the children. 그 여자는 아이들에 대한 양육권을 포기했다.

구문

- **relinquish the throne** 왕좌를 넘기다
- **relinquish bad habits** 악습을 버리다
- **relinquish the presidency** 대통령직을 포기하다
- **relinquish one's hold of the rope**
  밧줄을 쥔 손을 놓다
- **relinquishment of parental rights** 친권의 포기

ROOT/STEM

unearth 발굴하다, 파내다, 밝혀내다
＊ **un**(벗겨내다) + **earth**(땅, 흙) → **unearth** 파내다, 발굴하다

예문

He unearthed the area to find an ancient city. 그는 고대 도시를 찾기 위해 그 지역을 발굴했다.

구문

- **unearth buried treasures** 매장된 보물을 발견하다
- **unearth ancient ruins** 고대 유물을 발굴하다
- **unearth the fossil** 화석을 발굴하다

ROOT/STEM

repository 저장소, 보고 ＊ 기록보관소는 **archive**
＊ 라틴어 **ponere**(놓다, 두다) → **pose**(자세) ＊ **position** ① 위치, 자리 ② 두다, 배치하다
＊ **re**(다시) + **position**(위치, 자리, 두다, 배치하다)
→ **reposition** ① 다른 장소로 옮기다, 재배치하다, 원위치로 돌리다 ② 저장, 보존
＊ **de**(분리) + **position**(위치, 배치하다) → **deposition** ① 퇴적(물) ② 퇴위, 폐위 ③ 증언 녹취록
＊ **deposit** ① 착수금, 보증금 ② (특정한 곳에) 두다(놓다) ③ 침전시키다

예문

The sea is a repository of natural resources. 바다는 천연자원의 보고다.

There is an archive of rare books in the library. 그 도서관에는 희귀 서적 보관소가 있다.

구문

- **reposition bones** 뼈의 위치를 바로잡다
- **reposition the brand** 제품 이미지를 바꾸다
- **fracture reposition** 골절 맞춤
- **manual reposition** 손으로 위치를 바로잡는 것
- **a film archive** 영화 보관소
- **on-demand archive** 주문형 기록 보관소
- **seed repository**
  종자 저장소(노르웨이 스발바르 소재, 현대판 노아의 방주)
- ＊ 종자 저장소는 지진, 핵무기 공격, 빙하 소멸에 대비하여 설계되어 있다.
  이곳은 씨앗 발아를 막기 위해 산소와 수분이 제거된 상태에서 영하
  18도 정도의 온도를 유지하고 있다.

37

admire, miracle, latent

*ad ~쪽으로
*라틴어 mirari
　　경탄하다

*miracle 기적, 경이로운 일
*miraculous 기적적인
*admire 존경(칭찬)하다
*admirable 존경(감탄) 스러운
*admiration 감탄, 존경, 경탄, 칭찬
*admiral 해군장성, 제독

admire

奇蹟 기적
miracle

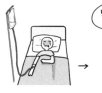

miraculous
recovery

admiral

潛伏
잠복

latency

virus 활동

latent period

잠복기

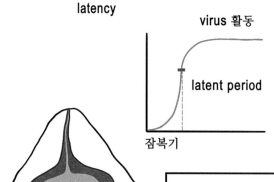

latent

*라틴어 latere
　숨어 있다, 숨겨져 있다

*latent 잠재된, 잠복해 있는
*latently 잠재적으로, 잠복성으로
*latency 잠복(성), 잠재(성)

潛在力
잠재력

latency

admire 존경하다, 칭찬하다, 감탄하며 바라보다
* 라틴어 **mirari**(놀라다, 경탄하다) → **miracle**(기적, 경이로운 일)
* **ad**(~ 쪽으로) + 라틴어 **mirari**(경탄하다) → **admire** 존경하다, 감탄하며 바라보다
* **admirable** 존경(감탄, 경탄)스러운 * **admiration** 감탄, 존경, 경탄, 칭찬
* **admiral** 해군 장성, 제독 * **miraculous** 기적적인

(예문)

I admire your enthusiasm. 나는 너의 열정을 존경(칭찬)해.

The gift of admiration is indispensable if one is to mount to something.

누군가 어떤 경지에 오르려면 감탄의 재능이 필수적이다.

*항상 깨어 있는 자세로 있을 때 경이로움을 발견하게 된다. 감탄은 새로운 발견과 창조를 이끌어낸다.

Live your life as though everything is a miracle. 모든 것이 기적인 것처럼 인생을 살아라.

(구문)

• admire the scenary
  풍경을 감탄하며 바라보다(감상하다)
• admire celebrities 유명인들을 동경하다
• the admirable discovery 대단한 발견
• have great admiration for ~를 대단히 존경하다

• a look of undisguised admiration
  숨김없는 감탄을 드러낸 표정
• make a miraculous recovery 기적적으로 회복하다
• a miraculous thing happened
  기적 같은 일이 일어났다

latent 잠재하는, 잠복해 있는
* 라틴어 **latere**(숨어 있다, 숨겨져 있다) → **latent** 잠재된, 잠복해 있는
* **latently** 잠재적으로, 잠복성으로 * **latency** 잠복(성), 잠재(성)

(예문)

You have to find dangers latent in the contract. 계약서에 숨어 있는 위험을 찾아내야 해.

The disease is sometimes recurrent after the latent period. 그 병은 종종 잠복기 이후에 재발된다.

(구문)

• latent talent 숨겨진 재능
• latent energy 잠재 에너지
• latent ability 잠재력

• latently increase 음성적으로 증가하다
• latency period 잠재기, 잠복기
• latency time 대기(지연) 시간

ardor, docile, massacre

ardor for studying

*ardor 열정, 정열

*ardent 열렬한, 열정적인
*ardently 열렬히, 열심히

ardent student

applaud **ardently**

柔順 유순

docile

*라틴어 docilis 가르치기 쉬운, 유순한, 고분고분한

*dolile 다루기 쉬운, 유순한, 고분고분한
*docility 다루기 쉬움, 유순함

docility

*라틴어 sacrum 신에게 바쳐진 것, 제물
*sacr은 희생, 제물과 관련이 있다

sacrifice

*sacrifice 희생(물), 희생하다
*sacrificial 제물로 바쳐진
*sacrificial lamb 희생양
*mass(덩어리, 대량의) + **sacr** (희생)
→ **massacre** 대학살

massacre

ardor(ardour) 열정, 정열, 열심, 열중
* 라틴어 **ardere**(불타오르다, 열렬히 사랑하다) → **ardor** 열정
* **ardent** 열렬한, 열정적인 * **ardently** 열렬히, 열심히, 불같이

예문

She danced with ardor. 그녀는 열정적으로 춤을 추었다.

He showed great ardor for invention. 그는 발명에 대단한 열정을 보였다.

I am an ardent supporter of the free market economy. 나는 자유시장경제의 열렬한 지지자다..

구문

- **ardor of study** 학구열(ardor for studying)
- **damp one's ardor** ~의 열의에 찬물을 끼얹다
- **an ardent student** 열정적 학생
- **applaud ardently** 열정적으로 갈채를 보내다.
- **carry out the task with ardor**
  열정을 가지고 임무를 수행하다

docile 유순한, 고분고분한
* 라틴어 **docere**(가르치다, 일러주다), 라틴어 **docilis**(가르치기 쉬운, 유순한, 고분고분한)
→ **docile** 다루기 쉬운, 유순한, 고분고분한 * **docility** 다루기 쉬움, 유순함, 순응

예문

The boodler(bribee) is s very docile subject. 뇌물을 받은 사람은 다루기 쉬운 대상이다.

Kangaroos are not as docile as they look. 캥거루는 보이는 것처럼 다루기 쉽지 않다.

A young goat does not guarantee docility. 새끼 염소가 유순하다는 보장은 없다.

구문

- **a docile child** 말 잘 듣는(유순한) 아이
- **silence and docility** 침묵과 순응

massacre 대학살(하다), 시합에서의 대패
* 라틴어 **sacrum**(신에게 바쳐진 것, 제물), 라틴어 **sacrificium**(제물, 희생물)
→ **sacr**은 희생, 제물과 관련이 있다. * **sacrifice** 희생(물), 희생하다(시키다)
* **mass**(덩어리, 대량의) + **sacr**(희생) + **e** → **massacre** 대학살

예문

There was the bloody massacre of innocent civilians. 무고한 시민에 대한 피의 대학살이 있었다.

The game was 5-0 massacre for our team. 그 경기는 우리 팀이 5-0으로 대패했다.

embezzle, preliminary, evoke

*em(en) = make
*구프랑스어 besillier
　파괴하다

*embezzle 횡령하다
*embezzlement 횡령
*embezzler 횡령자

横領
횡령

embezzlement

in my pocket

final 결승

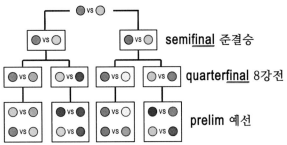

semifinal 준결승

quarterfinal 8강전

prelim 예선

*pre 앞
*라틴어 limen
　문지방, 문턱

*prelim 예비시험, 예선
*preliminary 예비의, 예선의

예비 시험
preliminary test

*e(ex) 밖으로
*라틴어 vocare 부르다
*라틴어 evocare
　불러내다, 소환하다

evoke memories

*evoke 일깨우다, 환기시키다
*evoker 생각나게 하는 사람(것)

evoke
outrage response

ROOT/STEM

embezzle 횡령하다
* em(en=make) + besillier(**Old French** 파괴하다) → **embezzle** 횡령하다
* **embezzlement** 횡령 * **embezzler** 횡령자

예문

He plotted with the bookkeeper to embezzle company money.

그는 경리 직원과 모의하여 회삿돈을 횡령했다.

He was charged with embezzlement. 그는 횡령죄로 기소되었다.

His claim of my embezzlement is malicious and unfounded.

내가 횡령했다는 그의 주장은 악의적이고 사실무근이다.

구문

• embezzle money 돈을 횡령하다　　　　　　• embezzlement of public fund 공금 횡령

ROOT/STEM

preliminary ① 예비의 ② 예비행위, 예비단계, 예선전 ③ 서두
* **pre**(앞) + 라틴어 **limen**(문지방, 문턱) → **prelim** 예비시험, 예선, 오픈 게임
* **prelim**(예비시험) + **nary**(접미사) → **preliminary** 예비의, 예선전

예문

Preliminary talks will be held in Jeju. 제주에서 예비회담이 개최될 것이다.

He passed a preliminary round. 그는 예선을 통과했다.

He dropped off at a preliminary contest. 그는 예선에서 탈락했다.

He was the only one to pass the preliminary trials on his first day.

그는 첫 번째 시도에서 예선을 통과한 유일한 사람이다.

구문

• preliminary examination 예비시험　　　　• preliminary talks 예비회담

ROOT/STEM

evoke (기억, 감정 등을) 일깨우다, 불러일으키다, 환기시키다
* **e**(밖으로 ex) + 라틴어 **vocare**(부르다) → 라틴어 **evocare**(불러내다, 소환하다) → **evoke** 일깨우다, 환기시키다

예문

The shaman evoked spirits from the other world. 주술사는 저세상에서 영혼을 불러왔다.

She evoked memories of my youth. 그 여자를 보니 나의 젊은 날 추억이 떠올랐다.

His efforts evoked my admiration. 그의 노력이 나의 감탄을 자아냈다.

구문

• evoke outrage response 격한 반응을 불러일으키다. 　• evoke memories
• evoke emotion 감정을 불러일으키다　　　　　　추억을 떠오르게 하다, 기억을 환기시키다
• evoke sympathy 연민을 자아내다　　　　　　• evoke opposition 반대를 불러일으키다
• evoke laugh 웃음을 자아내다　　　　　　　• evoke criticism 물의를 일으키다

allocate, figurative, trespass

*locate 두다, 설치하다, 정확한 위치를 찾아내다

allocate

*allocate 할당(배당)하다, 위치를 정하다
*allocation ① 할당, 배분 ② 할당량, 할당액

food allocation 식량할당

national budget allocation 국가예산할당

정책사업 / 행정운영 / 국방 / 안전 / 교육 / 농업 / 기타

figura

Korea

    good luck

peace ♂male

*figure
① 수치, 숫자 ② 모습, 도형

*figura 상징적 인물(사물), 표상
*figurative 비유적인, 상징적인 구상(조형)의

인생은 뜬구름...

figurative expression

figure skating

*tres 가로질러(trans)
*pass 지나가다

*trespass 무단침입하다

無斷侵入
무단침입

trespass

trespass

ROOT/STEM

allocate ① 할당(배당)하다 ② 배역을 정하다, 위치를 정하다

* 라틴어 **locare**(놓다, 두다, 배치하다) → **locate** ① 정확한 위치를 찾아내다 ② 두다, 설치하다

* **al**(~쪽으로 **ad**) + **locate**(두다, 설치하다) → **allocate** 할당(배당)하다, 위치를 정하다

* **allocation** ① 할당, 배분, 배급 ② 할당량, 할당액

(예문)

A lot of money has been allocated for buying arms. 무기를 사는 데 많은 돈이 할당되어왔다.

(구문)

- **properly allocate resources**
  자원을 적절히 할당하다
- **allocate more places** 더 많은 자리를 할당하다
- **the allocation of food** 식량 할당(량)
- **depend one's food on allocation**
  식량을 배급에 의존하다

ROOT/STEM

figurative ① 비유적인, 상징적인 ② 구상의, 조형의

* **figure** ① 수치, 숫자 ② 모습, 도형, 도식 ③ 생각하다, 판단하다

* **figure**(모습) → **figura** ① 상징적 인물, 상징적 사물 ② 표상, 구도

* **figura**(상징적 인물, 사물) → **figurative** ① 비유적인, 상징적인 ② 구상(조형)의

(예문)

He described a life as a drifting cloud in figurative expression.

그는 비유적 표현으로 인생을 뜬구름으로 묘사했다.

(구문)

- **a hooded figure** 복면을 한 모습(인물)
- **a hulking figure** 거대한 모습
- **a double-figure pay rise** 두 자릿수 임금 인상
- **a rough figure** 대략적 수치
- **bella figura** 훌륭한 모습(인상, 풍채)
- **figurative style** 상징적 스타일
- **figurative design** 상징적 의장
- **figuratively speaking** 비유적으로 말하자면

ROOT/STEM

trespass ① 무단침입(출입) 하다, 무단침입(출입) ② 도덕적 잘못

* **tres**(가로질러 **trans**) + **pass**(지나가다) → **trespass** 무단침입하다

(예문)

Unasked advice is a trespass on a sacred privacy. 청하지 않은 충고는 신성한 사생활에 대한 침해다.

*충고를 해달라는 사람들도 마음속으로는 내심 칭찬을 원한다.

(구문)

- **trespass on private land** 사유지를 무단침입하다
- **trespass on the holy ground** 성지를 침범하다
- **trespass on one's rights** ~의 권리를 침범하다

vicarious, alloy, recluse

*라틴어 vicis 교대, 교체
*vice 부(副)의, 대리의

*vicarious 대리의,
대리 만족의, 간접적인

代理滿足
대리만족

vicarious
satisfaction

vice president

*al~쪽으로(ad)
*라틴어 ligare 묶다
*라틴어 alligare ~에 묶다

*ally 동맹국, 지지하다
*alliance 동생, 연합
*alloy 합금, 합금하다

보험

vicarious liability

vicarious
atonement

同盟
동맹

alliance

brass

bronze

duralumin

合金 합금

alloy

*re 뒤로
*cluse 닫다(close)

*recluse 은둔자

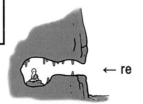

← re

隱遁者
은둔자

recluse

vicarious (느낌, 경험이) 간접적인, 대리의
* 라틴어 **vicis**(교대, 교체) → **vice**(부副, 대리의)
* 라틴어 **vicarius**(대리하는, 보좌의) → **vicarious** 대리의, 대리만족의, 간접적인

예문

I get vicarious satisfaction from watching travel program.
나는 여행 프로그램을 보면서 대리만족을 얻는다.

She got a vicarious thrill out of watching her daughter winning the gold medal.
그 여자는 딸이 금메달을 따는 것을 보고 짜릿한 대리만족을 느꼈다.

Some parents consider their children as a means of vicarious satisfaction.
어떤 부모들은 자녀를 대리만족의 수단으로 생각한다.

구문

• **vicarious punishment** 대신 받는 형벌
• **vicarious experience** 대리체험(간접체험)
• **vicarious liability** 대리책임
• **the vicarious atonement** 그리스도의 대속
• **vicarious thrill** 간접적으로 경험하는 짜릿함

alloy ① 합금 ② 합금하다
* **al**(~쪽으로 ad) + 라틴어 **ligare**(묶다) → 라틴어 **alligare**(~에 묶다) → **ally** 동맹국, 지지하다
* **alliance** 동맹, 연합(체) * **ally** 동맹국, 지지하다 → **alloy** 합금, 합금하다

예문

Brass is an alloy of copper and zinc. 놋쇠는 구리와 아연의 합금이다.

Bronze is an alloy of copper and tin. 청동은 구리와 주석의 합금이다.
*금속은 순수한 상태로는 사용하기 어렵다. 순수한 철은 부서지기 쉽고 녹슬기 쉽다. 순수한 알루미늄은 너무 가볍고 약하다. 순금은
너무 무르다. 이 때문에 합금(alloy)이 필요하다.

구문

• **alloy steel** 합금강, 특수강
• **carbon alloy** 탄소 합금
• **alloy casting** 합금 주물

recluse 은둔자
* **re**(뒤) + **cluse**(닫다 close) → **recluse** 은둔자
* **hermit**는 혼자 살거나 검소하고 소박한 생활을 하는 사람, **recluse**는 다른 사람 만나는 것을 좋아하지 않아서
세속을 떠나 혼자 사는 사람

예문

I have spent the past five years like a hermit. 나는 지난 5년간 은둔자처럼 지냈다.

The pandemic has turned me into a recluse. 전 세계적 유행병이 나를 은둔자로 만들었다.

구문

• **hermit crab** 집게, 소라게
• **a hermit who lives in the cave** 동굴에 사는 은둔자
• **recluse nation** 은둔 국가
• **the life of a recluse** 은둔자의 삶

saturate, vinegar, conglomerate

*라틴어 **satur** 배부른, 만족한

*saturate 포화 상태를 만들다, 흠뻑 적시다
*saturation 포화상태, 포화도
*saturday 토요일

saturate

飽和狀態
포화상태

saturation

saturation

saturday

wine barrel
wine cask

wine

red wine
vinegar

*vine 술 (wine)

*vinegar 식초

*라틴어 **glomus** 실뭉치
*라틴어 **glomerare** 둥글게 뭉치다

*glomerate 둥글게 뭉쳐 있는, 응집된
*conglomerate ① 거대 복합기업 ② 역암

glomerate

巨大 複合企業
거대 복합기업

conglomerate

礫岩
역암

conglomerate

saturate 흠뻑 적시다, 포화 상태로 만들다
* 라틴어 satur(배부른, 만족한) → saturate 포화 상태를 만들다, 흠뻑 적시다
* 라틴어 satur(배부른, 만족한) → Saturday (배불리 먹고 흠뻑 적시는 날) 토요일
* saturation 포화 상태, 포화도 * saturated fat 포화지방(육류, 유제품에 포함된 지방)

예문

A welcome rain saturated the soil. 단비가 땅을 흠뻑 적셨다.

Heavy rains saturate and loosen the soil. 폭우는 땅을 흠뻑 적시고 흙을 부드럽게 한다.

He saturated himself with learning. 그는 학문에 몰두했다.

An excessive competition in sales saturated the market. 과다 경쟁이 시장을 포화 상태로 만들었다.

구문

• saturate a sponge with water
  스폰지를 물에 흠뻑 적시다
• a style saturated with affectation 허식이 가득한 문체
• saturate oneself with sunshine 햇빛을 흠뻑 받다
• saturate oneself in studying 공부에 몰두하다

vinegar 식초
* 구 프랑스어 vin(술 wine) + egar(신 sour) → vinegar 식초

예문

I like onions pickled in vinegar. 나는 식초에 절인 양파를 좋아해.

They are like oil and vinegar. 그들은 서로 안 어울려.

A drop of honey catches more flies than vinegar. 꿀 한 방울이 한 통의 식초보다 더 많은 파리를 잡는다.

conglomerate ① 거대 복합기업, 대기업 ② 역암
* 라틴어 glomus(실뭉치, 둥글게 뭉친 덩어리), 라틴어 glomerare(둥글게 감다, 뭉치게 하다)
* 라틴어 glomerare(둥글게 감다) → glomerate 둥글게 뭉쳐 있는, 응집된
* con(함께) + glomerate(둥글게 뭉쳐 있는, 응집된) → conglomerate ① 거대 복합기업 ② 역암

예문

Time Warner Inc is a media conglomerate. 타임워너 주식회사는 언론 복합기업(언론재벌)이다.

구문

• glomerates of power 응집된 힘들
• conglomerate merger 대기업 합병
• conglomerate gneiss 역암 편마암

suffocate, fantasy, pant

*suf 아래 (sub)
*라틴어 faices 목구멍, 식도
*faucet 수도꼭지

faucet

*suffocate 질식시키다,
　　　　　목을 조르다
*suffocation 질식

窒息 질식

suffocation

suffocate

fantasy

pant

pants

THE TRUTH IS OUT THERE

*라틴어 phantasia
　상상, 공상, 환상

*fantasy 공상, 상상
*fantastic 환상적인
*pant 숨을 헐떡이다
*pants 바지

幻像 환상
空想 공상

fantasy

ROOT/STEM

suffocate ① 질식사하다, 질식사하게 하다 ② (날씨) 숨이 막히다

* 라틴어 **fauces**(목구멍, 식도) → 영어 **faucet**(수도꼭지)
* **suf**(아래 **sub**) + 라틴어 **fauces**(목구멍, 식도) → 라틴어 **suffocare**(질식시키다, 목을 조르다)
* → **suffocate** 질식시키다, 숨 막히게 하다 * **suffocation** 질식

예문

The faucet is dripping. 수도꼭지에서 물방울이 떨어지고 있다.

It's suffocating in here! 여기 숨 막혀!

I was suffocating in water. 나는 물속에서 질식할 것 같았다.

The gymnasium was crowded to suffocation. 체육관은 숨 막힐 정도로 붐볐다.

구문

• turn off the faucet 수도꼭지를 잠그다
• suffocating heat 숨 막히는 더위
• be suffocated by smoke 연기로 질식하다
• suffocate me 나를 숨 막히게 하다

• be suffocated to death 질식해서 죽다
• die from suffocation 질식사하다
• be suffocated by one's grief 슬픔으로 목이 메다
• an infant suffocation 유아 압사

ROOT/STEM

fantasy (기분 좋은) 공상, 상상

* 라틴어 **phantasia**(상상, 공상, 환상, 몽상) → **fantasy**, **pant**
* 상상(**fantasy**), 숨을 헐떡이는 것(**pant**), 바지(**pants**)를 연결하여 생각해본다
* **fantastic** ① 기막히게 좋은, 환상적인 ② 엄청난, 기상천외한
* **pant** 숨을 헐떡이다 (**pant**는 덥거나 힘들어서 숨을 헐떡이는 것, **gasp**는 놀라서 숨이 턱 막히는 것)

예문

Stop living in a fantasy world! 환상의 세계에서 벗어나!

The dog was panting after him. 개는 숨을 헐떡거리며 그를 따라가고 있다.

He is panting heavily out of breath. 그는 거칠게 숨을 헐떡이고 있다.

It made me gasp. 나는 (놀라서) 숨이 턱 막혔다.

구문

• distinguish between fantasy and reality
 현실과 환상을 구별하다
• fairy-tale fantasy 동화 같은 판타지
• a world of fantasy 환상의 세계
• a fantastic job 멋진 직장

• a fantastic beach 환상적인 해변
• pant up the stairs 숨을 헐떡이며 계단을 올라가다
• pant for liberty 자유를 갈망하다
• pant for breath 숨을 헐떡이다

generate, regenerate, swoop, weep

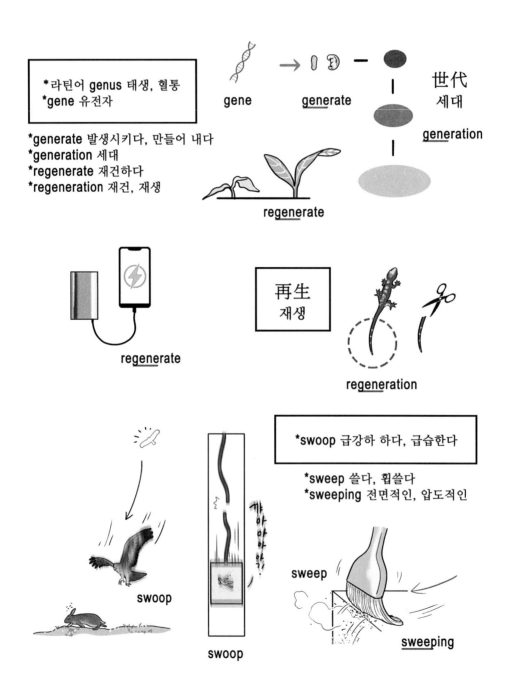

*라틴어 genus 태생, 혈통
*gene 유전자

*generate 발생시키다, 만들어 내다
*generation 세대
*regenerate 재건하다
*regeneration 재건, 재생

gene

generate

世代
세대

generation

regenerate

regenerate

再生
재생

regeneration

*swoop 급강하 하다, 급습한다

*sweep 쓸다, 휩쓸다
*sweeping 전면적인, 압도적인

swoop

swoop

sweep

sweeping

regenerate 재건하다, 재생시키다, 갱생(쇄신)하다

* 라틴어 **genus**(태생, 혈통) → 라틴어 **generare**(낳다, 발생시키다)

→ **gene** 유전자 * **generate** 발생시키다, 만들어내다 * **generation** 세대

* **re**(다시) + **generate**(발생시키다, 만들어내다) → **regenerate** 재건하다, 재생시키다

* **regeneration** 재건, 재생

Action always generates inspiration. 행동이 영감을 낳는다.

*영감은 어떤 일을 계속 시도하는 가운데 무의식중에 찾아오는 것이지 저절로 떠오르는 것은 아니다.

Lizards regenerate their broken tails. 도마뱀은 잘린 꼬리를 재생시킨다.

A young crab can regenerate a new claw. 새끼 게는 집게발을 재생시킬 수 있다.

• generate heat 열을 발생시키다
• generate new ideas 새로운 아이디어를 생산해내다
• generate revenue 이익을 창출하다
• generate electricity 전기를 생산하다
• stories passed down from generation to generation 대대로 전해 내려온 이야기

• regenerate a battery 배터리를 재충전하다
• regenerate love 애정을 되살리다
• regenerate interest in
~에 대한 관심을 다시 불러일으키다
• regenerating cream 재생 크림
• regenerated fuel 재생 연료

swoop 급강하(하다), 급습(하다), 위에서 덮치다(~**down**)

* Old English 「**swapan**」→ **sweep**(쓸다, 휩쓸다), **sweeping**(전면적인, 광범위한, 압도적인)

* **swoop** 급강하(하다), 급습(하다)

Hawks swooped down from the sky to catch a rabbit. 매는 하늘에서 급강하하여 토끼를 급습했다.

The bombers swooped down on the airbase. 폭격기가 그 공군 기지를 급습했다.

The fighter swooped down on the enemy's camp. 전투기가 적진을 급습했다.

The elevator swooped down the hundred stories. 엘리베이터가 단숨에 100층을 내려갔다.

A kite swooped down on chicken and snatched it away. 솔개가 급강하하여 병아리를 낚아채 갔다.

• police swoop 경찰의 급습
• make a swoop at his house 그의 집을 급습하다

• give sweeping power 전권을 주다
• sweeping generalization 지나친 일반화

remorse, repent, faction, manufacture

*re 다시
*라틴어 mordere 씹다

*remorse 회한, 후회
*remorseful 후회하는
*remorseless 뉘우침 없는, 무자비한
*repent 회개하다, 누우치다
*repentance 회계, 뉘우침

remorseful

悔恨 회한

repent

remorse

remorse

派閥
파벌

faction

*라틴어 factio
　행위, 활동, 단체, 도망

*faction 파벌, 파당, 당파
*factional 파벌의, 당파의
*factionalism 파벌주의, 당파심
*factionalize 파벌로 나뉘다
*factionalization 파벌화, 내부분열
*facture 제작(물), 제조(품)
*manufacture 제조(생산)하다

faction

factionalize

ROOT/STEM

remorse 회한, 후회(오랫동안 통절하게 양심의 가책을 느끼는 것)

* **regret**는 넓은 의미의 후회(약간의 가책, 실망까지 포함), **repent**는 잘못을 자각하고 되돌아보는 것으로 뉘우치다,
후회(회개)하다의 격식적 표현 * **repentance** 뉘우침, 후회, 회개

* **re**(다시) + 라틴어 **mordere**(씹다) → 라틴어 **remordere**(되씹다)

→ **remorse** 회한, 후회 * **remorseful** 후회하는, 양심의 가책을 받는, 후회스러운

* **remorseless** 뉘우침 없는, 무자비한, 가차 없는, 갈수록 심해지는

예문

He shows no sign of remorse for the murder. 그는 살인에 대해 뉘우치는 일이 전혀 없다.

I am so remorseful about what I did last summer. 나는 지난여름에 한 일을 몹시 후회하고 있다.

구문

• a remorse of conscience 양심의 가책
• a buyer's remorse 구매자의 후회
• feel remorse for one's fault 과오를 뉘우치다
• shed bitter tears of remorse 회한의 눈물을 흘리다
• a remorseless killer 무자비한 살인자

• remorseful about drinking 술을 마신 것을 후회하는
• repent one's sin 죄를 뉘우치다
• marry in haste, repent at leisure
　서둘러 결혼하고 천천히 후회한다

ROOT/STEM

faction ① 파벌, 파당, 당파 ② 파벌 싸움, 알력 ③ 사실과 허구가 섞인 작품(**fact** + **fiction**)

* 라틴어 **facere**(만들다, 하다) → 라틴어 **factio**(행위, 활동, 단체, 도당) → **faction** 파벌, 파당, 당파

* **factional** 파벌의, 당파의 * **factionalism** 파벌주의, 당파심

* **factionalize** 파벌로 나뉘다 * **factionalization** 파벌화, 내부 분열

* 라틴어 **facere**(만들다) → 라틴어 **facture**(제조, 제작) → **facture** 제작, 제조, 제작물

* **manu**(손) + **facture**(제작) → **manufacture** ① 제조하다, 생산하다 ② 제조, 제품

예문

The party was divided by faction and scrambles for seats. 그 정당은 파벌과 자리다툼으로 분열되었다.

구문

• rival faction 경쟁 파벌
• leading faction 주류
• form a faction 파벌(당파)을 형성하다
• factional conflict 파벌 간의 갈등
• steel manufacture 제강업

• the manufacture of cars 자동차 생산
• manufacture low-end goods 저가품을 생산하다
• manufacturing facility 생산(제조)시설
• buy direct from the manufacturer
　제조회사(생산자)로부터 직접 구입하다

46

stringent, strain, stress, abate

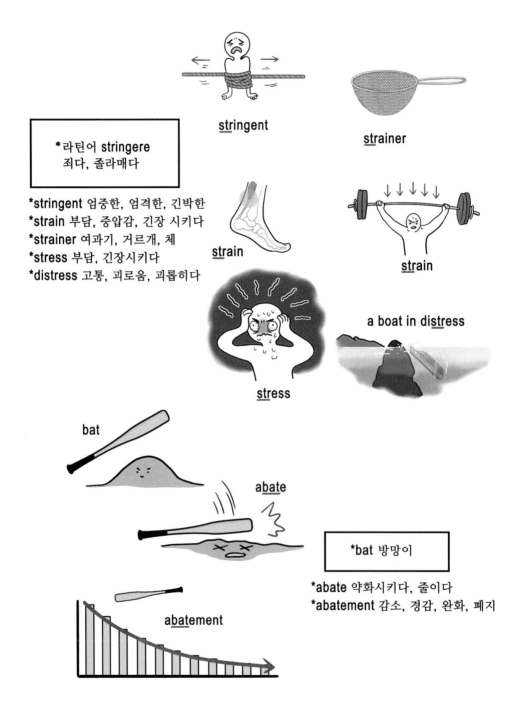

stringent

strainer

*라틴어 stringere
죄다, 졸라매다

*stringent 엄중한, 엄격한, 긴박한
*strain 부담, 중압감, 긴장 시키다
*strainer 여과기, 거르개, 체
*stress 부담, 긴장시키다
*distress 고통, 괴로움, 괴롭히다

strain

strain

a boat in distress

stress

bat

abate

*bat 방망이

*abate 약화시키다, 줄이다
*abatement 감소, 경감, 완화, 폐지

abatement

stringent 엄중한, 엄격한, 긴박한

* 라틴어 **stringere**(죄다, 졸라매다) → **stringent** 엄중한, 엄격한, 긴박한
* 라틴어 **stringere**(죄다, 졸라매다) → **Old English**(streon) → **strain, strainer, stress**
* **strain** ① 부담, 중압감 ② 혹사하다, 긴장시키다, 염좌(좌상)를 입다
* **strain**(부담, 중압감, 압력) → **strainer** 여과기, 체
* **stress** ① 스트레스 ② 강조하다 → **distress** ① 고통, 괴로움 ② 괴롭히다, 고통스럽게 하다

예문

Korea has adopted stringent regulations for smoking. 한국은 엄격한 흡연 규제 법규를 도입했다.

The most disappointing type of student is one who resemble as strainer.

가장 실망스러운 타입의 학생은 체를 닮은 학생이다(머릿속에 찌꺼기만 남긴다).

Issue of national bonds is putting a strain on the national finance.

국채 발행이 국가 경제에 부담을 주고 있다.

Meditation is a good way of relieving stress. 명상은 스트레스를 없애는 좋은 방법이다.

Don't distress yourself about the matter. 그 문제로 너무 괴로워하지 마.

Company in distress makes distress less. 괴로움은 나누면 덜하다.

구문

- **tea-strainer** 차 거르개(여과기)
- **replace the strainer** 여과기를 교체하다
- **strain out coffee grounds** 커피 찌꺼기를 걸러내다
- **strain the vegetables** 채소의 물기를 빼다
- **ankle strain** 발목 부상(염좌)
- **be under the strain** 부담감(중압감)을 느끼고(긴장하고) 있다

- **lay great stress on punctuality**
  시간 엄수를 크게 강조하다
- **a boat in distress** 조난 위험에 처한 배
- **distress flares** 조난신호 조명탄
- **distress signal** 조난신호

abate ① 약화시키다, 줄이다, 누그러뜨리다, 제거하다 ② 약해지다

a + **bat**(방망이) + **e** → **abate** (방망이로 때려서) 약화시키다

* **abatement** ① 감소, 경감, 완화 ② (가격, 세금 등의) 경감액 ③ 폐지, 금지, 배제

예문

This medicine will abate the pain. 이 약을 먹으면 통증이 가라앉을 것이다.

The heat has abated. 더위가 수그러들었다.

The storm will soon abate. 폭풍이 곧 가라앉을 것이다.

구문

- **abate pollution** 오염을 줄이다
- **abate a nuisance** 불법 방해를 제거하다
- **abate one's fury** ~의 노여움을 누그러뜨리다

- **abate tax burden** 세금 부담을 완화시키다
- **noise abatement law** 소음규제법

47

elicit, illicit, volatile, volatilize

*e 밖으로(ex)
*licit
 합법적인, 허가받은

*elicit 이끌어 내다, 유도하다
*illicit 불법의,
 사회통념에 어긋나는

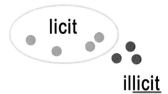

合法 합법

licit

elicit

법, 사회통념
licit

il licit

licit

illicit

volatilize

volatile
substance

*라틴어 volare 날다
*라틴어 volatilis
 나는, 날개 달린, 빠른

*volatile 변덕스러운, 변하기 쉬운
*volatility 변동성, 휘발성, 변덕
*volatilize 휘발하다, 휘발시키다
*volatilization 휘발

volatile price

揮發
휘발

volatilization

揮發油
휘발유

Gasoline is
volatile

ROOT/STEM

elicit (정보, 반응, 웃음 등을) 이끌어내다, 유도해내다

* **e**(**ex** 밖으로) + **licit**(합법적인, 허가받은) → **elicit** 이끌어내다, 유도해내다
* **il**(**no**) + **licit**(합법적인) → **illicit** 불법의, 사회통념에 어긋나는

예문

You can elicit no confessing from him. 너는 그에게서 아무런 자백도 이끌어낼 수 없다.

He elicited boos from the audience. 그는 청중들로부터 야유를 이끌어냈다

구문

- licit drug 합법적 약물
- licit contraception 합법적 피임
- use ~ only for licit purposes
  ~를 합법적 목적으로만 사용하다
- illicit commerce 밀무역
- illicit intercourse 부정행위, 간통

- elicit response 반응을 이끌어내다
- elicit information 정보를 이끌어내다
- elicit public outrage 대중의 분노를 이끌어내다
- elicit sympathy from the jury
  배심원들의 동정을 이끌어내다

ROOT/STEM

volatile ① 변덕스러운, 변하기 쉬운, 불안정한 ② 휘발성의

* 라틴어 **volare**(날다 **fly**), 라틴어 **volatilis**(나는, 날개 달린, 빠른)
* → **volatile** 변덕스러운, 변하기 쉬운 * **volatility** 변동성, 휘발성, 변덕
* **volatilize** 휘발하다, 휘발시키다 * **volatilization** 휘발

예문

He has volatile memories. 그는 잘 잊어버린다.

The stock market is highly volatile. 주식시장이 매우 불안정하다.

구문

- volatile personality 변덕스러운 성격
- volatile disposition 변덕스러운 기질(성향)
- volatile substance 휘발성 물질

- volatile exchange rate 불안정한 환율
- volatility index 변동성 지수
- price volatility 가격 변동성

spect가 들어 있는 단어, analyse

*라틴어 **specere** 보다, 관찰하다
*라틴어 **spectus** 외관, 모양
***spect**는 보는 것, 눈에 보이는 것(모양)과
　　관련이 있다

aspect

*spect 측면, 양상
*perspective 관점, 시각
*introspect 내면을 들여다 보다
*prospect 가망, 가능성, 예상
*retrospect 회상, 회고(하다)
*retrospective 회고하는, 소급적용되는
*spectacle 구경거리, 장관
*spectacular 장관을 이루는, 볼만한

perspective

introspect

prospect

prospective

spectacles

spectacle

retrospect

retrospect

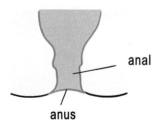

anal

anus

*anal
　항문의, 지나치게 꼼꼼한
*anus 항문

*analys(z)e 분석하다
*analysis 분석
*analytic 분석적인

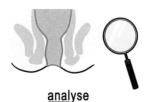
analyse

分析 분석　　analysis

spect가 들어 있는 단어

* 라틴어 **specere**(보다, 관찰하다) → 라틴어 **spectus**(외관, 모양)

* **spect**는 보는 것, 눈에 보이는 것(모양)과 관련이 있다.

* **ad**(~ 쪽으로 **to**) + **spect**(보다) → **aspect** 측면, 양상, 면모

* **per**(완전한, 전체의) + **spect**(모양) + **ive**(접미사) → **perspective** 관점, 시각, 원근법

* **retro**(뒤로) + **spect**(보다) → **retrospect** 회상, 회고(하다)

* **intro**(안으로) + **spect**(보다) → **introspect** 내면을 들여다보다(성찰, 반성하다)

* **pro**(앞으로) + **spect**(보다) → **prospect** 가망, 가능성(예상)

* **prospective** ① 장래의, 곧 있을 ② 유망한 ③ 유망주(**white hope**)

* **spectacle** 구경거리, 장관(인상적 광경) * **spectacular** 장관을 이루는, 극적인(볼만한)

예문

You are perfect in all aspects. 너는 모든 면에서 나무랄 데 없다.

She always find the positive aspect of a situation. 그녀는 어떤 상황에서든 긍정적인 면을 본다.

We need to think this issue from global perspective. 우리는 이 문제를 세계적 관점에서 볼 필요가 있다.

Let's think from a different perspective. 다른 관점에서 생각해 보자.

Everything we see is a perspective, not the truth. 우리가 보는 모든 것은 관점(의견)이지 사실이 아니다.

구문

• true aspect 참모습
• change the aspect 면모를 일신하다
• from my perspective 내 관점(의견)으로는
• fine perspective 멋진 조망(전망)
• perspective drawing 투시도
• use perspective 원근법을 사용하다

• the prospect of ceasefire 휴전 가능성
• face the grim prospect 암울한 전망에 직면해 있다
• a stunning spectacle 숨이 막힐 정도의 장관
• a magnificent spectacle 굉장한 구경거리
• score a spectacular goal 기가 막힌(극적인) 골을 넣다
• a spectacular carnival 화려한 카니발

analyse(**analyze**) 분석하다

* **anal**(항문의, 지나치게 꼼꼼한) → **analyse** 분석하다 * **anus** 항문

* **analysis** 분석 * **analytic** 분석적인

예문

The toxic chemical was sent to the laboratory for analysis. 독극물은 분석을 위해 실험실로 보내졌다.

*cost benefit analysis 비용편익 분석
　비용과 편익을 비교 분석하여 목표 달성에 가장 적절하고 효과적인 대안을 찾고자 하는 경제적 분석, 이것은 정책과 투자를 결정할 때 쓰인다(이것은 감정에 치우친 결정, 포퓰리즘 정책을 막기 위해 필요하다).

구문

• trace analysis 추적 분석

• analyse the sample 시료를 분석하다

lapse, collapse, consolidation, ubiquitous

*라틴어 lapsus
미끄러짐, 추락, 실수

*lapse 실수, 깜박함
*collapse 붕괴(되다)

lapse

collapse

solid

consolidate

*solid 단단한, 고체의

*consolidate 굳히다, 강화하다
*consolidation 강화, 합병

*라틴어 ubique
어디에나(everywhrere)

*ubiquitous 어디에나 있는
*ubiquitous environment
유비쿼터스 환경

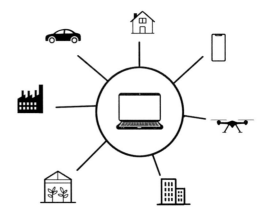

ubiquitous environment

ROOT/STEM

lapse ① 실수, 깜박함 ② 경과, 소멸 ③ 약해지다, 소멸되다

* 라틴어 **lapsus**(미끄러짐, 추락, 무너짐, 실수) → **lapse** 실수, 깜박함

* **laps**는 실수하는 것, 무너지는 것과 관련이 있다.

* **col(com** 함께) + **laps**(미끄러짐, 추락) → **collapse** ① 붕괴되다, 무너지다, 쓰러지다 ② 붕괴, 실패

예문

Her beauty has faded gradually with the lapse of time.
그녀의 미모는 시간이 경과함에 따라 점차 시들어갔다.

A trivial lapse of memory can things wrong. 사소한 기억의 실수가 일을 그르칠 수 있다.

If you violate the contract, your rights will lapse. 계약을 위반하면 당신의 권리는 소멸된다.

구문

• lapse of concentration 집중력 부족(부주의)
• lapse of rights 권리의 소멸
• lapse of the period 기간의 경과

• moral lapse 도덕적 타락
• the market collapse 시장 붕괴
• in danger of collapse 붕괴 위험에 처해 있는

ROOT/STEM

consolidate (세력, 성공 가능성 등을) 굳히다, 강화하다, 통합하다

* **con**(함께) + **solid**(단단한, 고체의) + **ate**(접미사) → **consolidate** 굳히다   * **consolidation** 강화, 통합, 합병

예문

With the winning goal he has consolidated his position as a key player.
그는 그 결승골로 주전(핵심) 선수로서의 입지를 굳혔다.

구문

• consolidate his power 그의 권력을 공고하게 하다
• the consolidation of power 권력 강화

• consolidate manufacturing facilities
  제조 시설을 통합하다

ROOT/STEM

ubiquitous 어디에나 있는, 흔히 볼 수 있는

* 라틴어 **ubique(everywhere)** → **ubiquitous** 어디에나 있는

예문

We set up a ubiquitous computing environment. 우리는 유비쿼터스 환경을 구축했다.
*유비쿼터스 환경은 컴퓨터를 활용하여 언제, 어디에서나, 현실 공간에 있는 모든 것들을 연결해서 필요한 정보나 서비스를 받을 수 있는 환경을 말한다.

구문

• the ubiquitous outdoor billboard
  어디에서나 볼 수 있는 옥외 광고판

• become ubiquitous 어디에서나 볼 수 있게 되다

50

rigid, rigor, blow, blast, blister

*라틴어 rigere
얼다, 굳어지다

*rigid 엄격한, 융통성 없는
*rigidity 엄격성, 경직성
*rigor 엄함, 엄격
*rigorous 엄격한, 철저한
*rigorouslu 엄격하게

rigid   non-rigid   rigid   non-rigid

rigorous

嚴格 엄격

rigidity

opinion → mental sloth → conviction

*견해(opinion)는 정신적 태만(mental sloth)에
의해 신념(conviction) 으로 굳어진다

blow

blow

*bl은 부는것, 부풀어 오르는
것과 관련이 있다

*blow 불다, 강타, 충격
*blast 폭발, 폭파하다, 강한 바람
*blister 물집, 수포, 기포
*blisteringly 격렬하게, 신랄하게

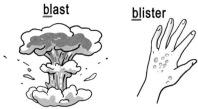

blast   blister

rigid 엄격한, 융통성 없는, 뻣뻣한

* 라틴어 **rigere**(얼다, 굳어지다) → **rigid** 엄격한, 융통성 없는
* **rigidify** 엄격하게 하다, 굳게 하다   * **rigidity** 엄격성, 경직성
* **rigid**(엄격한) → **rigor** 엄함, 엄격   * **rigorous** 엄격한, 철저한   * **rigorously** 엄격하게

예문

He is rigorous in money management. 그는 자금 관리에 철저하다.

Rigid justice is often a great injustice. 경직된 정의는 종종 커다란 불의다.

Out of passions grow opinions, mental sloth lets these rigidify into convictions.

열정으로부터 견해가 생기고 정신적 태만이 이를 신념으로 굳어지게 한다. - 니체

구문

• rigid attitudes 융통성 없는 태도
• rigid with fear 공포로 굳어 있는
• rigid discipline 엄격한 훈육
• rigid adherence to the rules 규칙을 엄격히 준수함
• the rigidity of the bureaucrats 관료들의 경직성
• muscle rigidity 근육 경직
• labor market rigidity 노동시장의 경직성

• meet the rigorous standards
  엄격한 기준을 충족시키다
• go on a rigorous diet 엄격한 식이요법에 들어가다
• rigorous training 엄격한 훈련
• rigorously control 엄격하게 통제하다
• the rigor of life 생활고
• treat him with rigor 그를 엄격하게 대하다

blister ① 물집, 수포 ② 금속 표면 등의 기포 ③ 물집이 생기다 ④ 부풀어 터지다

* **bl**은 부는 것, 부풀어 오르는 것과 관련이 있다. → **blister**, **blast**   * **blow** ① 불다 ② 강타, 충격
* **blast** ① 폭발 ② 폭파하다 ③ 강한 바람(공기)
* **blistering** ① 맹렬한 ② 몹시 비판적인 ③ 지독하게 더운
* **blisteringly** 격렬하게, 신랄하게

예문

I got a blister on my foot. 나는 발에 물집이 생겼다.

I accidentally broke my blisters. 나는 실수로 물집을 터뜨렸다.

He set off at a blistering pace. 그는 맹렬한 속도로 출발했다.

The blast levelled many buildings of the city. 그 폭발은 그 도시의 많은 건물들을 폭삭 주저앉혔다.

My parachute jump was a blast. 낙하산 점프는 신나는 경험이었다.

구문

• burst(break) a blister 물집을 터뜨리다
• blistered paintwork 기포가 생긴 페인트칠
• a blistering sun 불볕 태양
• a blistering day 지독하게 더운 날
• a blistering attack(assault) 맹공격

• blistering remarks 독설
• blow into the breathalyser 음주 측정기를 불다
• a bomb blast 폭탄, 폭발(사고)
• Oh blast! 이런 제기랄!
• finish blow 결정타

51

drench, residue, reside, cite

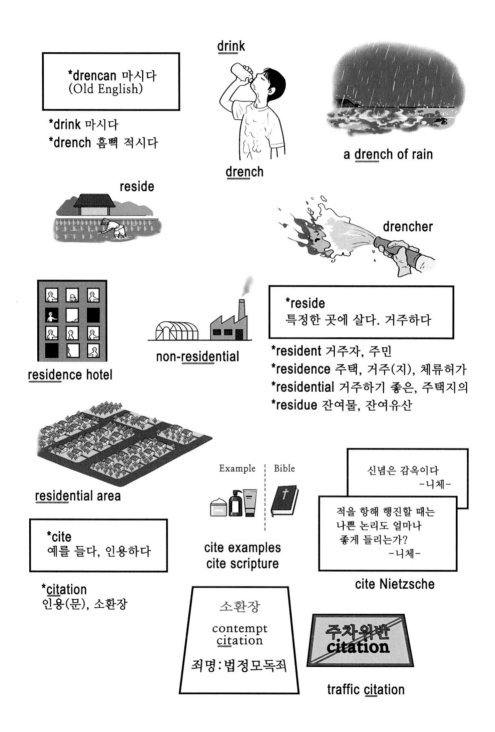

drink

*drencan 마시다
(Old English)

*drink 마시다
*drench 흠뻑 적시다

drench

a drench of rain

reside

drencher

residence hotel

non-residential

*reside
특정한 곳에 살다. 거주하다

*resident 거주자, 주민
*residence 주택, 거주(지), 체류허가
*residential 거주하기 좋은, 주택지의
*residue 잔여물, 잔여유산

residential area

Example | Bible

cite examples
cite scripture

신념은 감옥이다
-니체-

적을 향해 행진할 때는
나쁜 논리도 얼마나
좋게 들리는가?
-니체-

cite Nietzsche

*cite
예를 들다, 인용하다

*citation
인용(문), 소환장

소환장

contempt
citation

죄명:법정모독죄

주차위반
citation

traffic citation

ROOT/STEM

drench 흠뻑 적시다

* Old English 「drencan」→ **drink** 마시다　　* **drench** 흠뻑 적시다

예문

I get drenched to the skin. 나는 속옷까지 흠뻑 다 젖었다.

Marathoners were drenched with sweat. 마라토너들은 땀으로 흠뻑 젖었다.

A man's true character comes out when he has drunk. 인간의 진정한 모습은 술 취했을 때 드러난다.
* 술에 취하거나 몹시 피곤할 때는 감정을 통제하는 이성의 작용이 약화되기 때문에 본래의 모습이 드러난다.

구문

• **a drench of rain** 억수로 퍼붓는 비
• **drench the dry land** 마른 땅을 흠뻑 적시다
• **drench thoroughly** 완전히 흠뻑 적시다

ROOT/STEM

residue 잔여물, 잔여 유산

* **reside** ① 특정한 곳에 살다, 거주하다 ② ~에 있다(~**in**) → **resident** ① (특정 지역) 거주자 ② 주민, 투숙객
　③ 거주(상주)하는　* **residence** 주택, 거주지, 체류(거주)허가

예문

Luck is the residue of design. 행운은 계획의 잔여물이다.
*행운은 요행수로 우연히 떨어지는 것이 아니라 끊임없이 무언가를 시도하는 사람에게 찾아온다.

The value of a man resides in what he can give. 사람의 가치는 무엇을 줄 수 있는가에 있다.

Happiness does not reside in money. 행복은 돈에 있지 않다.

구문

• **malt residue** 맥아 찌꺼기
• **resident population** 거주 인구
• **pesticide residue** 잔류 농약
• **resident guests** 투숙객
• **reside in the border** 국경 지대에 살다
• **deny residence** 체류허가를 내주지 않다
• **reside in the liver** 간에 서식하다
• **the official residence** 관저

ROOT/STEM

cite 예를 들다, 이유를 끌어대다, 인용하다, 법정에 소환하다

* 라틴어 **citare**(소환하다, 인용하다) → **cite** 예를 들다, 인용하다

* **citation** 인용(문), 소환장, 표창장, 딱지

예문

He cites overwork as the reason for his disease. 그는 그의 과로를 질병의 이유로 든다.

He was cited before the court. 그는 법정에 소환되었다.

구문

• **cite examples** 예를 들다(사례를 인용하다)
• **a traffic citation** 교통위반 딱지
• **cite the source** 출처를 표시하다
• **a contempt citation** 법정모독죄 소환장
• **cite the Bible** 성경을 인용하다
• **a citation for bravery** 무공 표창장

52

contrive, leash, lease, unleash

*프랑스어 trouver
찾아내다, 구하다, 얻다
→trive
*con(함께) + trive(구하다, 얻다)

*contrive 성사시키다, 고안하다
*contrived 억지로 꾸민 듯한, 부자연스러운

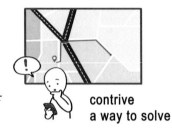

contrive
a way to solve

contrive a meeting

seem
contrived

contrive to
get here

*laisse 줄, 끈 (Old French)
→ lash, leash

leash

unleash

*lash 채찍질, 후려치다
*leash 줄에 매어두다, 목줄(가죽끈)
*unleash 놓아주다, 부추기다
*lease (일정기간 묶어두는) 임대차계약

2년
임대

lease

a two year lease

lash

contrive ① (어려운 상황에서) 성사시키다, 용케 ~하다 ② 고안하다, 획책하다

* 프랑스어 **trouver**(찾아내다, 구하다, 얻다) → **trive**

* **con**(함께) + **trive**(찾아내다, 구하다, 얻다) → **contrive** 성사시키다, 고안하다

* **contrived** 억지로 꾸민 듯한, 부자연스러운

예문

We must contrive a way to solve the problem.
우리는 어떻게 해서라도 그 문제를 해결할 방법을 찾아야 한다.

The drama's happy ending seemed contrived.
그 드라마의 해피엔딩은 억지스러워 보였다.

구문

• **contrive to be there** 어떻게든 거기에 가다
• **contrive a meeting** 만남을 성사시키다
• **contrive without you** 너 없이도 해나갈 수 있다

• **contrive a plan to cheat people**
  사람들을 속일 계획을 꾸미다

leash 줄에 매어두다, 목줄 (가죽 끈)

* Old French 「**laisse**(줄, 끈)」→ **leash** 줄에 매어두다   * **lash** 채찍질, 후려치다, 갈기다

* **leash**(줄에 매어두다) → **lease**(일정 기간 동안 묶어두는) 임대차 계약, 임대하다

* **unleash** (개줄을 풀어서) 놓아주다, 촉발시키다, 부추기다

예문

Don't let a fierce dog off-leash. 맹견에 목줄을 풀어놓은 채 두지 마세요.

Let no one unleash the dogs of war. 누구도 전쟁이라는 개의 가죽 끈을 풀지 못하게 하라.

The waves lash the shore. 파도가 해안에 부딪친다.

구문

• **leash dogs** 개를 가죽 끈으로 매다
• **leashes for animal** 동물용 가죽 끈
• **be on the leash** 가죽 끈에 매어 있다
• **let the dog off the leash** 개의 목걸이를 풀어주다
• **unleash the dog** 개의 목줄을 풀어주다

• **unleash his cooking potential**
  숨겨왔던 그의 요리 실력을 드러내다
• **use a lash** 채찍을 사용하다
• **the lash of competition** 경쟁이라는 채찍질(자극)

fluctuate, entail, ample, amplify

*라틴어 fluere 흐르다

*fluent 유창한
*fluctuate 변동(등락)을 거듭하다
*fluctuation 변동, 오르내림

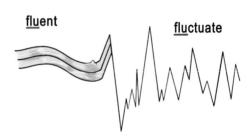

investment

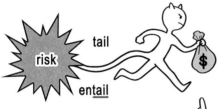

*tail 꼬리

*entail 수반하다
*entailment 수반, 세습

*자유와 권리는 책임을 수반한다

*ample 충분한, 여유있는

*amplify 증폭시키다
*amplifier 증폭기
*amplification 증폭, 확대

ample

amplify

增幅
증폭

amplification

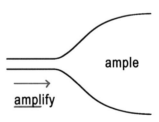

amplifier

fluctuate 변동(등락)을 거듭하다
* 라틴어 **fluere**(흐르다) → **fluent** 유창한, 능수능란한
* 라틴어 **fluctuare**(흔들리다, 요동치다) → **fluctuate** * **fluctuation** 변동, 오르내림
* **flu**는 흐르는 것, 유동적인 것과 관련이 있다.

(예문)

Stock prices continue to fluctuate. 주가가 등락을 거듭하고 있다.

Her mood seems to fluctuate from day to day. 그 여자의 기분은 매일 매일 심하게 변하는 것 같다.

(구문)

• **fluctuate according to the season**
  계절에 따라 변동하다(증감이 있다)
• **weather fluctuation** 기상 변화
• **exchange fluctuation** 환율 변동

• **wild fluctuations in interest rates** 극심한 금리 변동
• **market fluctuation** 시가 변동
• **the fluctuation range of stock prices**
  주가의 등락폭

entail 수반하다
* **en**(make) + **tail**(꼬리) → 꼬리를 만들면 뒤따라오게 되므로 **entail**은 '수반하다'라는 뜻이 된다.
* **entailment** 수반, 세습, 재산

(예문)

Liberty entails responsibility. 자유는 책임을 수반한다.

The investment entails risk. 투자는 위험을 수반한다.

The truth can entail tremendous ruin. 진실이 엄청난 파멸을 가져올 수 있다.

(구문)

• **entail sacrifice** 희생을 수반하다
• **entail a heavy loss** 큰 손해를 보다

• **entail great expenses** 엄청난 비용이 들다
• **entail additional cost** 추가 비용이 소요되다

ample (시간, 공간, 기회 등이) 충분한, 여유 있는, 풍만한 → **amplify** 증폭시키다, 더 자세히 서술하다
* **amplifier** 증폭기 * **amplification** 확대, 확장, 증폭

(예문)

Ample time will be allowed for the Go match. 바둑 시합에는 충분한 시간이 주어질 것이다.

You need to amplify this point. 너는 이 점을 더 자세히 진술할 필요가 있다.

(구문)

• **ample space** 충분한 공간
• **ample funds** 풍부한 자금
• **an ample bosom** 풍만한 가슴

• **amplify an electric current** 전류를 증폭시키다
• **amplify noise** 소음을 증폭시키다

fickle, germ, germinate

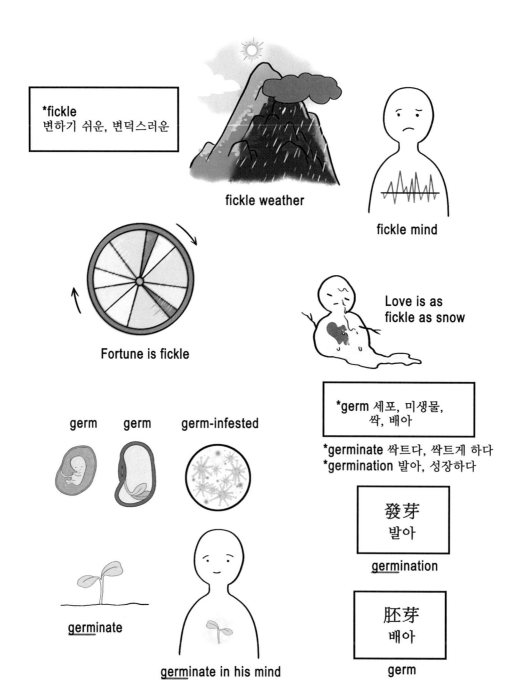

*fickle
변하기 쉬운, 변덕스러운

fickle weather

fickle mind

Fortune is fickle

Love is as
fickle as snow

*germ 세포, 미생물,
싹, 배아

*germinate 싹트다, 싹트게 하다
*germination 발아, 성장하다

germ   germ   germ-infested

發芽
발아

germination

germinate

胚芽
배아

germinate in his mind

germ

fickle 변하기 쉬운, 변덕스러운

예문

When fortune is fickle, the faithful friend is found. 운명이 변덕스러울 때 진정한 친구가 발견된다.

What is a fickle finger of fate? 이 무슨 운명의 장난인가?

Love is as fickle as snow. 사랑은 눈처럼 쉽게 변한다.

Weather in alpine areas is fickle as fortune. 고산 지대의 날씨는 몹시 변덕스럽다.

구문

• **fickle weather** 변하기 쉬운 날씨
• **fickle color** 변하기 쉬운 색깔
• **fickle-minded** 마음이 변하기 쉬운, 변덕스러운
• **fortune's fickle wheel** 변덕스러운 운명의 수레

germinate ① 싹트다, 발아하다 ② 싹트게 하다
★ 라틴어 **germen**(새싹, 순, 종자, 자식) → **germ** ① 세포, 미생물 ② 싹, 배아 ③ 기원, 초기
★ 라틴어 **germinare** (싹트다, 순이 돋다, 낳다) → **germinate** 싹트다, 싹트게 하다
★ **germination** 발아, 성장 시작

예문

It's still in germ. 그것은 아직 초기 단계에 있다.

Ripe seeds from large cone germinate in the soil. 솔방울의 성숙한 씨앗들은 흙에서 싹튼다.

The seeds need light, water and oxygen to germinate. 씨앗을 싹틔우는 데는 햇빛, 물, 산소가 필요하다.

Let children allow time for ideas to germinate. 어린이들에게 생각이 싹틀 수 있는 시간을 주어라.

I still have some work to catch up on. 아직 밀린 일이 좀 있어.

구문

• **germ-infested** 세균이 우글대는
• **wheat germ** 밀 맥아
• **germ phobia** 세균 공포증
• **fight the germ** 병원균과 싸우다
• **germ arsenals** 세균 무기
• **germ warfare** 세균전(biological warfare)
• **germinate in one's mind** ~의 마음속에서 싹트다
• **germinate seeds** 씨앗을 발아시키다

equate, equation, equinox, spin, spin-off

*equ 같은

*equate 동일시하다, 같게하다
*equation 방정식, 등식, 동일시
*equionx 밤낮이 동일한 시간,
　　　　　춘분(추분)점

equate

$x^3 -27=0$

方程式
방정식

equation

money = power

equate

春分 춘분
秋分 추분

equinox

spin

spin

*spin 돌다, 회전하다
　　　돌리다, 회전 시키다

*spin-off 부산물, 파생상품
*spin off 파생되다, 파생시키다

spin fibers

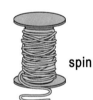

spin

spin-off

spin silk

ROOT/STEM

equate 동일시하다, 같게 하다

* **equ**(같은) + **ate**(동사형 접미사) → **equate** 동일시하다, 같게 하다
* **equation** ① 방정식, 등식 ② 동일시 * **equator** 적도 * **equal** ① 동일한(같은) ② 동등한
* **equi**(**equ** 같은) + 라틴어 **nox**(밤, 야간) → **equinox** 밤낮이 동일한 시간, 춘분(추분)점

예문

Difficult does not equate to impossible. 어려움은 불가능과 동일하지 않다.

Money always equate to power in the end. 돈은 결국에는 힘과 동일시된다.

Equator is an imaginary line around the middle of the Earth. 적도는 지구 중앙 둘레의 가상의 선이다.

Ecuador lies on the equator. 에콰도르는 적도에 위치해 있다.

구문

* equate one with the other
  어떤 것을 다른 어떤 것과 동일시하다
* the equation of wealth with happiness
  부와 행복을 동일시하는 것

* equate the two things 그 둘을 동일시하다
* spring equinox 춘분
* autumn equinox 추분

ROOT/STEM

spin ① 돌다, 회전하다 ② 돌리다, 회전시키다, 실을 잣다, ③ 회전, 돌기

* **spin**(돌다, 돌리다) → **spin-off** ① 부산물, 파생상품 ② 파생 효과
* **spin**(돌다, 돌리다) → **spin off** ① 파생되다, 파생시키다 ② 기업 분할

예문

The cotton is spun into yarn. 면은 가닥으로 자아져서 실이 된다.

Plastic is a product spinning off from oil refinery. 플라스틱은 석유 정제에서 파생되는 부산물이다.

They sell many products spinning from popular characters.

그들은 인기 캐릭터에서 파생되는 여러 가지 상품들을 판매하고 있다.

Human alienation is a spin-off of urbanization. 인간 소외는 도시화의 부산물이다.

구문

* spin the wheel 바퀴를 돌리다
* spiders spin silk 거미가 실을 자아내다
* spin-off effect 파생 효과

* a spin-off of the original 원작의 파생상품
* a spin-off from whistle blowing
  내부 고발로 인한 파생 효과

55 . equate, equation, equinox, spin, spin-off | 119

56

estrange, puberty, public, publicity, republic

*es 밖으로 (ex)
*strange 이상한

estrange

*estrange 떼어놓다, 사이를
  멀어지게 하다
*estranged 소원해진, 관련이 없어진
*estrangement 소원함, 별거

es ⇐ strange

estranged

puber

*라틴어 puber 솜털, 수염

*peberty 사춘기
*public 공공의
*publication 출판(물), 발표, 공표
*publish 출판(발행, 공표)하다
*publicity 홍보(광고), 매스컴의 관심
*republic 공화국

公共
public

⇒

publish

publicity

Republican Party

共和國
공화국
republic

estrange ① 떼어놓다, 사이를 멀어지게 하다, 소원하게 하다 ② 멀리하다(**from ~**)

es(**ex** 밖으로) + **strange**(이상한) → **estrange** (이상한 사람으로 취급하여) 떼어놓다

＊ **estranged** 소원해진, 별거 중인, 관련이 없어진 ＊ **estrangement** 별거, 소원함

（예문）

Mary has tried to estrange him from his mother. 메리는 그를 엄마로부터 떼어놓으려고 시도해왔다.

His selfishness estranged his friends. 그의 이기심은 친구들을 떠나게 했다.

She became estranged from John. 그녀는 존과 소원해졌다.

（구문）

• **estranged wife** 별거 중인(소원해진) 아내
• **become estranged** 사이가 멀어지다

• **after 5 years of estrangement**
　따로 지낸 지 5년 후에

puberty 사춘기, 성숙기
＊ 라틴어 **puber**(솜털, 수염) → **puberty** 사춘기(사춘기에는 솜털, 수염이 나기 시작한다)
＊ 라틴어 **puber**(솜털, 수염) → **public** 공공의(솜털이 나고, 사춘기가 되면 공공의식을 가져야 한다)
＊ **publication** 출판(물), 발표, 공표 ＊ **publish** 출판(발행)하다, 발표(공표)하다
＊ **publicity** 매스컴의 관심, 홍보(광고) ＊ **public area** 공공장소
＊ 라틴어 **res**(물건) + **public**(공공의) → **republic** (개인의 것이 아닌) 공공의 것, 공화국을 말한다.

（예문）

Once people reach puberty, they naturally will be attracted to their opposite sex.

사람들은 사춘기가 되면 자연스럽게 이성에 끌리게 된다.

（구문）

• **reach puberty** 사춘기가 되다
• **the age of puberty** 성숙 연령(합법적으로 결혼할 수 있는 나이)
• **a publicity seeker** 명성을 추구하는 사람
• **shun publicity** 세상의 관심을 피하다
• **the sovereignty of the republic** 공화국의 주권

• **republican** ① 공화주의자, 공화당원 ② 공화국(공화당)의
• **publicity right** 퍼블리시티권
＊개인의 성명, 초상, 목소리 등 사람의 인격에 관한 특징이
　상업적으로 이용되지 않도록 보호받을 권리

dawdle, toddle, waddle, servile, servant

*idle 게으른
dle은 게으른 것, 느린 것과
관련이 있다

idle

*dawdle 꾸물거리다, 늑장부리다
*toddle 걸음마하다, 아장아장 걷다
*waddle 뒤뚱뒤뚱 걷다

꾸물 꾸물

dawdle

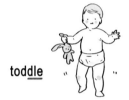

toddle

waddle

serve

*라틴어 servire
노예가 되다, 섬기다, 봉사하다

*serve 제공하다, 차려주다
*servant 하인, 종업원
*servile 굽실거리는, 비굴한

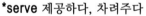
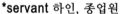

servant

굽신 굽신

servile

공무원

public
servant

ROOT/STEM

dawdle 꾸물거리다, 늑장부리다, 어정거리다

* **jackdaw** 갈까마귀 + **idle**(게으른) → **dawdle** 꾸물거리다
* **dle**는 게으른 것, 느린 것과 관련이 있다. → **idle**, **toddle**, **waddle**
* **toddle** 걸음마하다, 아장아장 걷다 * **waddle** (오리처럼) 뒤뚱뒤뚱 걷다

예문

A dawdler in one thing is a dawdler in all. 한 가지 일에 게으르면 모든 일에 게으르다.

He dawdled away his life. 그는 빈둥거리며 일생을 보냈다.

Don't be such a dawdler. 그렇게 게으름 피우지 마.

Cherry began to toddle. 체리는 아장아장 걷기 시작했다.

Ducks waddle into the water. 오리들이 뒤뚱뒤뚱 물로 들어간다.

구문

* **Quit(Stop) dawdling!** 그만 꾸물거려!
* **dawdle along the street** 어슬렁어슬렁 거리를 걷다
* **dawdle in one place** 한 군데서 꼼지락거리다
* **toddle around** 아장아장 걸어 다니다
* **toddler** 걸음마를 배우는 아이(유아)
* **nurse a toddler** 유아를 돌보다
* **waddle along** 뒤뚱뒤뚱 걸어 다니다
* **waddle across the road** 뒤뚱거리며 길을 건너다

ROOT/STEM

servile 굽실거리는

* 라틴어 **servire**(노예가 되다, 섬기다, 봉사하다) → **serve**, **servant**, **service**
* **serve** 제공하다, 차려주다 * **servant** 하인, 종업원
* 라틴어 **servilis**(노예의, 맹종하는, 비굴한) → **servile** 굽실거리는

예문

Don't servile to power. 권력에 굽신거리지 마라.

A fair judge must not to be servile to public opinion. 공정한 재판관은 세론을 추종하지 않는다.

구문

* **servile spirit** 비굴한 노예근성
* **servile obedience** 노예적 복종
* **servile flatterer** 굽신거리는 아첨꾼, 알랑쇠
* **a master-servant relationship** 주종관계
* **a civil servant** 공무원(public servant)
* **the untact service** 비대면 서비스
* **lip service** 말뿐인 호의, 입에 발린 소리

58

obligate, obligation, affect, affection

> ***oblige**
> 의무적으로 ~하게 하다

***obligedle** 강요당하여, 억지로
***obligate** ①의무를 지우더, 강요하다
　　　　　　②불가피한, 부득이한
***obligatory** 의무적인

obligatory
courses

obligatory
military service

obligation to tell
the truth

obligate
carnivores

obligate parasite

affect
the plant

affect

> ***affect**
> 영향을 미치다, ~인 체하다

***affected** 가장된, 꾸민
***affectation** 가장, 꾸밈
***affectionate** 다정한, 애정어린
***unaffected** 꾸밈없는

affection

affect a calmness

affected

unaffected

ROOT/STEM

obligation (법적, 도의적) 의무(**duty**는 일반적 의무)
* **oblige**(의무적으로 ~하게 하다) → **obligedly** 강요당하여, 억지로
* **obligate** ① 의무를 지우다, 강요하다 ② 불가피한, 부득이한 * **obligatory** 의무적인

(예문)

Wearing safety belts is obligatory. 안전벨트를 매는 것은 의무적이다.

A witness is under obligation to tell the truth. 증인은 진실을 말할 의무가 있다.

Fiction is obliged to stick to possibilities. Truth isn't.

허구는 가능성에 매달려야 한다. 진실은 그렇지 않다. - 마크 트웨인

I would be happy to oblige. 기꺼이 도와드리겠어요.

He was obliged to concede power to the army. 그는 어쩔 수 없이 군부에 권력을 넘겨주어야 했다.

(구문)

• **obligate A to study** A에게 공부하라고 강요하다
• **an obligate parasite** 기생할 수밖에 없는 생물
  (절대 기생물)
• **obligatory courses** 필수과목
• **obligatory military service** 의무적 군 복무

ROOT/STEM

affect 영향을 미치다, ~인 체하다(~티를 내다)
* **affected** 가장된, 꾸민(↔ **unaffected** 꾸밈없는) * **affectation** 가장, 꾸밈
* **affection** 애정, 애착, 보살핌 * **affectionate** 다정한, 애정 어린

(예문)

I am nauseated with his affectation. 나는 그의 잘난 체하는 꼴을 보면 메스껍다.

He has no affectation at all. 그는 전혀 꾸밈이 없다.

(구문)

• **affect my decision** 내 결정에 영향을 미치다
• **affect my life** 내 삶에 영향을 미치다
• **affect a poet** 시인 티를 내다
• **affect indifference** 무관심한 척하다
• **affect a calmness** 태연을 가장하다
• **without affectation** 가식 없이, 솔직히
• **have a great affection for** ~에 큰 애착을 갖고 있다
• **affectionate towards his children**
  그의 자녀들에게 다정하다
• **unaffected personality** 꾸밈없는(털털한) 성격
• **be unaffected by the death of A**
  A의 죽음에 영향을 받지 않다
• **unaffected style** 꾸밈없는 스타일

59

capacity, capacious, capable, deduce, conduce

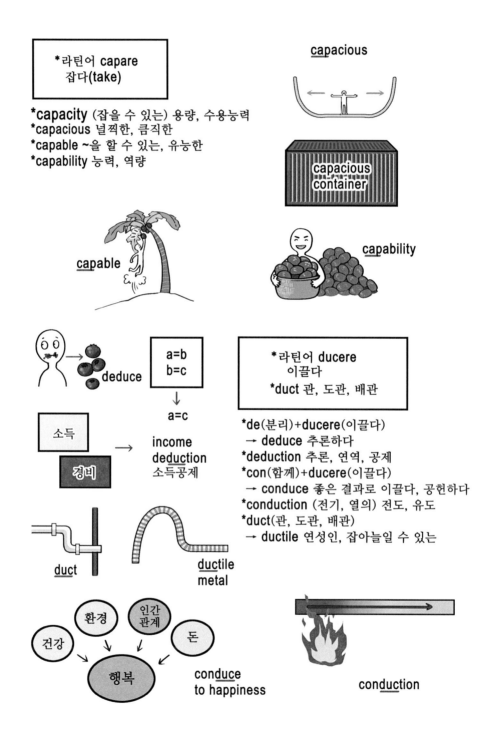

*라틴어 capare
잡다(take)

*capacity (잡을 수 있는) 용량, 수용능력
*capacious 널찍한, 큰직한
*capable ~을 할 수 있는, 유능한
*capability 능력, 역량

capacious

capacious container

capable

capability

deduce

a=b
b=c
↓
a=c

소득 → income deduction 소득공제

경비

*라틴어 ducere
이끌다
*duct 관, 도관, 배관

*de(분리)+ducere(이끌다)
→ deduce 추론하다
*deduction 추론, 연역, 공제
*con(함께)+ducere(이끌다)
→ conduce 좋은 결과로 이끌다, 공헌하다
*conduction (전기, 열의) 전도, 유도
*duct(관, 도관, 배관)
→ ductile 연성인, 잡아늘일 수 있는

duct

ductile metal

건강 환경 인간관계 돈 → 행복
conduce to happiness

conduction

capacity 용량, 수용력, 능력
* 라틴어 **capare**(잡다 **take**) → **capacity** (잡을 수 있는) 용량, 수용 능력
* **capacious** 널찍한, 큼직한, 넉넉한
* **capable** ~을 할 수 있는, 유능한 * **capability** 능력, 역량

예문

The problem is within my capacity. 그 문제는 내가 처리할 수 있다.

He is a capacity for great achievement. 그는 큰일을 할 그릇이다.

He has a mind of great capacity. 그는 도량이 크다.

That's beyond my capability. 그건 내 능력 밖의 일이야.

The value of a man resides in what he gives and not in what he is capable of receiving.
사람의 가치는 무엇을 받을 수 있나 하는 것보다 무엇을 주는가에 있다.

구문

• capacious pockets 많이 넣을 수 있는 주머니
• a capacious container 공간이 넓은 컨테이너
• a capacious mind 넓은 마음
• the capability to catch food 먹이를 사냥하는 능력
• the country's nuclear capability
  그 나라의 핵무기 보유 능력
• sound absorption capability 흡음 능력

deduce 추론하다, 추정하다, 연역하다
* **de**(분리) + 라틴어 **ducere**(이끌다) → **deduce** 추론하다 * **deduction** 추론, 추정, 연역, 공제
* **con**(함께) + 라틴어 **ducere**(이끌다) → **conduce** 좋은 결과로 이끌다, 공헌하다
* **conduction** (전기, 열의) 전도, 유도
* 라틴어 **ducere**(이끌다) → **duct** 관, 도관, 배관 * **ductile** 연성인, 잡아 늘일 수 있는

예문

I deduce that he must have eaten blueberry. 나는 그가 블루베리를 먹은 것이 틀림없다고 추론한다.

Your deduction is completely off. 너의 추론이 완전히 빗나갔다.

Such intolerant phrases do not conduce to harmony.
그런 편협한 언사는 화합을 이루는 데 도움이 되지 않는다.

구문

• deduce a lot from ~로부터 많은 것을 추론하다
• deduce a lineage 혈통을 추론하다
• deduce a conclusion from premises
  전제 사실에서 결론을 이끌어내다
• a process of deduction 추론 과정
• income deduction 소득 공제
• standard deduction 기본 공제
• tax deduction 세금 공제
• a ventilation duct 통풍 배관
• a heating duct 난방 배관
• a ductile metal 연성 금속
• ductile iron 연성 철
• conduce to happiness 행복에 기여하다
• a conduction current 전도 전류
• electromagnetic conduction 전자기 유도
• heat conduction 열전도

agent, cogent, hermit, subterfuge

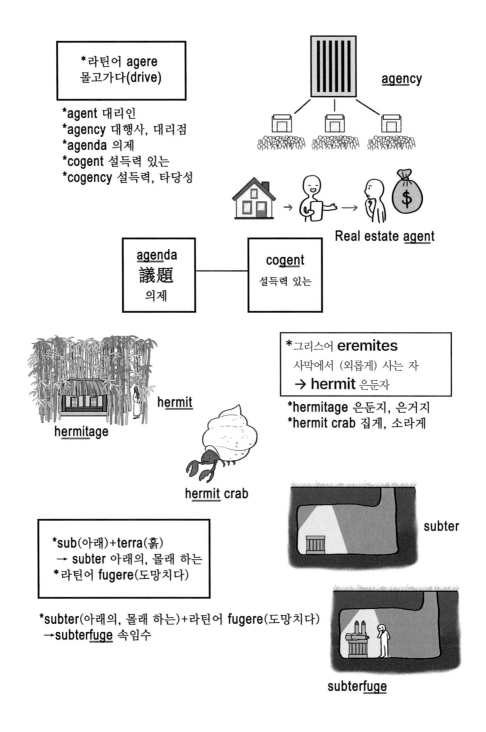

*라틴어 agere
몰고가다(drive)

*agent 대리인
*agency 대행사, 대리점
*agenda 의제
*cogent 설득력 있는
*cogency 설득력, 타당성

agency

Real estate agent

agenda
議題
의제

cogent
설득력 있는

hermit

hermitage

*그리스어 eremites
사막에서 (외롭게) 사는 자
→ hermit 은둔자

*hermitage 은둔지, 은거지
*hermit crab 집게, 소라게

hermit crab

*sub(아래)+terra(흙)
→ subter 아래의, 몰래 하는
*라틴어 fugere(도망치다)

subter

*subter(아래의, 몰래 하는)+라틴어 fugere(도망치다)
→subterfuge 속임수

subterfuge

agent 대리인, 중개상, (연예, 스포츠 등) 에이전트

* 라틴어 **agere**(몰고 가다 **drive**) → **agent** 대리인　* **agency** 대행사, 대리점　* **agenda** 의제

* **co**(함께) + **agere** (몰고 가다) → 라틴어 **cogere**(한 곳으로 몰다)

→ **cogent** 설득력 있는　* **cogency** 타당성, 설득력

예문

He became a free agent. 그는 자유계약 선수가 되었다.

The prosecutor put forward some cogent reasons to confine the suspect.

검사는 피의자를 구속시켜야 할 설득력 있는 이유를 제시했다.

구문

• a real estate agent 부동산 중개인
• a travel agent 여행사 직원
• an intelligence agent 정보 요원
• a secret agent 첩보원, 간첩
• a double agent 이중간첩
• a free agent 프리랜서로 일하는 사람
• a travel agency 여행사

• an advertising agency 광고대행사
• cogent proofs 설득력 있는 증거
• a cogent reason 설득력 있는 이유
• a cogent argument 설득력 있는 주장
• cogent reasoning 이치에 맞는 추론
• set out cogently 설득력 있게 (의견을) 제시하다

hermit 은둔자

* 그리스어 **eremites**(사막에서 사는 것, 외롭게 사는 것) → **hermit** 은둔자

* **hermitage** 은둔지, 은거지　* **hermit crab** 집게, 소라게

예문

The hermit lives in the cave. 은둔자가 동굴에 산다.

구문

• open the hermit land 은둔의 땅을 개방하다
• the hermit kingdom 은둔의 왕국

subterfuge 속임수(격식적 표현)

* **sub**(~ 아래) + **terra**(흙) → **subter**(아래의, 몰래 하는)

* **subter**(몰래 하는) + 라틴어 **fugere**(도망치다) → **subterfuge** 속임수

예문

Your subterfuge is inconsistent with the facts. 너의 속임수는 사실과 부합하지 않는다.

구문

• use a subterfuge 속임수를 쓰다
• a transparent subterfuge 얕은 꾀

• extract personal information by subterfuge
  속임수로 개인정보를 빼내다

eccentric, egocentric, ethnocentric, antecedent, antique

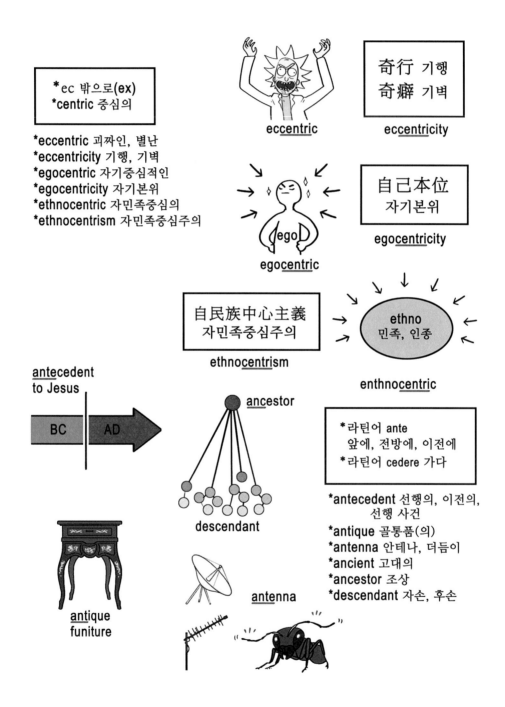

*ec 밖으로(ex)
*centric 중심의

*eccentric 괴짜인, 별난
*eccentricity 기행, 기벽
*egocentric 자기중심적인
*egocentricity 자기본위
*ethnocentric 자민족중심의
*ethnocentrism 자민족중심주의

eccentric

奇行 기행
奇癖 기벽

eccentricity

自己本位
자기본위

egocentricity

egocentric

自民族中心主義
자민족중심주의

ethnocentrism

ethno
민족, 인종

enthnocentric

antecedent
to Jesus

BC   AD

ancestor

descendant

*라틴어 ante
 앞에, 전방에, 이전에
*라틴어 cedere 가다

*antecedent 선행의, 이전의,
 선행 사건
*antique 골통품(의)
*antenna 안테나, 더듬이
*ancient 고대의
*ancestor 조상
*descendant 자손, 후손

antique
funiture

antenna

eccentric 괴짜인, 별난, 기이한

* **ec**(밖으로) + **centric**(중심의) → **eccentric** 괴짜인, 별난

* **eccentricity** 기이한 행동, 기행, 기벽, 기이함

* **ego**(자아) + **centric**(중심의) → **egocentric** 자기중심적(이기적)인 * **egocentricity** 자기본위

* **ethno**(인종, 민족) + **centric**(중심의) → **ethnocentric** 자민족 중심의

* **ethnocentrism** 자민족(자문화) 중심주의(**ethnocentricity**)

(예문)

Every opinion now accepted was once eccentric. 지금 받아들여지는 모든 견해는 한때 유별났다.

I think the chinese as being too ethnocentric. 나는 중국인들이 너무 자민족 중심적이라고 생각한다.

(구문)

• eccentric habits 별난 습관
• eccentric behavior 기이한 행동
• have egocentric bias 자기중심적 편향을 가지고 있다

• be notorious for his eccentricity
  그의 기행으로 악명 높다

ant, anc가 들어 있는 단어

* 접두사 **ante**(앞에, 이전에), 접두사 **anc**(앞에, 이전에)
옛 프랑스어 ancien(이전의, 오래된) – 프랑스혁명 이전의 구체제인 앙시엥 레짐을 생각하면 기억하기 쉽다.

* **ante**(앞에) + 라틴어 **cedere**(가다) + **ent**(접미사) → **antecedent** 선행 사건, 선행의, 선조

* **antique** 골동품(의) * **antenna** 안테나, 더듬이(**feelers**)

* **ancient** 고대의 * **ancestor** 조상, 선조, 원형(전신) ↔ **descendant** 자손, 후손

(예문)

Morality is antecedent to religion. 도덕은 종교에 선행한다.

Lizards and turtles have diverged from a single ancestor.

도마뱀과 거북이는 하나의 조상에서 갈라져 나왔다.

(구문)

• antecedent events 선행 사건들
• the antecedent of the horse 말의 조상
• history antecedent to Jesus 예수 이전의 역사
• antique-looking 오래되어 보이는

• collect antiques 골동품을 수집하다
• ancient Greek myths 고대 그리스 신화
• antique furniture 옛날 풍의 가구
• mutual antennation (곤충) 더듬이로 서로 만지기

confound, confuse, discourse, discuss

*con 함께
*라틴어 fundere 쏟다, 붓다
*라틴어 fusus 쏟아진, 부은

*confound 혼란스럽게하다
*confuse 혼란시키다
*confusion 혼란

confound

confuse

confuse the issue

混亂 혼란
混同 혼동

confusion

*dis 분산, 여러 갈래
*라틴어 cursus 여행, 경로, 달리기
*course 과정, 경로, 강의(과목)

*discourse 담론, 담화
*discuss 의논(상의)하다
*discussion 의논, 상의

course

쟁점

discussion

談論 담론
談話 담화

discourse

ROOT/STEM

confound 어리둥절(당혹)하게 만들다, 혼란스럽게 하다

* 라틴어 **fundere**(쏟다, 붓다) * 라틴어 **fusus**(쏟아진, 부은)

* **con**(함께) + 라틴어 **fundere**(쏟다, 붓다) → **confound** 혼란스럽게 하다

* **con**(함께) + 라틴어 **fusus**(쏟아진, 부은) → **confuse** 혼란시키다 * **confusion** 혼란

(예문)

Too much consulting confounds us. 너무 많이 의논하면 혼란스럽다.

We often confound the means with the end. 우리는 종종 수단과 목적을 혼동한다.

*어떤 목적을 위해 그 수단으로 무엇을 하다 보면 그 자체가 목적이 되어버리고 진짜 목적을 잃어버리게 되는 경우가 있다.

Don't confuse the issue. 쟁점을 흐리지 마라.

(구문)

* confound me 나를 어리둥절하게 하다
* confound names 이름을 혼동하다
* confound means with end 수단과 목적을 혼동하다
* confound right with wrong 옳고 그름을 혼동하다
* confuse A and(with) B A와 B를 혼동하다

* confuse the issue further
  쟁점을 더 혼란스럽게 만들다
* cause confusion 혼란을 초래하다
* room for confusion 혼란의 여지
* clear the confusion 혼란을 말끔히 정리하다

ROOT/STEM

discourse 담론, 담화

* 라틴어 **cursus**(달리기, 여행, 경로) → **course** ① 강의(과목) ② 과정, 경로

* **dis**(분산, 여러 갈래) + **course**(과목) → **discourse** (여러 과목에 대한) 담론, 담화

* **discuss** 의논(상의)하다, 논의하다 * **discussion** 논의, 상의

(예문)

Power and knowledge meet in discourses.

권력과 지식은 담론 안에서 만난다.

*인간의 일상생활은 지배적 담론의 영향을 받는다. 권력은 담론을 만들어내고 대중은 담론적 지식체계를 무의식적으로 받아들인다.
권력은 지식과 결탁하여 담론을 통해 사회를 통제하고 대중을 지배한다(예: 유대인은 돈에 영혼을 파는 자들로서 사회질서를 교란시키므로
말살해야 한다는 나치스의 담론, 미개한 인디언을 몰아내고 아메리카 대륙에 기독교를 전파해야 한다는 제국주의 담론 등).

(구문)

* political discourse 정치적 담론
* a controversial discourse
  논란을 불러일으키는 담론
* discuss a countermeasure 대책을 논의하다

* a summit to discuss ~를 논의하기 위한 정상회담
* need further discussion 추가적 논의가 필요하다
* a participant in the discussion 그 토론의 참가자

stealth, lethal, anecdote

*steal 훔치다

*stealth 살며시(몰래)함
*stealthy 살며시(몰래)하는

stealth
bomber

stealthy

lethal
chemicals

lethal blow

*그리스 신화 lethe
레테(망각의 여신, 망각의 강)

*lethal 치명적인
*lethality 치명적임, 치사율
*lethally 치명적으로
*lethargy 무기력

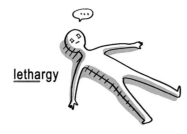

lethargy

*an (no)
*ec (밖으로 ex)
*dote 주다

*ancedote
(밖으로 드러내 주지 않은) 이야기, 일화

逸 話 일화
anecdote

stealth 살며시(몰래) 함

* **steal**(훔치다) → **stealth** 살며시(몰래) 함 * **stealthy** 살며시(몰래) 하는, 잠행하는

*stealth aircraft(스텔스기)와 stealth bomber(스텔스 폭격기)는 적의 레이더에 포착되지 않도록 만들어졌다.

예문

The greatest pleasure is to do a good action by stealth. 최대의 기쁨은 남몰래 선행을 베푸는 것이다.

He entered the room by stealth. 그는 몰래 슬쩍 들어갔다.

구문

• introduce wealth tax by stealth
  부유세를 몰래 도입하다
• privatization by stealth 은밀히 행해진 민영화
• on stealthy feet 조용한 발걸음으로

• creep with stealthy movement
  몰래(살며시) 기어가다
• approach him with stealthy steps
  발소리를 죽이고 그에게 몰래 다가가다

ROOT/STEM

lethal 치명적인

* 그리스 신화 **Lethe**(레테 - 망각의 여신, 망각의 강) → **lethal** 치명적인(망각은 치명적이다)

* **lethality** 치명적임, 치사율 * **lethally** 치명적으로 * **lethargy** 무기력

예문

The scandal was lethal to his reputation. 그 스캔들은 그의 명성에 치명적이었다.

She took a lethal dose of sleeping pills. 그 여자는 치사량의 수면제를 복용했다.

구문

• a lethal weapon 치명적 무기(흉기)
• lethal genes 치사(치명적) 유전자
• a lethal dose of poison 치사량의 독약
• a lethal blow 치명타

• a lethal attack 필살의 공격
• high lethality 높은 치사율
• rouse A from a long lethargy
  A를 깊은 혼수상태에서 깨어나게 하다

ROOT/STEM

anecdote 일화

* **an**(no) + **ec**(밖으로 ex) + **dote**(주다) → **anecdote** (밖으로 드러내주지 않은) 이야기, 일화

예문

A good anecdote is worth a volume of biography. 좋은 일화는 한권의 전기만큼 가치가 있다.

This report is based on anecdote not fact. 이 보고서는 사실이 아니라 개인적 진술에 바탕을 두고 있다.

64

deflate, inflate, incumbent, incumbency

*de 아래로 *in 안으로
*라틴어 flare 불다

*deflate 공기를 빼다, 수축시키다
*deflation 공기를 뺌, 물가 하락,통화수축
*inflate 부풀리다, 부풀다
*inflation 물가 상승, 통화팽창, 부풀리기

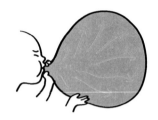

inflate

deflate

inflation

deflation

incumbent
on me

incumbent

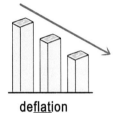

must- do
재직중 해야할일

*라틴어 incumbere
기대다, 의지하다

*incumbent 재임중인, 현직의
*incumbency 재직기간, 직위

incumbency board

세종 1418~1450
정조 1776~1800

在職中 재직중
在任中 재임중

incumbent

deflate ① 공기를 빼다 ② 공기가 빠져 오므라들다 ③ 기를 꺾다, 수축시키다

* de(아래로) + 라틴어 flare(불다) → deflate 공기를 빼다, 기를 꺾다, 수축시키다

* deflation ① 물가 하락, 통화 수축 ② 공기를 뺌

* in(안으로) + 라틴어 flare(불다) → inflate 부풀리다, 부풀다

* inflation ① 통화 팽창, 물가 상승 ② 부풀리기

(예문)

He deflated the tires of my car. 그는 내 차 타이어의 바람을 뺐다.

The gigantic property bubble has to deflate. 막대한 부동산 거품은 꺼져야 한다.

Inflate your life jacket by pulling on the cord. 끈을 잡아당겨 구명조끼를 부풀게 하시오.

Inflation is above 10%. 인플레이션이 10% 이상이다.

(구문)

• deflate one's feeling 기분을 저하시키다
• deflate a bubble 거품을 걷어내다
• deflate the currency 통화를 수축시키다
• a sharp deflation in the oil price
  석유 가격의 급속한 하락

• start to inflate 부풀어 오르기 시작하다
• inflate the facts 사실을 부풀리다
• inflate prices 가격을 인상하다
• an inflation-proof pension plan
  인플레이션의 영향을 받지 않는 연금제도

- - ROOT/STEM - -

incumbent ① 재임 중인, 현직의 ② 재임자 ③ 의무로서 해야 하는

* 라틴어 incumbere(기대다, 의지하다, 비스듬히 눕다) → incumbent 재임 중인, 현직의

* incumbency (공적인) 재직기간, 직위

(예문)

He is the present incumbent of the White House. 그는 백악관의 현재 재임자이다.

It is incumbent on all of us. 그것은 우리 모두의 의무다.

It is incumbent on them to learn. 배우는 것은 그들의 의무다.

(구문)

• incumbent lawmakers 현직 국회의원들
• incumbent government 현 정부
• incumbent advantage 현직의 유리함

• during his incumbency as
  ~ 그가 ~로 재직하는 동안

65

witness, testify, testimony, typical, deploy

*wit 기지, 재치

*witness 목격자, 증인, 목격하다

*라틴어 testis 증인, 목격자

*testify 증언(진술)하다, 증명하다
*testimony 증거, 증언

증언
증거

testimony

different types

typical Korean dish

witness
testimony

witness stand(box)

증인석

Jehovah's witness

JW
.ORG

test
testify
맞아!

tes**t**ify

typical working	
9-12	
점심시간	
13-18	

*type 형태, 유형

*typical 전형적인, 대표적인
*typically 보통, 전형적으로

典型的
전형적

typical

*de 분리
*프랑스어 ployer 접다, 구부리다
*프랑스어 deployer 펼치다, 진열하다

*deploy 배치하다, 효율적으로 사용하다
*deployment 전개, 배치

1군단   2군단   3군단

depolyment in line

deploy missiles

1군단

2군단   3군단

deploy troops

front line

1군단 2군단 3군단   forward depolyment

4군단 5군단 6군단   depoly behind

ROOT/STEM

witness ① 목격자, 증인 ② 목격하다

* **wit**(기지, 재치) → **witness** 목격자, 증인, 목격하다
* 라틴어 **testis**(증인, 목격자) → **testify** 증언(진술)하다, 증명하다　* **testimony** 증거, 증언

예문

Eyes are more accurate witness than ears. 눈은 귀보다 정확한 목격자다.

He testified against the accused. 그는 피고인에게 불리한 증언을 했다.

구문

- Johovah's witness 여호와의 증인(수혈blood transfusion을 받지 않고 양심적 병역 거부자conscientious objector가 되고자 하는 교리상의 특징이 있다)
- witness box 증인석
- a witness to a murder 살인 사건 목격자

ROOT/STEM

typical 전형적인, 대표적인

* **type** 형태, 유형 → **typical** 전형적인, 대표적인
* **typically** 보통, 전형적으로, 늘 하는 식으로

예문

The most typical Korean food is kimchi. 가장 대표적인 한국 음식은 김치다.

구문

- typical Korean dish 전형적인 한국 음식
- typical Gothic style 전형적인 고딕 양식

ROOT/STEM

deploy ① (군대, 무기를) 배치하다 ② 효율적으로 사용하다

* **de**(분리) + 프랑스어 **ployer**(구부리다, 접다) → 프랑스어 **deployer**(펼치다, 진열하다)
→ **deploy** 배치하다, 효율적으로 사용하다　* **deployment** 전개, 배치

예문

We deployed forces the front lines. 우리는 병력을 최전방에 배치했다.

Missiles were deployed in the front line. 전선에 미사일이 배치되었다.

We have to deploy scarce resources. 우리는 희소한 자원을 가장 효율적으로 사용해야 한다.

구문

- deploy troops 군대를 배치하다
- deploy software 소프트웨어를 배포(배치)하다
- deployment in line 횡렬 배치
- forward deployment 전진 배치
- Rapid Deployment Force
  긴급(신속)배치군(분쟁 때 급파되는 부대 RDF)
- troop deployment 병력 배치
- extend deployment 주둔을 연장하다

benevolent, benign, benediction

*라틴어 bene 좋은
*라틴어 volens 자발적인

*benevolent 자애로운, 자선의
*benevolence 자비심, 자선, 선행
*benign ①상냥한, 온화한, 인자한
②양성의
*benignancy ①인자, 온정, 온화
②양성
*benignity 인자, 온화, 상냥스러움
*benediction 축복

benevolent
god

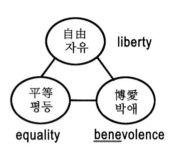

liberty

equality

benevolence

benign
smile

benign
tumor

malignant
tumor

祝禱
축도

benediction

benign

malignant

authentic

authenticate

*auto 스스로
*hen 존재하는
*라틴어 cratia 지배, 통치, 권력

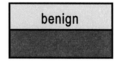

*authentic 진본, 진품인
*authenticate 진짜임을 증명하다
*automate 자동화 하다
*automatic 자동의, 무의식적인
*automobile 자동차
*autocrat 전제군주
*autocracy 전제정치
*autism 자폐증

automatic door

專制君主
전제군주

autocrat

專制政治
전제정치

rule by one

民主政治
민주정치

rule by all

ROOT/STEM

benevolent 자애로운

* 라틴어 **bene**(좋은) + 라틴어 **volens**(스스로 원하는, 자발적인, 자유의사에 의한)
→ 라틴어 **benevolens**(자애로운) → 영어 **benevolent** 자애로운, 자선의
* **benevolence** 자비심, 자선, 박애, 선행
* **bene**(좋은) → **benign**(**benignant**) ① 상냥한, 온화한, 인자한 ② 양성의
↔ **malignant** 악성의, 악의에 찬 * **benignancy** ① 인자, 온정, 온화 ② 양성
* **bene** (좋은) + **dict**(말하다) + **tion**(접미사) → **benediction** 축복, 축복기도

예문

Be a man with a benevolent heart. 자비로운 마음을 가진 사람이 되어라.

He is a man with a benevolent heart. 그는 마음이 자비로운(어진) 사람이다.

The tumor turned out to be benign. 종양이 양성으로 판명되었다.

구문

* a benevolent donor 자비로운 기증자
* a benevolent fund 자선기금
* a benevolent institute 자선단체
* benevolent art 인술(仁術)

* a benign smile 상냥한 미소
* benign neglect (외교관계 등) 점잖은 무시
* a benign tumor 양성 종양(악성 종양은 a malignant tumor)
* more benign alternatives 더 나은 대안(대체재)

ROOT/STEM

authentic 진본(진품, 진짜)인, 인증된, 출처가 확실한, 믿을 만한

* **auto**(스스로) + **hen**(존재하는) + **tic**(접미사) → **authentic** (스스로 만든) 진본, 진품인
* **authenticate** 진짜임을 증명하다, 인증하다
* **automate** 자동화하다 * **automatic** 자동의, 무의식적(반사적)인 * **automobile** 자동차
* **autocrat** 전제군주 * **autocracy** 전제(독재)정치 * **autism** 자폐증

예문

The celadon has been authenticated by the expert. 그 청자는 전문가들에 의해 진품으로 밝혀졌다.

The subway corporation automated the ticketing function. 지하철공사는 매표 업무를 자동화했다.

구문

* an authentic painting 진품 그림
* an authentic report 믿을 만한 보고서
* the authentic news 믿을 만한 뉴스
* authenticate one's identity 신원을 증명하다
* authenticate fact 사실을 확인하다
* authenticate users 사용자를 인증하다
* automate production line 생산라인을 자동화하다
* automatic disqualification 자동 실격

* automatic reaction 반사 반응
* switch ~ into the automatic mode
  ~를 자동 모드로 맞추다
* autocratic rule 전제(독재)정치
* electoral autocracy 선거에 의한 전제(독재)
* anti-autocracy 반독재정치
* high functional autism 고기능성 자폐증

lukewarm, vindicate, oscillate

*warm 따뜻한

warm

*lukewarm 미지근한, 미온적인

lukewarm

*라틴어 vindicare 주장하다

*vindicate 정당성을 입증하다, 옹호(변호)하다
*vindication 변호, 옹호, 해명

vindicate

win

辯護 변호
擁護 옹호

vindication

*라틴어 oscillare
좌우로 흔들리다, 진동하다

*oscillate 계속 오가다, 진동하다
*oscillation 진동, 계속 왔다갔다(오락가락)함
*oscilloscope 오실로스코프(진동기록기)

oscillate

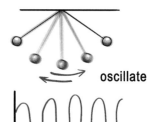

oscillate

lukewarm 미지근한(**tepid**), 미온적인
* "**Luke**(루크, 남자 이름)는 미지근하고 미온적이다(**warm**)"라고 생각하면 기억하기 쉽다.

예문

Her response is lukewarm. 그녀의 반응은 미온적이다.

Heat the water until it is lukewarm. 물이 미지근해질 때까지 데워라.

구문

• wash in lukewarm water 미지근한 물에 빨다
• stop acting lukewarm! 미지근하게 굴지 마!
• greet with tepid applause
  뜨뜻미지근한 박수로 맞이하다

• tepid water 미지근한 물(lukewarm water)
• give a lukewarm(tepid) response
  미온적인 반응을 보이다

ROOT/STEM

vindicate ~의 정당성을 (무죄를) 입증하다
* 라틴어 **vindicare**(주장하다) → **vindicate** 정당성을 입증하다, 옹호(변호)하다
* **vindication** 변호, 옹호, 해명

예문

The policy has been fully vindicated. 그 정책은 정당성이 충분히 입증되었다.

The truth will serve to vindicate you. 진실이 너의 명예를 회복시켜줄 것이다.

구문

• an evidence to vindicate it
  그것의 정당성을 입증할 증거

• a public vindication 공식적 해명
• a personal vindication 개인적 변명

ROOT/STEM

oscillate (양극을) 계속 오가다, 두 지점 사이를 왔다 갔다 하다, 진동하다
* 라틴어 **oscillare**(좌우로 흔들리다, 진동하다) → **oscillate** 왔다 갔다 하다, 진동하다
* **oscillation** (두 지점 사이의 규칙적인) 진동, 계속 왔다 갔다(오락가락) 함

예문

Her moods oscillated between calm and passion. 그녀의 기분은 냉정과 열정 사이를 계속 왔다 갔다 했다.

His income oscillated between 5,000 dollars and 10,000 dollars a month.

그의 수입은 한 달에 5천~1만 달러 사이를 왔다 갔다 했다.

구문

• oscillation of a pendulum 시계추(진자)의 운동
• oscillate between two opinions
  두 의견 사이를 계속 오가다

• the oscillation of the compass needle
  나침반 바늘의 진동

frivolous, inmate, esthetic, anesthetic

*라틴어 frivolus
값싼, 하찮은, 경솔한

*frivolous 경솔한, 시시한

frivolous attitude

inmate

inmate

*in 안에
*mate 친구

*inmate 수감자, 재소자,
입원 환자

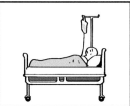

*그리스어 aisthesis 감각
*an 없는(no)
*esthetic 감각

*anesthesia 마취

facial
esthetic

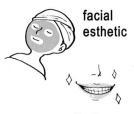

esthetic
smile design

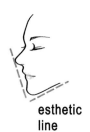

esthetic
line

痲醉
마취

anesthesia

anesthesia

ROOT/STEM

frivolous 경솔한, 시시한, 하찮은

* 라틴어 **frivolus**(값싼, 하찮은, 보잘것없는, 경솔한) → **frivolous** 경솔한, 시시한

예문

His jokes sound frivolous to me. 그의 농담은 경박하게 들렸다.

You are too frivolous to be a doctor. 너는 너무 경솔해서 의사가 될 수 없어.

구문

• frivolous behavior 경박한 언행

• frivolous attitude 경솔한 태도

ROOT/STEM

inmate 수감자, 재소자, 피수용자, 입원 환자

in(안에 있는) + **mate**(친구) → **inmate** 수감자, 재소자, 입원 환자

예문

I applied for interviews with the inmate. 나는 그 재소자와의 인터뷰를 신청했다.

구문

• inmate in facilities 시설 수용자

• inmate of a hospital 입원 환자

• a prison inmate 죄수

• a death-row inmate 사형수

ROOT/STEM

anesthesia(=anaesthesia) 마취 (상태)

그리스어 **aisthesis**(감각) → **esthetic** 감각

* **an**(없는) + **esthetic**(감각) → **anesthetic** ① 마취의, 무감각한 ② 마취제

* **anesthesia** 마취 (상태)

예문

To be in love is merely to be in a state of anesthesia. 사랑에 빠져 있는 것은 마취 상태에 있는 것이다.

The effect of the anesthetic will wear off in an hour. 한 시간 후면 마취제의 효과가 사라질 것이다.

구문

• get(have) anesthesia 마취를 받다

• be under anesthesia 마취 상태에 있다

• general anesthesia 전신 마취

• local anesthesia 부분 마취

• wake up from the anesthetic 마취에서 깨어나다

• the anesthetic has not worn off
마취가 풀리지 않았다

• an anesthetic gun 마취총

impute, fester, swag, swagger

*im 안으로(in)
*라틴어 putare
　계산하다, 평가하다
*라틴어 imputare
　~탓으로 돌리다, 전가하다

失敗
실패
재 때문!
what!?

impute

轉嫁
전가

imputation

*impute ~에게 돌리다, 전가하다
*imputation
①~에게 돌림, 전가, 귀속
②비난, 비방, 오명

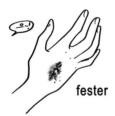

으윽!

fester

*프랑스어 festre
　살에 있는 상처, 구멍

*fester 곪다, 더 악화 되다

*swag
①훔친 물건, 장물
②자신만의 스타일, 멋, 자신감

*swagger 으스대며 걷다, 거들먹 거리다.

히!

YEAH -!

swagger

ROOT/STEM

impute(죄, 불명예 등) ~에게 돌리다, 전가하다, 귀속시키다
* **im**(안으로 **in**) + 라틴어 **putare**(계산하다, 깊이 생각하다)
→ 라틴어 **imputare**(~ 탓으로 돌리다, 전가하다) → **impute** ~에게 돌리다, 전가하다
* **imputation** ① ~에게 돌림, 전가 ② 비난, 오명

예문

It's hard to impute the accident to any one factor. 사고의 원인을 어느 한 요소의 탓으로 돌리기는 어렵다.

구문

- impute the accident to his carelessness 사고를 그의 부주의 탓으로 돌리다
- impute the failure to him 실패를 그의 탓으로 돌리다

ROOT/STEM

fester 곪다, 곪아 터지다, 더 악화되다
* **Old French**「**festre**(살에 있는 상처, 구멍)」→ **fester** 곪다, 더 악화되다

예문

If a wound festers it becomes infected. 상처가 곪으면 감염이 된다.

The resentment festered in her mind. 원한이 마음속에 사무쳤다.

The unrequited love festered in her mind. 짝사랑은 그녀의 마음을 골병들게 만들었다.

Never let anger fester inside you. 분노가 내면에서 곪도록 방치해서는 안 된다.

ROOT/STEM

swagger 으스대며 걷다, 으스대며 걷기
* **swag** ① 훔친 물건, 장물 ② 자신만의 스타일, 멋, 자신감
→ **swagger** 으스대며 걷다, 거들먹거리다

예문

He swaggered about his boldness. 그는 자신의 대담성에 대해 허풍을 떨었다.

He walked along the street with a swagger. 그는 거들먹거리며 길을 걸었다.

He swaggered into the room. 그는 으스대며 방으로 들어왔다.

specify, specific, evade, refurbish, refurnish

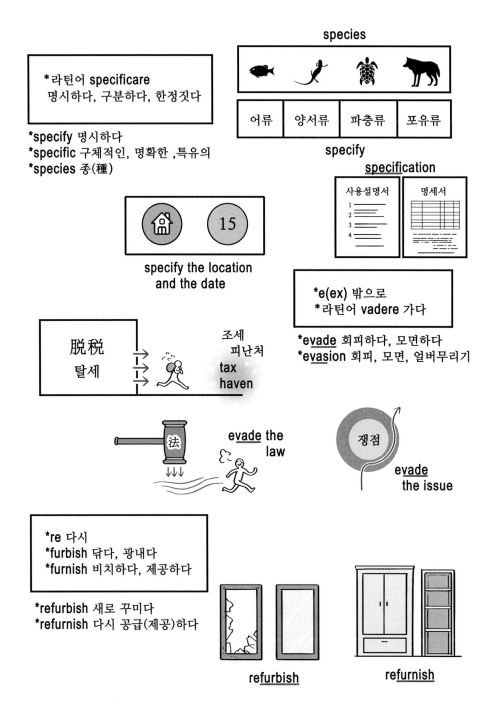

species

| 어류 | 양서류 | 파충류 | 포유류 |

specify

*라틴어 specificare
명시하다, 구분하다, 한정짓다

*specify 명시하다
*specific 구체적인, 명확한 ,특유의
*species 종(種)

specification

| 사용설명서 | 명세서 |

specify the location
and the date

*e(ex) 밖으로
*라틴어 vadere 가다

*evade 회피하다, 모면하다
*evasion 회피, 모면, 얼버무리기

脱税
탈세

조세
피난처
tax
haven

evade the
law

쟁점

evade
the issue

*re 다시
*furbish 닦다, 광내다
*furnish 비치하다, 제공하다

*refurbish 새로 꾸미다
*refurnish 다시 공급(제공)하다

refurbish

refurnish

ROOT/STEM

specify (구체적으로) 명시하다
* **species** 종(생물 분류의 기초단위)
* 라틴어 **specificare**(명시하다, 구분하다, 한정짓다) → **specify** 명시하다
* **specific** ① 구체적인, 명확한, 분명한 ② 특정한, 특유의　* **specification** 자세한 설명서, 명세서

예문

Can you be more specific? 좀 더 구체적으로 말해주시겠어요?

A soft answer is a specific cure for anger. 부드러운 대답은 노여움을 가라앉히는 특효약이다.

It does not pay a prophet to be too specific. 너무 구체적인 것은 예언자에게 이익을 주지 않는다.

Specify the location and the date. 장소와 시간을 구체적으로 명시하세요.

구문

• **specify reasons** 이유를 구체적으로 밝히다
• **specify size** 치수를 명시하다
• **specify the place** 장소를 특정하다

• **specific instructions** 명확한 지시
• **for a specific purpose** 특정한 목적을 위해

ROOT/STEM

evade 회피하다, 모면하다　* **evasion** 회피, 모면, 얼버무리기
* **e**(밖으로 **ex**) + 라틴어 **vadere**(가다) → **evade** 회피하다, 모면하다
*evade는 불쾌하거나 원하지 않는 것을 의도적으로 피할 때 쓰인다.

예문

We cannot evade the consequences of evading reality. 우리는 현실을 회피한 결과를 피할 수 없다.

You are evading the issue now. 너는 지금 쟁점을 피하고 있어.

구문

• **evade capture** 붙잡히는 것을 모면하다
• **evade answering** 답변을 피하다
• **evade responsibility** 책임을 회피하다

• **tax evasion** 탈세, 세금 포탈
• **be indicted on charges of tax evasion**
　탈세 혐의로 기소되다　*indict 기소하다

ROOT/STEM

refurbish (방, 건물 등) 새로 꾸미다, 재단장하다, 개조하다
* **re**(다시) + **furbish**(닦다, 광내다) → **refurbish** 새로 꾸미다
* **re**(다시) + **furnish**(비치하다, 제공하다) → **refurnish** 새로 공급(설비, 제공)하다

예문

It is time to refurbish the shop. 가게를 재단장할 때가 되었다.

You have to refurbish your image. 너는 이미지를 쇄신해야 돼.

구문

• **refurbish the system** 제도를 재정비하다
• **refurbish house** 집을 새로 꾸미다

• **refurnish the house**
　(가구, 설비를 확충하는 방식으로) 집을 개조하다

scramble, vertigo, glossy

*scramble
①서로 차지하려고 다투다
②재빨리 움직이다.
③기어오르기, 쟁탈전

*scramble up~
~를 기어오르다

*scramble for~
~를 먼저 차지하려고 다투다

*scramble to~
서둘러(경쟁적으로)~하다

scramble for Africa

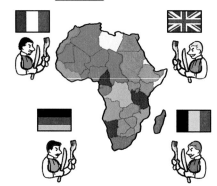

scrambled eggs

scramble up a cliff

vertigo

眩氣症
현기증

vertigo

*라틴어 vertere
돌게하다

*vertigo 현기증, 어지러움

光 광
gloss

*gloss 윤, 광, 광택제

*glossy 윤(광)이 나는

潤 윤
gloss

光澤劑
광택제

gloss

glossy

scramble ① 서로 차지하려고 다투다(밀치다), 재빨리 움직이다 ② 기어오르기, 쟁탈전

*스크램블드 에그를 먼저 차지하려고 다툰다(밀친다)고 생각하면 기억하기 쉽다.

★ scramble for Africa

1880~1914년도까지 유럽 열강들은 식민지 경쟁에 나서면서 아프리카는 식민지 쟁탈전의 각축장이 되었다. 유럽 제국주의 국가들은 인종, 교역료, 종교, 문화, 생활권과 상관없이 아프리카를 파이 자르듯이 분할했고 이것은 오늘날까지 아프리카 분쟁과 갈등의 원인이 되고 있다.

(예문)

Special forces scrambled up a cliff. 특수부대원들이 절벽을 기어올랐다.

They scrambled for the exit. 그들은 앞다투어 출구 쪽으로 갔다.

(구문)

• **scramble to invest to Korea**
  앞다투어 한국에 투자하다
• **scramble onto the roof** 지붕으로 기어오르다
• **scramble over the wall** 담을 타고 넘다
• **a scramble of papers** 무질서하게 쌓여 있는 서류
• **scrambled eggs** 달걀을 휘저어 만든 요리

── ROOT/STEM ──

vertigo 현기증, 어지러움
★ 라틴어 **vertere**(돌게 하다) → **vertigo** 현기증, 어지러움

(예문)

I felt a vertigo. 나는 현기증을 느꼈다.

He has a height vertigo. 그는 높은 곳에서 현기증이 있다.

I was overcome with vertigo. 현기증으로 꼼짝 못했다.

── ROOT/STEM ──

glossy ① 윤(광)이 나는 ② 겉보기에 화려한
★ **gloss**(윤, 광, 광택제) → **glossy** 윤이 나는

(예문)

Her glossy hair was charming. 그녀의 윤기 흐르는 머릿결은 매력적이다.

It is a glossy deceit. 그것은 그럴싸한 속임수다.

This horse has a glossy coat. 이 말은 털에 윤기가 흐른다.

This white celadon is coated with glossy glaze. 이 백자는 윤기 나는 유약이 입혀져 있다.

She applied lip gloss to her lips. 그 여자는 입술에 입술 보호제를 발랐다.

interpose, impose, ferocious, ferocity, dodge

interpose

*inter 사이에
*im 안으로(in)
*pose 위치하다, 자세를 취하다

*interpose ~사이에 끼어들다
*interposition 중재, 사이에 넣음
*impose 도입(시행)하다, 부과하다
*imposition 도입, 시행, 폐, 부담

impose

부담/ 세금

sanction 제재

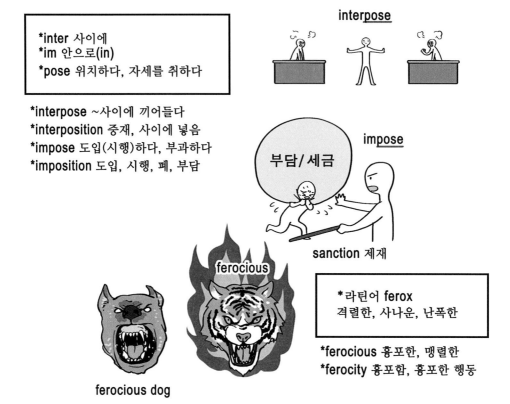

ferocious

*라틴어 ferox
격렬한, 사나운, 난폭한

*ferocious 흉포한, 맹렬한
*ferocity 흉포함, 흉포한 행동

ferocious dog

dodgeball

dodge

*dodge
재빨리 움직이다, 피하다
기피(회피)하다, 기피(회피)

dodge bullets

interpose ① ~ 사이에 끼어들다 ② 덧붙이다 ③ 중재하다
* inter(사이에) + pose(위치하다, 자세를 취하다) → interpose ~ 사이에 끼어들다
* interposition 중재, 사이에 넣음, 삽입물
* im(안으로) + pose(위치하다, 자세를 취하다) → impose ① 도입(시행)하다 ② 부과하다, 의무를 지우다
* imposition (새로운 법, 세금 등) ① 도입, 시행 ② 폐, 부담

예문

Those who interpose between the opponents in a quarrel must often wipe a bloody nose.
싸움 중인 두 사람 사이에 끼어들어 중재하려는 사람은 자주 코피를 닦아야 할 것이다.

The UN passed a unanimous vote to impose sanctions on Russia.
유엔은 만장일치로 러시아에 대한 제재 결의안을 통과시켰다.

Most people live within self-imposed limits.
대부분의 사람들은 자신이 부과한 한계에 갇혀 산다.

구문

• interpose in a dispute 분쟁을 중재하다
• interpose a remark 발언에 끼어들다
• interpose one's authority 권한을 이용하여 간섭하다
• a direct interposition 직접 중재
• impose heavy taxes on ~에 중과세하다
• impose limitations on imports
 수입에 제약을 가하다
• impose a tribute 공물을 바치게 하다
• imposition of tax 세금 도입

ferocious 흉포한, 격렬한, 맹렬한
* 라틴어 ferox(격렬한, 사나운, 난폭한) → ferocious 흉포한, 맹렬한 * ferocity 흉포함, 흉포한 행동

예문

When a lion wants to murder a man, he calls it a ferocity.
사자가 사람을 살해하려고 하면 그것을 만행이라고 한다(사람이 사자를 죽이는 것은 스포츠다).

We were shocked by the ferocity of road rage. 우리는 도로에서의 운전자 폭행 사건의 흉포함에 충격받았다.

구문

• ferocious opposition 격렬한 반대
• ferocious determination 맹렬한 투지
• a ferocious dog 사나운 개
• a ferocious attack 맹렬한 공격
• unparalleled in ferocity 잔인성에 있어 비할 데 없는

dodge ① 재빨리 움직이다(피하다) ② 기피(회피)하다 ③ 회피 술책(책략)
*귀찮은 것이 닿지(dodge) 않게 재빨리 움직인다(피한다)고 생각하면 기억하기 쉽다.

예문

We can dodge an elephant, but we can't dodge a fly.
우리는 코끼리를 피할 수 있으나 파리는 피할 수 없다.

He tried to dodge the issue. 그는 논점을 교묘히 피해 가려고 했다.

구문

• dodge bullets 총알을 피하다
• dodge the issue 논점에서 비켜 가다
• dodge the draft 징집을 피하다
• dodge tricky questions 까다로운 질문을 피하다
• tax dodge 탈세, 절세
• dodge a tax 탈세하다

derive, derivative, vulnerable

*de 이탈, 분리
*river 강

*derive 끌어내다
*derived 유래된, 파생된
*derivative 파생어, 파생물
*derivation 어원, 유래, 기원, 파생

派生
파생

derivation

demos 민중, 대중
Kratia 지배
democracy 민주주의

derive from greek

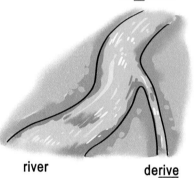

river   derive

Vulcanus

*라틴어 vulcanus 불의 신(로마)
*라틴어 vulnus 상처, 부상

*vulnerable 상처받기 쉬운, 취약한
*vulnerability 취약성
*wound 상처, 상처를 입히다
*wounded 상처입은, 부상을 당한

vulnerable

wound

ROOT/STEM

derive ① 끌어내다 ② ~에서 비롯되다, ~에 기원을 두다

* **de**(이탈, 분리) + **river**(강) → **derive** (강에서 물을 끌어오는 것처럼) 끌어내다

* **derived** 유래된, 파생된

* **derivative** 파생어, 파생물   * **derivation** 어원, 유래, 기원, 파생

예문

He derives his brain from his father. 그의 머리는 아버지로부터 물려받은 것이다.

She derives a huge profit from the business. 그 여자는 그 사업에서 막대한 이익을 얻는다.

구문

• derive satisfaction from ~에서 만족을 얻다
• derive inspiration from nature
 자연에서 영감을 얻다
• derive knowledge from reading books
 독서에서 지식을 얻다
• derive from Greek 그리스에서 유래하다
• the fruit derived from labor 노동으로 얻은 수확
• a derivative of river 강(river)의 파생어

• biofuels derived from sugarcane
 사탕수수에서 추출한 바이오 연료
• a derivative extracted from ginko leaves
 은행잎 추출물
• a word of Latin derivation 라틴어 어원 단어
• the theory of man's derivation
 인간 기원에 관한 이론

ROOT/STEM

vulnerable (신체적, 정서적으로) 상처받기 쉬운, 취약한, 연약한

* 라틴어 **vulcanus**(로마, 불의 신) → 라틴어 **vulnus**(상처, 부상) → **vulnerable** (불에 가까이 가면) 상처받기 쉬운

* **wound** 상처, 부상(을 입히다)   * **vulnerability** 취약성, 취약점

예문

Honesty and frankness make you vulnerable. 정직하고 솔직한 사람은 상처받기 쉽다.

Forget the wound! 상처는 잊어라!

구문

• look vulnerable 연약(취약)해 보이다
• vulnerable to heat 더위에 취약한
• a vulnerable position 취약한 입장(위치)
• reveal vulnerabilities 취약성을 드러내다
• vulnerabilities in the system
 시스템에 내재한 취약성

• make-up to cover vulnerabilities
 취약점을 감춰주는 화장
• probe the wound 상처를 살펴보다
 • wash the wound 상처를 세척하다
• wounded pride 상처받은 자존심
• wounded soldiers 부상병

distill, drag, absent

*di 분리
 *라틴어 stillare
방울방울 떨어지다

*distill 증류하다
*distillation 증류
*distillate 증류액
*distillery 증류주 공장, 양조장

distilled
water

distill

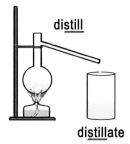

distillate

dragon

drag

질질~

dragonfly

*drag 끌다, 끌고가다

*dragging 질질끄는, 오래 걸리는
*dragon 용, 거친여자
*dragonfly 잠자리

presentation

absent

present

*ab 떨어져서(away)
*pre 미리
 *라틴어 esse 존재, 실재, 있음

*absent 결석한
*absent-minded 멍하니 있는,
        딴데 정신이 팔린
*absentee 결석자, 불참자
*present 현재의, 참석한
*presence 있음, 현존, 참석
*presentation 제출, 제의, 수여,
        증정, 발표

presence

의 견

presentation of opinion

presence
of GOD

ROOT/STEM

distill 증류하다, 증류하여 불순물을 제거하다
* **di**(분리) + 라틴어 **stillare**(방울방울 떨어지다) → **destill** * **destillation** 증류(과정)
* **distillate** 증류액 * **distillery** 증류주 공장, 양조장

예문

They distill seawater into fresh water. 그들은 바닷물을 증류하여 담수를 얻는다.

Wine is brewed without distillation. 포도주는 증류하지 않고 양조된다.

구문

- **distill whisky out of rye**
  호밀에서 뽑은 것을 증류해서 위스키를 만들다
- **distillation of rose petals**
  장미꽃잎에서 장미 향을 추출한 것
- **distillation of Shakespear's work**
  셰익스피어 작품에서 나온 것
- **a distillate of wheat** 밀에서 증류해서 추출한 액
- **whisky distillery** 위스키 양조장

ROOT/STEM

drag (힘들여) 끌다, 끌고 가다, 움직이다 * **dragging** 질질 끄는, 오래 걸리는
* 용(**dragon**)이 꼬리를 질질 끈다(**drag on**)고 생각하면 기억하기 쉽다.
* **dragon** 용, 거친 여자 * **dragonfly** 잠자리

예문

The fossil evidence shows us that dinosaurs did not drag their tails as they walked.
이 화석 흔적은 공룡이 걸을 때 꼬리를 끌지 않았음을 보여준다.

Hermit crabs live in and drag shells that have been cast off by other animals.
집게(소라게)는 다른 동물이 벗어놓은 껍데기에 살면서 그것을 끌고 다닌다.

구문

- **drag the chair** 의자를 끌다
- **drag on for months** 여러 달 질질 끌다
- **drag a river** 강바닥을 훑다(뒤지다)
- **hear a chain dragging** 쇠사슬이 끌리는 소리를 듣다

ROOT/STEM

absent 결석한, 부재의, 없는
* **ab**(떨어져서 **away**) + **esse**(존재, 있음) + **ent**(접미사) → **absent** 결석한
* **pre**(미리) + **esse**(존재, 있음) + **ent** → **present** ① 현재의, 참석(출석)한 ② 현재, 선물
* **absence** 결석, 부재, 없음, 결핍 * **presence** 특정한 곳에 있음(현존), 참석 ② 주둔군
* **presentation** ① 제출, 제시 ② 수여, 증정 ③ 설명 제공, 발표

예문

Long absent, soon forgotton. 안 보면 쉽게 잊힌다.

The absent are always in the wrong. 없는 사람이 항상 잘못이다.
*사람들은 그 자리에 없는 사람에게 책임을 전가하는 경향이 있다.

We are all equal in the presence of death. 우리는 모두 죽음 앞에 평등하다.

구문

- **the reason for his absence** 그의 불참 이유
- **absent-minded** 정신 나간, 멍하니 있는
- **our presence there** 우리가 거기에 있는 것
- **announce his presence** 그가 있음을 알리다

convenient, vulgar, petty

*con 함께
*라틴어 venire
　오다, 접근하다

*convenient 편리한
*convenience 편의(시설)
*inconvenient 불편한
*inconvenience 불편, 애로사항

convenience store

convenient

inconvenience

지구 온난화
환경오염

inconvenient truth

vulgar
vulgarity
vulgarian

*라틴어 vulgaris
　일반적인, 보통의, 통속적인

*vulgar 저속한, 천박한, 상스러운
*vulgarity 상스러운, 음란물
*vulgarian 천박한 사람, 속물
*vulgarize 품격을 떨어 뜨리다
*vulgarism 비속어, 저속한 표현

졸라! 쩐다! 꺼!
vulgarism

*구프랑스어 peti(쁘띠)
　작은

*petty 사소한, 하찮은, 째째한
*pettiness 사소함, 하찮음

petty cash

the price
of pettiness

ROOT/STEM

convenient ① 편리한, 간편한 ② ~에 가까운, 접근이 편리한
* **con**(함께) + **venire**(오다, 접근하다) → **convenient** 편리한　* **convenience** 편의, 편리, 편의 시설
* **inconvenience** ① 불편, 애로(사항) ② 불편하게 하다　* **inconvenient** 불편한

예문

What is right often forgotten by what is convenient. 옳은 것은 흔히 편리함으로 인해 잊힌다.
*인간은 편리함을 얻기 위해 자연으로부터 멀어지고 인간의 육체와 정신으로부터 멀어진다. 편리함은 인간의 육체적, 정신적
　능력을 퇴화시킨다. 이것이 진정한 혁신인지는 의문이다.

구문

• **at a convenient time** 편한 시간에
• **convenient amenities** 편의 시설
• **for one's convenience** ~의 편의를 위해
• **convenience store** 편의점
• **conveniently situated** 편리한 위치에 있는
• **put up with inconvenience** 불편을 참다
• **apologize for the inconvenience**
　불편을 드려 죄송합니다

ROOT/STEM

vulgar ① 저속한, 천박한 ② 상스러운, 음탕한
* 라틴어 **vulgaris**(일반적인, 보통의, 통속적인) → **vulgar** 저속한, 상스러운
* **vulgarity** 상스러움, 음란물　* **vulgarian** 천박한 사람, 속물
* **vulgarize** 품격을 떨어뜨리다　* **vulgarism** 비속어, 저속한 말(표현)

예문

The vulgar crowd values friends according to their usefulness.
저속한 다수는 친구를 유용함으로 평가한다.

He is vulgar in his speech. 그는 말씨가 저속하다.

구문

• **vulgar words** 비속어(slang)
• **vulgar fellow** 속물, 상놈
• **the vulgarity of his jokes**
　그의 농담의 상스러움(저속함)

ROOT/STEM

petty ① 사소한, 하찮은 ② 옹졸한, 쩨쩨한
* Old French 「**peti**(쁘띠)=**small**」→ **petty**　* **pettiness** 사소함, 하찮음

예문

We hang the petty thieves and appoint the great ones to public office.
우리는 사소한 도둑들을 교수형에 처하고 큰 도둑들은 공직에 임명한다.
*연예인, 운동선수들은 철없던 어린 시절 한때의 잘못으로도 퇴출당하는데 온갖 범죄를 저지른 정치꾼들은 선거를 통해 공직자가
　되어 국가 예산을 유용하고 인·허가권을 이용하여 큰 도둑질을 한다.

구문

• **petty crime** 사소한 범죄
• **petty lies** 사소한 거짓말
• **petty faults** 사소한 잘못
• **a petty farmer** 소농
• **petty mind** 옹졸한 생각, 속 좁은 사람
• **a petty dealer** 소상인

scald, caldera, caldron, audacious

*라틴어 **calor** 열, 더위
*라틴어 **calidus**
　　더운, 뜨거운

caldera

*__caldera__ 칼데라
*__calorie__ 칼로리
*__calorimeter__ 열량계
*__caldron__ 가마솥
*__calor__ (의학) 열

caldera lake

Calorie 열량의 단위
포도 60 불고기 471 피자 1240

345 Cal
열량계 __calorimeter__

__audacious__

大膽
대담

__audacity__

the audacity
of hope
담대한
희망

*라틴어 **audere**
감히~하다, 모험하다
*라틴어 **audax** 대담한, 무모한

*__audacious__ 대담한, 뻔뻔한
*__audacity__ 대담성, 뻔뻔함

__audacious__

scald ① (뜨거운 물, 수증기에) 데다, 데인 상처 ② 데이게 하다, 데우다

* 라틴어 **calidus**(더운, 뜨거운) → **caldera** 칼데라(화산 폭발로 움푹 팬 꼭대기 부분)

* 라틴어 **calor** 열, 더위 * **cal**은 열, 더위, 뜨거운 것과 관련이 있다.

* **calor** (의학) 열, 염증의 기본 증상 중 하나 * **calorie** 칼로리

* **calorimeter** 열량계 * **caldron** 가마솥(미국 **cauldron**)

* **s**(밖으로 **es**, **ex**) + **caldron**(가마솥) → **scald** 데다, 데인 상처

(예문)

Scalded cats fear even cold water. 뜨거운 물에 덴 고양이는 찬물도 무서워한다.

He was scalded with boiling water. 그는 끓는 물에 화상을 입었다.

Be careful not to scald yourself with the steam. 수증기에 데지 않게 조심해.

(구문)

• scald milk 우유를 데우다

• suffer scald burns 화상을 입다

• scald the cabbage leaves 양배추 잎을 데치다

• scalded skin 화상(열상) 피부

• boil in caldron 솥에 삶다

• a caldron lid 솥뚜껑

---

audacious 대담한, 뻔뻔한

* 라틴어 **audere**(감히 ~하다, 모험하다), 라틴어 **audax**(대담한, 무모한)

* **aud**는 대담한 것, 무모한 것, 뻔뻔한 것과 관련이 있다.

* 라틴어 **audax**(대담한, 무모한) → **audacious** 대담한 * **audacity** 뻔뻔함, 대담성

(예문)

It is audacious of you to say that. 그렇게 말하다니 강심장이군(뻔뻔하군).

He has gotten more audacious. 그는 더 뻔뻔해졌어.

I was amazed at his audacity. 나는 그의 뻔뻔함에 놀랐다.

(구문)

• an audacious decision 대담한 결정

• have the audacity to say ~
뻔뻔스럽게도 ~라고 말하다

• have the audacity to accuse me
오히려 (적반하장으로 뻔뻔하게) 나를 고소하다

corrode, corrupt, rodent, earmark

*cor 함께(com)
*라틴어 rodere 갉아 먹다

*corrode 부식시키다, 좀먹다
*corrosion 부식
*corrupt 부패한, 타락한
*corruption 부패, 타락
*rodent 설치류
*rodenticide 쥐약

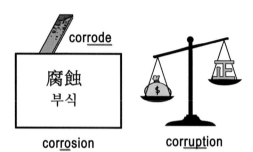

腐蝕
부식

corrosion

corruption

rodent

rodenticide

corrupt judge

ear
mark

*ear 귀
*mark 표시

*earmark 특정 목적을 위해
          따로 떼어놓다
*ear mark 귀표

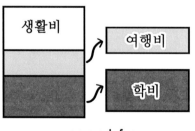

earmark for

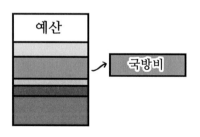

earmark for defense

corrode 부식시키다, 좀먹다

* cor(함께 com) + 라틴어 rodere(갉아먹다) → corrode 부식시키다, 좀먹다
* corrosion 부식 * corrosive 부식성의, 갉아먹는
* corrupt 부패한, 타락한 * corruption 부패, 타락, 오염, 변질
* 라틴어 rodere(갉아먹다) → rodent 설치류 * rodenticide 쥐약

예문

Acids corrode metals. 산은 금속을 부식시킨다.

Gold is resistant to corrosion. 금은 부식에 저항력이 있다.

Corrosion damaged the statue. 부식이 동상을 손상시켰다.

Steel is susceptible to corrosion. 강철은 부식이 잘된다.

*susceptible 민감한, 예민한, 잘 허용하는

Plating helps to protect metals from corrosion. 도금은 금속의 부식 방지를 돕는다.

The beaver is the largest rodent in North America. 비버는 북아메리카에서 가장 큰 설치동물이다.

구문

• corrode with rust 녹으로 부식되다
• the corrosive effect 부식 효과
• corrosive chemicals 부식성 화학 약품
• be highly corrosive 부식성이 높다

• clean off any corrosion
  부식된 부분을 말끔히 닦아내다
• have resistance to corrosion
  부식에 대한 저항력이 있다

earmark ① (특정 목적을 위해) 배정하다, 따로 떼어놓다 ② 전형적인 특징(특질)

* ear(귀) + mark(표시) → (귀에 표시해서) 특정 목적을 위해 배정하다
* ear mark 귀표

예문

I earmarked five thousand dollars for travel. 나는 여행비로 5,000달러를 따로 떼어놓았다.

What's the budget earmarked for defense? 방위비로 책정된 예산은 얼마인가?

구문

• earmark rice for the army 쌀을 군량미로 떼어놓다
• mandatory earmarking 의무적인 지출 항목 특정

dysfunction, accomplice, intimate

*그리스어 dys 나쁜
*function 기능
*pepsin 펩신
*lexis 말, 어휘

*dysfuntion 기능장애, 역기능
*dysfuntional 제 기능을 못하는
*dyspepsia 소화불량
*dyslexia 난독증, 독서장애
*dyslexic 난독증이 있는

function

dysfunction

pepsin

stomach

dyspepsin

dyslexia

共犯 공범

accomplice

*ac 방향 (ad ~쪽으로)
*com 함께
*라틴어 plicare 접다, 쪼개다

*accomplice 공범

*inti 안쪽으로
*mate 짝짓기 하다

*intimate 친밀한, 사적인, 은밀한
*intimacy 친밀함

intimacy

intimate relationship

ROOT / STEM

dysfunction 기능 장애, 역기능
* 그리스어 **dys**(나쁜) + **function**(기능) → 기능 장애, 역기능
* **dysfunctional** 제 기능을 못하는, 고장 난
* **dys**(나쁜) + **pepsin**(펩신, 위액 속의 단백질 분해효소) → **dyspepsia** 소화불량
* **dys**(나쁜) + **lexis**(말, 어휘) → **dyslexia** 난독증, 독서 장애

예문

Ultraviolet light can cause skin barrier dysfunction. 자외선은 피부 장벽 기능 장애를 유발할 수 있다.

He is suffering due to his dysfunctional heart. 그는 심장기능 장애로 고통받고 있다.

He comes from a dysfunctional family. 그는 결손가정 출신이다.

구문

• a dysfunction of the kidneys 신부전증
• narcotizing dysfunction 마약성 기능 장애
• sexual dysfunction 성기능 장애
• erectile dysfunction 발기부전
• dysfunctional machine 고장 난 기계
• dysfunctional committee
  제대로 기능하지 않는 위원회

ROOT / STEM

accomplice 공범, 가담자, 공모자
* **com**(함께) + 라틴어 **plicare**(접다, 포개다) → 라틴어 **complicare**(뒤얽히다, 복잡해지다)
* **ac**(방향 ad) + 라틴어 **complicare**(뒤얽히다, 복잡해지다) → **accomplice** 공범

예문

He is an accomplice in the fraud case. 그는 그 사기 사건의 공범이다.

I am sure that there is an accomplice. 나는 공범자가 있다고 확신해.

Mr. Moon is an accomplice in the murder case of North Korean defector.
문 씨는 탈북자 살인 사건의 공범이다.

구문

• conspire with an accomplice 공범과 모의하다
• an unwitting accomplice 자신도 모르는 공범자

ROOT / STEM

intimate ① 친밀한 ② 사적인, 은밀한
* **inti**(안쪽으로) + **mate**(짝짓기하다) → **intimate** 친밀한, 사적인, 은밀한
* **intimacy** ① 친밀함, 친밀함을 나타내는 언행 ② (격식적인 종말, 법률) 성행위

예문

We are not on intimate terms with them. 우리는 그들과 친하게 지내지 않는다.

Intimacy develops slowly. 친밀함은 서서히 만들어진다.

I like the snug intimacy of her lips. 나는 그녀 입술의 아늑한(포근한) 친밀감이 좋다.

구문

• reveal intimate details
  은밀한(사적인) 내용을 폭로하다
• the intimate parts 은밀한 부위
• an intimate knowledge 조예 깊은 지식
• intimate relation 친밀한 관계
• an intimate act 친밀한 행위
• intimate delight 은밀한 기쁨(즐거움)
• to have more intimacy 더 친해지기 위해

79

laconic, megalith, megalomania, forge, forgery

*lakonia 라코니아
스파르타가 있던 지역

*laconic 말 수가 적은, 과묵한,
간결하게 할 말만 하는

laconic

寡默
과묵한

laconic

Gulf of
Laconia

스파르타

dolmen

megalith

menhir

난 신이다

*그리스어 megas 아주 큰
*그리스어 lithos 돌, 석기
*lithic 돌의, 결석의

*megalith 거석
*megaphone 확성기
*megalopolis 거대 도시
*megalomania 과대망상증
*megalomaniac 과대망상증 환자

megaphone

誇大妄想
과대망상

megalomania

↓ force

forge

FORGERY

*forge
구축하다, 위조하다, 대장간
*force 힘

*forgery 위조, 위조된 물건
*forcible 물리력에 의한, 강제적인

forcible

ROOT/STEM

laconic 말수가 적은, 할 말만 하는, 간결한(간소한)
* **lakonia**는 스파르타가 소속된 그리스의 주, 이 지역 사람들은 과묵하고 말수가 적었다
→ 라틴어 **laconicus**(스파르타의) → **laconic** 말수가 적은
*스파르타인들은 과묵한 사람들이었다. 그들은 자신들보다 10배나 많은 피지배자들을 통제하기 위해 군사 공동체를 이루어 살았다. 스파르타는 시민 전체가 전사 집단이었고 전쟁에서 죽는 것을 영광으로 생각했다.

예문

He is laconic. 그는 말수가 적다(과묵하다).

His answer was laconic. 그의 대답은 간결했다.

구문

- **a laconic speech** 간결한 연설
- **loconic restructuring** 구조 조정
- **a laconic reply** 간결한 대답
- **laconic charm** 무뚝뚝한 매력
- **answer with a laconic affirmative** 짧게 긍정적으로 대답하다

ROOT/STEM

megalith 거석
* 그리스어 **megas**(아주 큰) + **lithos**(돌) → **megalith** 거석
*고인돌dolmen, 선돌menhir이 있는 거석 문화는 큰 인구 집단이 정치적으로 조직화되었음을 의미한다.
* **mega, megalo**(아주 큰) → **megaphone** 확성기 * **megalopolis** 거대 도시
* **megalomania** 과대망상증, 과도한 권력욕 * **megalomaniac** 과대망상증 환자

예문

Stonehenge is an ancient configuration of megalith. 스톤헨지는 거석을 배치해놓은 고대 유적지다.

He has paranoid megalomania. 그는 편집광적인 과대망상증이 있다.

구문

- **megalithic culture** 거석 문화
- **megalithic tomb** 거석 묘
- **megalithic monuments** 거석 기념물
- **a bad case of megalomania** 구제불능의 과대망상증
- **paranoid megalomania** 편집증적 과대망상증
  *paranoid 피해망상적인, 편집증적인, 편집증 환자

ROOT/STEM

forge ① 구축하다 ② 위조하다 ③ 대장간, 용광로, 제철소 * **forgery** 위조, 위조된 물건
* **forge**(구축하다, 대장간) → **force** 힘 * **forcible** 물리력에 의한, 강제적인

예문

There is a move to forge new links between Samsung and India.
삼성과 인도 사이에 새로운 관계를 구축하려는 움직임이 있다.

It's difficult to forge. 그것은 위조하기 어렵다.

The painting is a forgery. 그 그림은 위조된 것이다.

구문

- **forge a passport** 여권을 위조하다
- **forge a cheque** 수표를 위조하다
- **forge the framework** 기본 틀을 구축하다
- **forge a partnership** 제휴 관계를 맺다
- **a rank forgery** 실물과 똑같은 위조품
- **a crude forgery** 조잡한 위조품

80

negate, negative, positive, gaudy, joyful, rejoice

*라틴어 **negare**
  부인하다, 거절하다

*negate 무효화하다, 부인하다
*negative 부정적인, 소극적인
*position 위치, 자리
*positive 긍정적인, 적극적인

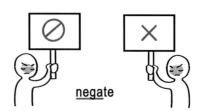

negate

negative

positive

gaudy

gaudy jewelry

*라틴어 **gaudia**
  기쁨, 즐거움, 환희

*gaudy 야한, 천박한, 촌스러운
*joy 기쁨, 즐거움, 환희
*joyful 아주 기뻐하는, 기쁨을 주는
*enjoy 즐기다, 누리다
*enjoyment 즐거움, 기쁨
*rejoice 크게 기뻐하다, 반색을 하다

joyful

rejoice

negate ① 무효화하다, 효력이 없게 만들다(**nullify**) ② (존재 등을) 부인하다

* 라틴어 **negare**(부인하다, 거절하다) → **negate** 무효화하다, 부인하다

* **negative** 부정적인, 소극적인

* **position**(위치, 자리) → **positive** 긍정적인, 적극적인(자신의 자리가 있을 때 긍정적, 적극적이다)

(예문)

One bad deed can negate many good ones. 한 가지 악행이 많은 선행을 의미 없게 만들어버릴 수도 있다.

Your eating habits will nullify the effects of training. 너의 식습관은 훈련 효과가 없게 만든다.

A positive thought is far more powerful than a negative.

긍정적인 생각이 부정적 생각보다 훨씬 더 강력하다.

I will be a positive influence. 나는 긍정적인 영향을 미치는 사람이 될 것이다.

I am not positive about it. 나는 그 일에 대해 단언할 수 없다.

(구문)

• **negate the authenticity** 진실성(진정성)을 부정하다   • **nullify a goal** 득점을 무효로 하다

• **negate the effect** 효과를 무색하게 만들다   • **nullify the decision** 결정을 무효로 하다

gaudy 야한, 천박한, 촌스러운

* 라틴어 **gaudia**(기쁨, 즐거움) → **gaudy** 야한, 천박한, 촌스러운

*이성으로 욕망을 절제하고 운명에 순응하며 사는 것을 미덕으로 생각했던 스토아 철학이 지배하던 시대에는 기쁨(즐거움),
  쾌락을 즐기는 것이 천박하게 인식되었다.

* 라틴어 **gaudia** → **joy** 기쁨, 즐거움, 환희   * **joyful** 아주 기뻐하는, 기쁨을 주는

* **enjoy** 즐기다, 누리다   * **enjoyment** ① 즐거움, 기쁨, 흥밋거리 ② 누림, 향유

* **rejoice** 크게 기뻐하다, 반색을 하다

(예문)

The world rejoiced when he died. 그가 죽었을 때 세상은 크게 기뻐했다.

He rejoiced at his success. 그는 자신의 성공을 기뻐했다.

She rejoiced to hear the news. 그 여자는 그 소식을 듣고 기뻐했다.

We rejoiced over the news of the brilliant victory. 우리는 빛나는 승리를 크게 기뻐했다.

(구문)

• **gaudy clothes** 점잖지 못한(천박한, 촌스럽게 야한) 옷   • **cheap and gaudy jewels** 싸고 요란한 보석

depose, deposit, affix, inquisitive, inquiry

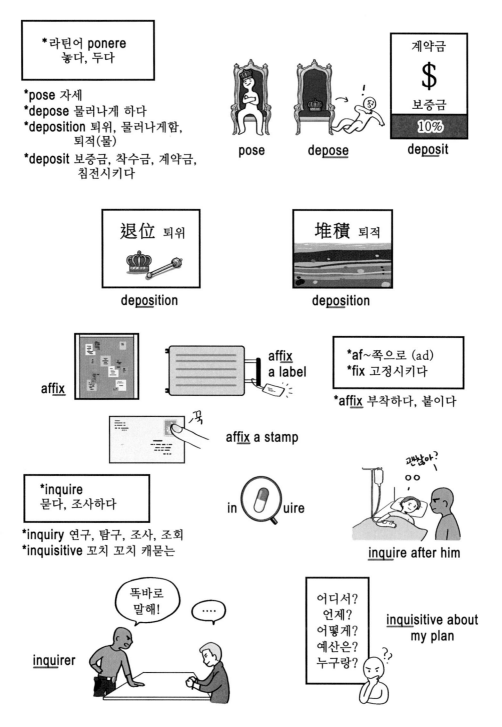

라틴어 ponere
놓다, 두다

*pose 자세
*depose 물러나게 하다
*deposition 퇴위, 물러나게함,
　　　　　　 퇴적(물)
*deposit 보증금, 착수금, 계약금,
　　　　　 침전시키다

pose　depose

계약금
$
보증금
10%

deposit

退位 퇴위

deposition

堆積 퇴적

deposition

affix

affix a label

affix a stamp

*af~쪽으로 (ad)
*fix 고정시키다

*affix 부착하다, 붙이다

*inquire
묻다, 조사하다

*inquiry 연구, 탐구, 조사, 조회
*inquisitive 꼬치 꼬치 캐묻는

in ◯ uire

괜찮아?

inquire after him

똑바로
말해!

....

inquirer

어디서?
언제?
어떻게?
예산은?
누구랑?

inquisitive about
my plan

??

ROOT/STEM

depose 물러나게 하다, 퇴위(폐위)시키다
* 라틴어 **ponere**(놓다, 두다) → **pose** 자세
* **de**(아래로) + **pose**(자세) → **depose** 물러나게 하다
* **deposition** ① 퇴위, 물러나게 함 ② 퇴적(물) ③ 증거(녹취록)
* **deposit** ① 보증금, 예치금, 착수금, 계약금, 선급금 ② 맡기다 ③ 침전시키다

예문

I put on a deposit for two months on the house. 나는 그 집에 두 달 치의 보증금을 걸었다.

The civil uprising brought the deposition of the king. 시민 봉기가 왕의 퇴위를 초래하였다.

The rebels are attempting to depose the president. 반군은 대통령을 축출하려고 기도하고 있다.

구문

• **depose A from office** A를 공직에서 물러나게 하다
• **the deposition of the king** 국왕 퇴위
• **dry deposition** 건조한 퇴적물
• **a returnable deposit** 환불되는 예치금
• **put down a deposit on** ~에 보증금을 걸다
• **safety deposit box** 안전금고
• **deposit my valuables** 나의 귀중품을 맡기다

ROOT/STEM

affix ① 부착하다, 첨부하다, 붙이다 ② 접두사, 접미사
* **af**(~쪽으로 **ad**) + **fix**(고정시키다, 정하다) → **affix** 부착하다, 붙이다

예문

Affix the revenue stamp here. 여기에 수입인지를 붙이세요.

He affixed his signature to the contract. 그는 계약서에 서명을 했다.

구문

• **affix a label to a parcel** 소포에 라벨을 붙이다
• **affix one's name to a writing** 글에 서명을 써 넣다

ROOT/STEM

inquisitive 꼬치꼬치 캐묻는, 호기심(탐구심)이 많은
* **inquire**(묻다, 조사하다) → **inquiry** 연구, 탐구, 조사, 조회 * **inquisitive** 꼬치꼬치 캐묻는

예문

Don't be so inquisitive about my affairs. 내 일에 대해 그렇게 꼬치꼬치 캐묻지 마.

Catholic church had set up a tribunal called the Inquisition to find heretics.

카톨릭 교회는 이단자들을 색출하기 위해 종교재판소라는 특별재판소를 설치했다.

구문

• **inquire about** ~에 관해 문의하다
• **inquire after him** 그의 안부를 묻다
• **conduct an inquiry** (공식적인) 조사(문의)를 하다
• **a board(committee) of inquiry** 조사위원회

intertwine, skeleton, tit for tat

*inter 상호간의
*twine 휘감다, 묶다, 엮다

*intertwine 뒤얽히다, 엮이다

intertwine
flowers

intertwine

skeleton

*skelet 골격

*skeleton 뼈대, 골격, 해골
*skeletal 뼈대(골격)의, 해골 같은
*skeletonize 뼈만 남기다

骨格系 골격계

skeleton system

skeletal
figures

*tit 가볍게 때림

*tit for tat 즉시 보복, 앙갚음

tit for tat

tit for tat

intertwine ① 뒤얽히다, 엮이다 ② 뒤얽다, 엮다

* **inter**(상호간의) + **twine** (① 휘감다, 엮다 ② 노끈) → **intertwine** 뒤얽히다, 엮이다

* **intertwinement** 서로 얽히게 함, 서로 엮음, 얽어 짬

예문

Suffering and happiness are intertwined in life. 인생에는 고통과 행복이 얽혀 있다.

Love and hate seem intertwined. 사랑과 미움은 얽혀 있는 것 같다.

구문

• intertwined relationship 뒤얽힌 관계　　　　• intertwine flowers in a garland 꽃을 화환에 엮다

skeleton 뼈대, 골격, 해골

* **skelet**(골격) → **skeleton** 뼈대, 골격, 해골　* **skeletal** 뼈대(골격)의, 해골 같은

* **skeletonize** 골격만 남기다, ~를 해골로 만들다

예문

Everyone has a skeleton on his closet. 누구에게나 벽장 속의 해골(숨기고 싶은 비밀)이 있다.

She is just totally skeletonized. 그 여자는 완전히 뼈만 남았다.

구문

• human skeleton 인간의 뼈대
• the concrete skeleton 콘크리트 뼈대
• bobsleigh skeleton
봅슬레이 스켈레톤(해골처럼 머리를 정면으로 하고 엎드린 자세로
썰매를 타고 얼음 경사로를 내려오는 경기)

• a skeletonized body 뼈만 남은 신체
• a skeletal plot 뼈대가 되는 줄거리
• skeletal figures 해골 같은 모습들
• skeletal system 골격계
• skeletal abnormalities 골격계 이상

tit for tat 치고받음, 앙갚음, 받은 만큼 되돌려주는 것, 티격태격

* **tit**, **tat**는 가볍게 때리는 것

예문

I answered their insult tit for tat. 나는 그들에게 받은 모욕을 되돌려주었다.

We gave them tit for tat. 우리는 그들에게 보복 조치를 취했다.

It was just tit for tat. 그건 그냥 앙갚음이었다.

구문

• give him tit for tat 그에게 받은 만큼 돌려주다

kernel, core, cardiac, jut

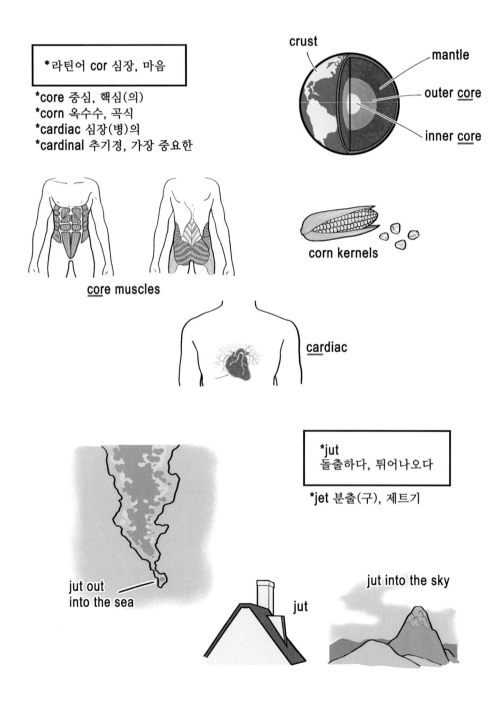

*라틴어 cor 심장, 마음

*core 중심, 핵심(의)
*corn 옥수수, 곡식
*cardiac 심장(병)의
*cardinal 추기경, 가장 중요한

crust
mantle
outer <u>core</u>
inner <u>core</u>

<u>core</u> muscles

corn kernels

cardiac

*jut
돌출하다, 튀어나오다

*jet 분출(구), 제트기

jut out
into the sea

jut

jut into the sky

ROOT/STEM

kernel ① (견과류 씨앗 등) 알맹이, 낟알(**grain**) ② 핵심

* 라틴어 **cor**(심장, 마음) → **core**, **corn**, **kernel**, **cardi**(심장의)
* **core** ① 중심, 핵심 ② 중심의, 핵심적인   * **corn** 옥수수, 곡식(영국), 굳은살(티눈)
* **cardiac** 심장(병)의   * **cardinal** 추기경, 가장 중요한, 기본적인

예문

Chickens prefer a kernel of corn to a diamond. 닭은 다이아몬드보다 옥수수 낟알을 더 좋아한다.

*자신이 갖고 싶은 것이 아니면 그 어떤 것도 이익이 되지 않는다.

There is not a kernel of truth in what he says. 그가 하는 말에 진실이라고는 조금도 없다.

The old man died of cardiac arrest. 그 노인은 심장마비로 사망했다.

He committed the cardinal sin of slandering his friend.

그는 그의 친구를 모함하는 중대한 잘못을 저질렀다.

구문

• **core value** 핵심 가치
• **core product** 주력 제품
• **be rotten to the core** 속까지 썩었다.
• **hard core** 조직의 핵심(집단), 강경파
• **hard-core** 강경한, 노골적인

• **hard-core pornography** 노골적인 포르노
• **a cardiac arrest** 심장마비
• **cardiac disorder** 심장병
• **a cardinal sin** 해서는 안 될 짓(중대한 죄)
• **a cardinal principle** 기본 원칙

ROOT/STEM

jut ① 돌출하다, 튀어나오다 ② 돌출시키다, 내밀다
* 젖(**jut**)이 돌출해 있다고 기억하면 쉽다.   * **jet** 분출, 분출구, 제트기

예문

The windows jutted out from the roof. 창문들이 지붕 밖으로 돌출되어 있었다.

The cape of Good Hope juts out into the sea. 희망봉이 바다 쪽으로 돌출되어 있다.

Mountain peaks jut into the sky. 산봉우리들이 하늘로 치솟아 있다.

The aircraft is powered by a jet engine. 그 비행기는 제트엔진으로 동력을 얻어 움직인다.

구문

• **a jet of water** 분사되는 물
• **jet stream** 제트기류, 항공기 엔진에서 배출된 가스

legacy, legatee, steamline, perfume

*라틴어 lex 법
*legal 법적인

*legacy 유산
*legatee 수증자

유언 will

receive
legacy

legal legatee

legacy 유산

토지	
건물	
금전	$
지적 재산권	

수증자 legatee

*stream 흐름

*streamline 유선형으로 하다, 간소화 하다
*streamlined 유선형의, 날씬한
*streaming 흐름, 능력별 반편성

stream

streamlined

streamlined
body

*per 매우, 과한
*fume 연기, 매연

*perfume 향수
*perfumed 향기 나는

perfume

fume

legacy 유산, 과거의 유산　* **legacy media** 오래된 대중매체(**TV**, 라디오, 신문 등)

* 라틴어 **lex**(법) → 라틴어 **legalis**(법률상의, 법적인) → **legal** 법적인

* **legacy** 유산　* **legatee** 수증자

* **leg**는 법과 관련이 있다. 유산은 법적 효력을 가지는 유언 등에 의해 상속된다.

*물려준 주체가 조상, 인류 등 집단이고 문화적·전통적인 유산에는 heritage를 사용한다.

예문

He received generous legacy from his father. 그는 아버지로부터 넉넉한 유산을 받았다.

We have to preserve our cultural heritage. 우리는 문화유산을 잘 보존해야 한다.

Father's virtue is the best heritage for his child. 아버지의 덕행은 아이에게 최상의 유산이다.

구문

• **legacy duty(tax)** 유산상속세
• **legacy-hunter** 유산을 노린 구혼자
• **leave a legacy** 유산을 남기다

• **receive a legacy of a million dollars** 백만 달러의 유산을 받다
• **residuary lagatee** 잔여 재산 수증자

ROOT/STEM

streamline ① 유선형으로 하다 ② 간소화(능률화, 합리화)하다

* **stream**(흐름) → **streamline** 유선형으로 하다, 간소화하다, 능률화하다

* **streamlined** 유선형의, 날씬한

* **streaming** 흐름, 능력별 반 편성, 음성·동영상의 실시간 재생 기술

예문

Samsung Group streamlined a bulky organization. 삼성그룹은 비대한 조직을 간소화했다.

구문

• **the fast stream** 빠른 흐름, 심화반
• **the bed of the stream** 개울의 바닥
• **streamline the management** 경영을 합리화하다

• **a streamlined racing car** 유선형의 경주용 자동차
• **a streamlined kitchen** 최신식의(능률적인) 주방

ROOT/STEM

perfume ① 향수 ② 향기 ③ 향수를 뿌리다, 향기를 풍기다　* **perfumed** 향기 나는

* **per**(완전히) + **fume**(연기, 매연) → **perfume** 향수

예문

Remembrance is the lasting perfume. 추억은 지속되는 향기다.

What does this perfume smell like? 이 향수는 무슨 향인가?

구문

• **an odor of perfume** 향수 냄새

• **spray a perfume** 향수를 뿌리다

offspring, tease, invertebrate

*off 떨어져서
*spring 생겨나다, 튀어 오르다

　*offspring 자식, 새끼

produce
off<u>spring</u>

off<u>spring</u>

please do not
tease or annoy the MINI

*tease 놀리다, 집적거리다

　*<u>tease</u>r 예고 광고, 미끼광고

Don't
tease
me

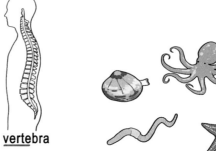

coming soon
곧 엄청난 것이 온다

*라틴어 vertere 돌리다

*vertebra 척추
*vertebrate 척추동물
*invertebrate 무척추 동물

ver<u>te</u>bra

ver<u>te</u>brate

in<u>ver</u>tebrate

offspring 자식, 동물의 새끼
* off(떨어져) + spring(생겨나다, 튀어 오르다) → offspring 자식, 새끼

예문

Many hybrids are sterile and cannot produce offsprings of their own.
많은 잡종 동물들은 그들의 새끼를 낳을 수 없다.
*예컨대 암말과 수당나귀의 새끼인 노새mule는 불임이다.

Romance is the offspring of fiction. 로맨스는 허구의 자식이다.

The offspring of yellow tulip and red tulip is an orange tulip.
노란 튤립과 빨간 튤립의 2세는 오렌지색 튤립이다.

구문

• leave offspring 자손을 남기다　　　　• the offspring of modern science 근대 과학의 성과
• produce offspring 자식을(새끼를) 낳다

tease 놀리다, 집적거리다, 못살게 굴다, 괴롭히다
* tease(놀리다) → teaser 호기심을 갖게 하는 예고 광고, 미끼 광고

예문

Don't tease the dog for fun. 장난으로 개를 놀리지 마라.

He used to get teased about his potbelly. 그는 배가 불룩하다고 놀림을 받곤 했다.

Don't tease the weak. 약자를 괴롭히지 마라.

구문

• tease him 그를 괴롭히다(못살게 굴다)　　　　• tease the animals 동물을 괴롭히다

invertebrate 무척추동물
* 라틴어 vertere(돌리다) → vertebra 척추(spine, backbone) * vertebrate 척추동물
* in(no) + vertebrate(척추동물) → invertebrate 무척추동물

예문

Vertebrates have backbones. 척추동물은 등뼈가 있다.

The octopus is a marine invertebrate. 문어는 바다에 사는 무척추동물이다.

구문

• a misaligned vertebra 어긋난 척추 뼈　　　　• vertebrate brains 척추동물의 뇌
• a vertebrate zoologist 척추동물학자　　　　• a marine invertebrate 해양 무척추동물

restore, mine, miner, undermine

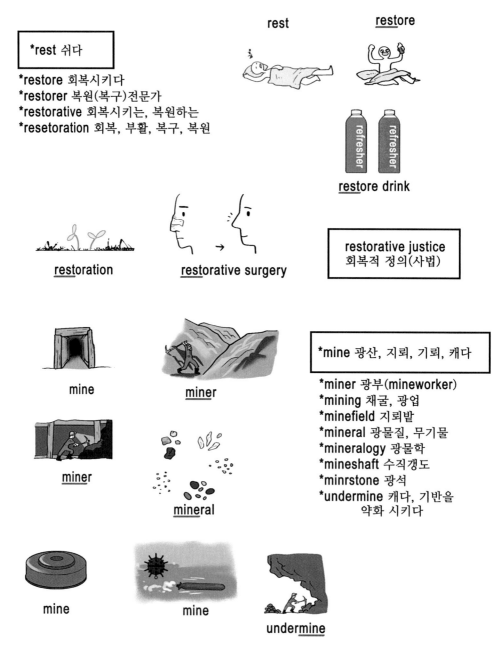

rest

restore

*rest 쉬다

*restore 회복시키다
*restorer 복원(복구)전문가
*restorative 회복시키는, 복원하는
*resetoration 회복, 부활, 복구, 복원

restore drink

restoration

restorative surgery

restorative justice
회복적 정의(사법)

mine

miner

*mine 광산, 지뢰, 기뢰, 캐다

*miner 광부(mineworker)
*mining 채굴, 광업
*minefield 지뢰밭
*mineral 광물질, 무기물
*mineralogy 광물학
*mineshaft 수직갱도
*minrstone 광석
*undermine 캐다, 기반을
             약화 시키다

miner

mineral

mine

mine

undermine

restore 회복시키다, 복원(복구)하다

* rest(쉬다) → restore 회복시키다 * restorer 복원(복구) 전문가 * restaurant 식당

* restorative 원기를 회복시키는, 복원하는 * restoration 회복, 부활, 복구, 복원

예문

They will exert an effort to restore the facility. 그들은 그 시설을 복구하기 위해 노력을 기울일 것이다.

The maternity leave was restorative for her. 출산휴가가 그녀의 원기를 회복시켜주었다.

Boracay was closed for environmental restoration. 보라카이는 환경 복구를 위해 폐쇄되었다.

구문

• restore diplomatic relations 외교관계를 복원하다
• restore order 질서를 회복하다
• restore one's energy 원기를 회복하다
• restore one's honor 명예를 회복하다
• restorative surgery 복원 수술

• restorative process 복원(복구) 프로세스
• restorative drinks 원기를 회복시키는 음료
• restorative potion 술 깨는 물약
• the restoration work 복원(복구) 작업
• the restoration of dinosaur 공룡의 복원

mine ① 광산, 지뢰, 기뢰 ② 캐다

* mine → miner 광부 * mining 채굴, 광업 * minefield 지뢰밭
* mine → mineral 광물(질), 무기물 * mineralogy 광물학
* under(아래에) + mine(캐다) → undermine 캐다, 기반을 약화시키다
* mine shaft 갱도 * mineshaft 수직갱도
* minestone 광석 * mineworker 광부
* minesweeper 소해정(기뢰를 찾아서 제거하는 배)

예문

This business is a potential gold mine. 이 사업은 큰돈을 벌어줄 수 있는 사업이다.

Waves have undermined the cliff. 파도가 절벽을 침식시켜왔다.

The mole is undermining the wall. 두더지가 담장 밑에 땅굴을 파고 있다.

구문

• gold mine 금광
• a gold mine 수지맞는 장사
• mineral water 광천수, 탄산음료
• mineral resources 광물자원
• undermine a wall 벽 아래 땅굴을 파다

• undermine the foundation 토대를 허물다
• undermine the relationship 관계를 악화시키다
• undermine morale 사기를 떨어뜨리다
• undermine authority 권위를 약화시키다

stalemate, deadlock, moratory, moratorium, hive

*stale 신선하지 않은, 퀴퀴한
*dead 죽은 *lock 잠그다

*stalemate 고착상태, 수가 막힘
*deadlock (협상의) 교착상태

stale

stalemate

stale

膠著 교착	deadlock
	stalemate

*라틴어 morari
지체(지연) 시키다, 유예하다
*라틴어 moratorius 지체(지연)하는

*moratory 지불유예의
*mratorium 활동 중단, 지불유예

고래잡이
중단하라!

포경금지!

call for moratorium
on whaling

支拂猶豫
지불유예

moratorium

*hive 벌집, 벌떼
많이 모이는 곳

*hives 두드러기, 염증

hive

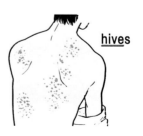

hives

stalemate 교착 상태(**deadlock**), 수가 막힘, 답보 상태(**state of standstill**)
* **stale**(신선하지 않은, 만든 지 오래된, 퀴퀴한 냄새가 나는) + **mate**(친구) → **stalemate** 교착 상태
* **st**는 정지해 있는 것과 관련이 있다(**stand** 서다, **standstill** 정지).　* **deadlock** (협상의) 교착 상태

(예문) ─────────────────────────────

Flowing water never goes stale. 흐르는 물은 썩지 않는다.

Massive networks of trenches led to increased deaths as well as the stalemate that dominated most of four-year war.
대규모의 참호망은 사망자들을 늘렸을 뿐 아니라 4년 전쟁의 대부분을 차지했던 교착 상태를 유발했다.

The negotiations have reached deadlock. 협상이 교착 상태에 빠졌다.

(구문) ─────────────────────────────

- **stale odor** 퀴퀴한 냄새
- **stale beer** 김빠진 맥주
- **stale jokes** 진부한(식상한) 농담
- **ended in stalemate** 교착 상태에 빠졌다

- **reach a deadlock** 교착 상태에 이르다
- **break the deadlock over**
  ~를 둘러싼 교착 상태를 타개하다

moratory 지불유예의
* 라틴어 **morari**(지체하다, 지연시키다, 유예하다), 라틴어 **moratorius**(지체하는, 지연하는) → **moratory**
* **moratorium** (공적 합의에 의한) 활동 중단, 지불유예, 지불정지

(예문) ─────────────────────────────

Green Peace called for a moratorium on commercial whaling.
그린피스는 상업적 고래잡이 중단을 요구했다.

The government declared a moratorium on its debts. 정부는 채무에 대해 지불유예를 선언했다.

(구문) ─────────────────────────────

- **a moratory law** 지불유예법
- **moratorium on nuclear testing** 핵실험 중단
- **call for a moratorium** 지불유예를 요청하다

- **grant a moratorium** 지불유예를 허락하다
- **moratorium interest** 지불유예 기간 이자
- **moratorium declaration** 지불유예 선언

hive 벌집, 많이 모이는 곳　* **hives** 두드러기, 염증, 담마진

(예문) ─────────────────────────────

A hive has many rooms with six sides, the rooms are made of wax.
벌집에는 육각형으로 된 많은 방이 있다. 방들은 왁스로 만들어졌다.

He has a peanuts allergy that gives him hives. 그는 땅콩 알러지가 있어서 먹으면 두드러기가 난다.

(구문) ─────────────────────────────

- **the hive of industry** 산업의 중심지
- **buzz around the hive** 벌집 주위에서 윙윙거리다

- **a hive of activity** 활동이 분주한 곳

88

trait, dice, camouflage

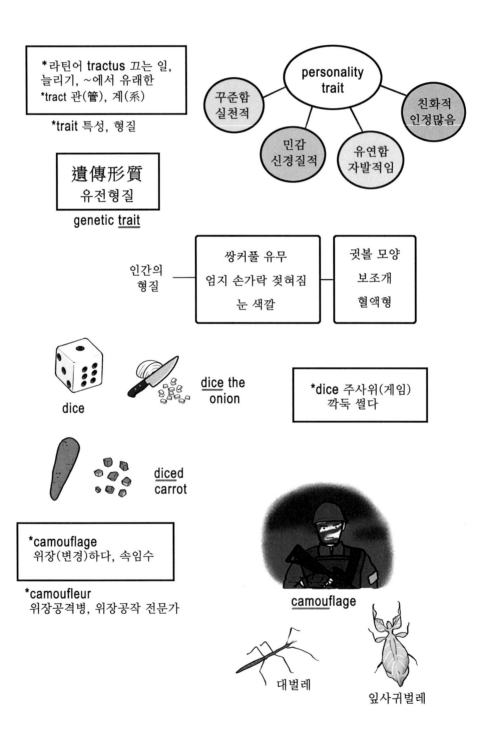

*라틴어 tractus 끄는 일, 늘리기, ~에서 유래한
*tract 관(管), 계(系)

*trait 특성, 형질

遺傳形質
유전형질

genetic trait

personality trait

꾸준함
실천적

친화적
인정많음

민감
신경질적

유연함
자발적임

인간의 형질 — 쌍커풀 유무
엄지 손가락 젖혀짐
눈 색깔

귓볼 모양
보조개
혈액형

dice

dice the onion

*dice 주사위(게임)
깍둑 썰다

diced carrot

*camouflage
위장(변경)하다, 속임수

*camoufleur
위장공격병, 위장공작 전문가

camouflage

대벌레

잎사귀벌레

ROOT/STEM

trait (성격상의) 특성, 형질

* 라틴어 **tractus**(끄는 일, 늘리기, ~에서 유래한) → **tract** (생물) 관(管), 계(系)

* **tract**는 원래 형태에서 길게 끌고 나오는 것과 관련이 있다.　* **tract**(관管, 계系) → **trait** 특성, 형질

예문

Inherited traits are characteristics that come from your parents.
유전형질은 부모로부터 물려받은 특성이다.

Learned traits are things that are taught or learned by doing.
학습된 특성은 (후천적으로) 배우거나 무엇을 함으로써 습득된 것들이다.

구문

• **national traits** 국민성
• **culture traits** 문화 특성
• **a trait unique to human** 인간에게 고유한 특성

• **typical trait** 대표적(전형적) 특징
• **a predominant trait** 눈에 띄는 특징

ROOT/STEM

dice ① 주사위(게임) ② 깍둑썰다

예문

The dice is cast. 주사위는 던져졌다.
The dice was loaded against him in life. 그는 인생에서 항상 운이 나빴다.
It was no dice. 그것은 헛수고였다(불행이었다).
That's a situation in the dice. 그것은 일어날 수 있는 상황이다.
Peel and dice potatoes. 감자 껍질을 벗겨서 잘게 썰어.
I like diced radish kimchi. 나는 깍두기를 좋아해.

구문

• **cast the dice on** ~에 모든 것을 걸다
• **with loaded dice** 교활한 수단을 써서
• **No dice!** 천만에, 어림도 없어
• **load the dice** 유리한 결과가 나오도록 유도하다

• **load the dice in his favor**
　그에게 유리한 결과가 나오도록 유도하다
• **dice the onion**(the radish) 양파(무)를 잘게 썰다

ROOT/STEM

camouflage ① 위장, 변장(하다) ② 속임수　* **camoufleur** 위장공작 전문가, 위장공작병

예문

A soldier camouflaged himself with leaves. 군인이 나뭇잎으로 위장을 했다.
The entrance was camouflaged with the picture frame. 입구는 그림 액자로 위장되었다.

구문

• **camouflage one's desire** 욕망을 숨기다
• **a camouflaged truck** 위장한 트럭

• **a well-camouflaged animal** 위장이 잘된 동물

89

blanket, cushion, jocose

*blanket
① 담요
② 뒤덮다
③ 짙게 드리운
④ 전면적인, 포괄적인

*security blanket
안전을 제공하는 것(물건, 조치)
*wet blanket
분위기를 망치는 사람
*under the blanket
담요를 덮고
*a blanket ban
전면적인 금지
*a blanket of secresy
두꺼운 비밀의 장막

a blanket of cloud

blanket the Korea

put a blanket over the body

a blanket ban

*cushion
① 쿠션, 방석, 등받침
② 충격을 완화시키다

cushion

<u>cushion</u>ed

cushion the shock

*라틴어 jocus
농담, 장난, 익살

*joke 농담
*jocose 익살스러운
*jocular 익살스러운, 남을 잘 웃기는

弄談 농담

<u>joke</u>

<u>jocose</u>

blanket ① 담요 ② 뒤덮다 ③ 짙게 드리운, 두껍게 내려앉은 ④ 전면적(포괄적)인

예문

Heavy snow has blanketed the entire area. 폭설이 전 지역을 온통 뒤덮었다.

The government has decided to impose a blanket ban on unfair commercial practices.

정부는 불공정 상거래 관행에 전면적인 금지 조치를 취하기로 했다.

구문

• put a blanket over the baby
  아기에게 담요를 덮어주다
• fold a blanket around the baby
  담요로 아기를 감싸다

• a blanket of cloud 짙게 드리운 구름
• a blanket of fog 짙게 드리운 안개
• a blanket of snow 두텁게 쌓인 눈

cushion ① 쿠션, 등받침, 방석 ② 충격을 완화시키다, 완충작용을 하다

예문

His fall was cushioned by the thick carpet of leaves.

그는 카펫처럼 두껍게 쌓인 낙엽 때문에 떨어질 때 충격을 덜 받았다.

Treadmills are cushioned. 러닝머신은 완충이 된다.

구문

• a cushion of moss on a rock 바위에 융단처럼 낀 이끼
• cushion the impact of financial turmoil
  금융 혼란의 충격을 완화시키다

• cushion the culture shock
  문화적 충격을 완화시키다

jocose (격식) 익살스러운, 유머가 있는(≒**jocular**) * **jest** 농담(하다)
* 라틴어 **jocus**(농담, 장난, 익살) → **joke** 농담 * **jocose** 익살스러운(**jocular**)

예문

His jocose manner was unsuitable for the funeral. 그의 익살맞은 태도는 장례식에 어울리지 않았다.

True words are spoken in jest. 진정한 말들이 농담으로 행해진다.

Don't say that even in jest. 농담으로라도 그렇게 말하지 마세요.

구문

• half in jest 농담 반 진담 반

• a dry jest 진지한 표정으로 하는 농담

precipice, precipitate, precipitation, runoff

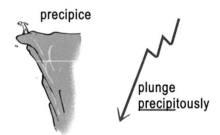

precipice

plunge
precipitously

* 라틴어 praeceps
　머리부터 떨어지는, 곤두박질 치는

*precipice 벼랑
*precipitous 가파른, 깎아지른듯한
*precipitate 촉발(촉진)시키다, 앞당기다
*precipitator 촉진제, 침전제
*precipitation 강수(량), 침전

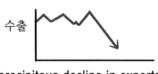

수출

precipitous decline in exports

**precipitate
death**

降水
강수

precipitation

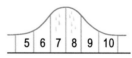

| 5 | 6 | 7 | 8 | 9 | 10 |

annual **precipitation**

runoff

runoff

runoff
① 지표 위로 흐르는 빗물, 지표수,
　유출액체
② 결선투표

runoff

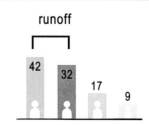

precipice 벼랑, 절벽

* 라틴어 **prae**(먼저) + **cipit**(머리 **cap**) → 라틴어 **praecipitium**(절벽, 추락)

*절벽에서는 머리가 먼저 떨어진다. *precipi는 떨어지는(추락하는)것과 관련이 있다.

→ **precipice** 벼랑 * **precipitious** 가파른, 깎아지는 듯한, 급격한

* **precipitate** ① 촉발시키다, 촉진시키다, 앞당기다 ② (좋지 않은 상태로) 몰아넣다, 치닫게 하다

* **precipitation** ① 강수(눈, 비, 우박 **hail**, 진눈깨비 **sleet** 등) ② 강수량 ③ 침전

* **precipitator** 촉진제, 침전제

예문

He is on the edge of a precipice. 그는 벼랑 끝에 서 있다.

The marines clambered up precipitous rocky cliffs.

해병대가 깎아지른 듯한 바위 절벽을 기어올랐다. *clamber 기어오르다, 기어가다

Your rash behavior will precipitate your ruin. 너의 경솔한 행동이 파멸을 재촉할(앞당길) 것이다.

Water in the atmosphere falls to earth as precipitation. 대기 중의 수분은 강수로 땅에 떨어진다.

A precipitator helps to remove impurities by precipitation.

침전제는 침전으로 불순물을 제거하는 것을 돕는다.

구문

- **a precipitous drop** 가파른 비탈
- **a precipitous decline** 급격한 감소(하강)
- **precipitate death** 죽음을 재촉하다
- **precipitate A into misery** A를 불행에 빠뜨리다
- **precipitate the country into war** 나라를 전쟁으로 몰아넣다
- **annual precipitation** 연간 강수량

runoff ① 지표 위로 흐르는 빗물, 지표수, 유출 액체 ② 결선투표

예문

Runoff moves soil. 땅 위로 흐르는 빗물이 흙을 옮긴다.

The precipitation that doesn't evaporate or soak into the ground becomes runoff.

증발되지 않거나 땅속으로 스며들지 않는 강수는 지표수가 된다.

He won a slim majority in a presidential runoff election.

그는 대통령 결선투표에서 간발의 차이로 승리했다.

They decided to do a runoff. 그들은 결선투표를 하기로 했다.

구문

- **defeat incumbent president in a runoff election** 결선투표에서 현직 대통령을 물리치다
- **runoff primary** 결선투표
- **conduct runoff election** 결선투표를 하다

armament, armor, disarm, intervene

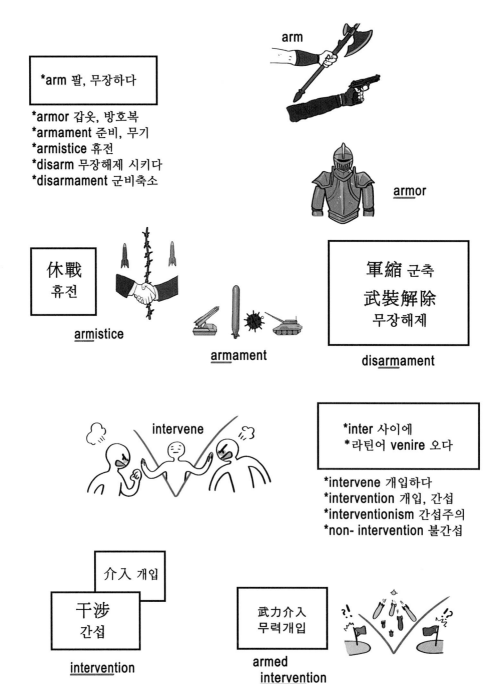

arm

*arm 팔, 무장하다

*armor 갑옷, 방호복
*armament 준비, 무기
*armistice 휴전
*disarm 무장해제 시키다
*disarmament 군비축소

armor

休戰
휴전

armistice

armament

軍縮 군축

武裝解除
무장해제

disarmament

intervene

*inter 사이에
*라틴어 venire 오다

*intervene 개입하다
*intervention 개입, 간섭
*interventionism 간섭주의
*non- intervention 불간섭

介入 개입

干涉
간섭

intervention

武力介入
무력개입

armed
intervention

armament 군비, 무기, 군비 확충

* **arm**(팔)은 무기와 관련이 있다(팔에 무기를 들고 싸우기 때문이다).

* **arm**(팔, 무장하다) → **arms**(무기 weapon) * **armor** 갑옷, 방호복, 갑옷을 입히다

* **army**(군대, 육군) * **armament** 군비, 무기, 군비 확충

* **dis**(분리) + **arm**(무장하다) → **disarm** 무장 해제시키다, 군비를 축소하다

* **disarmament** 군축(군비 축소) * **armistice** 휴전(**st**는 정지해 있는 것과 관련이 있다)

（예문）

During the cold war there was a fierce armament race between the United States and the Soviet Union.

냉전 시기 동안 미국과 소련 사이에 치열한 군비 경쟁이 있었다.

An invasion of armies can be resisted, but not an idea whose time has come.

적의 침략에는 저항할 수 있지만 자기 시대에 찾아온 사상(시대정신)에는 저항할 수 없다. - 빅터 위고

The police disarmed him of his weapons. 경찰은 그의 무기를 빼앗았다.

（구문）

• be in armor 갑옷을 입고 있다
• insufficient armament 부족한 군비
• disarmament talks 군축회담

• nuclear disarmament 핵무기 폐기, 핵군축
• denounce the armistice 정전협정을 파기하다
• armistice line 휴전선

ROOT/STEM

intervene 개입하다, 끼어들다

* **inter**(사이에) + 라틴어 **venire**(오다 come) → **intervene** 개입하다

* **intervention** 개입, 간섭 * **interventionism** 간섭주의

* **non-intervention** 불개입, 내정 불간섭 * **non-intervention policy** 불간섭 정책

（예문）

The UN Security Council authorized the armed intervention to Libya.

유엔 안전보장이사회는 리비아에 대한 군사적 개입을 승인하였다.

Don't intervene in the field of science. 과학 분야에는 간섭하지 마라.

*과학에 정치 논리가 개입되면 사실이 왜곡되고 사이비 과학이 된다.

（구문）

• intervene militarily in the area
  그 지역에 무력 개입하다

• intervention by arms
  무력 간섭, 무력 개입(armed intervention)

92

surface, superficial, insulate, ingenious

*sur 위에, 초월하여
*face 얼굴

surface

face

*surface 표면
*surperficial 표면의, 피상적인

皮相的
피상적

superficial

insulate

NO

island

*라틴어 insula 섬

*insulate 배타적인, 편협한, 섬의
*insulate 절연시키다
*insulation 절연(단열, 방음), 절연재
*island 섬

insulate

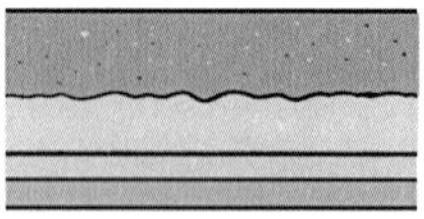

insulation

*in 안에
*genius 천재

ingenious

*ingenious 기발한, 독창적인
*ingenuity 기발한 재주, 독창성

ingenious
divice

surface 표면, 지면, 수면

superficial ① 표면의, 지표의 ② 피상적인, 얄팍한　　* sur(위에, 초월하여) + face(얼굴) → surface 표면

* super(위에, 초월하여) + facial(얼굴의) → superficial 표면의, 피상적인

예문

Don't behave as an expert with having only superficial knowledge.

피상적 지식만 가지고 전문가 행세를 하지 마라.

구문

- dive below the surface of the water
  수면 아래로 잠수하다
- a floured surface 밀가루를 바른 표면
- superficial deposit 표면의 침전물

- superficial injury 표피의 상처
- superficial chatter 가벼운 환담
- superficial understanding 피상적 이해

insulate ① 절연(단열, 방음) 처리를 하다 ② 보호(격리)하다　* insulation 절연, 단열, 방음

* 라틴어 insula(섬) → insular 배타적인, 섬의　* insulate 절연시키다

* insularity 섬나라 근성, 편협함, 고립성　* island 섬

예문

They insulated the patient from his family. 그들은 환자를 가족으로부터 격리시켰다.

구문

- insulate an electric wire 전선을 절연 처리하다
- insulate rogue states 불량 국가를 고립시키다

- foam insulation 발포 단열재
- fiberglass insulation 섬유유리 단열재

ingenious 기발한, 독창적인, 재간이 많은

* in(안에) + genius(천재) → ingenious 기발한, 독창적인, 재주가 많은　* ingenuity 기발한 재주, 독창성

예문

I came up with an ingenious idea.

나는 기발한 생각이 떠올랐다.

Genius is nothing but a great capacity for patience.

천재는 인내에 탁월한 능력을 가진 사람이다.

구문

- an ingenious device 기발한 장치

- ingenious excuses 교묘한 핑계들

evangel, evangelize, retrospect, prospect, dwell

*ev 좋은(eu)
*angel 천사

*evangel 복음, 희소식
*evangelize 전도하다
*evangelist 전도사
*evangelical 복음주의의
*evangelism 복음 전도, 복음주의

angel

evangel

傳道師
전도사

evangelist
(missionary)

福音
복음

evangel

evangelize

*retro 복고풍의, 소급하는
*pro 앞으로
*spect 보는것, 관찰

retrospect

遡及效
소급효

retrospective effect

19c 20c 21c

retro

*retrospect 회상, 회고(하다)
*prospect 가망, 가능성, 예상,
        유망주
*prospective 장래의, 유망한
*prospector 탐사자, 탐광자

回顧展
회고전

retrospective
exhibition

가능성, 가망
예상

prospect

장래의, 유망한
곧 있을, 예상되는

prospective

*dwell
살다, 거주하다

*dwell on~
~를 곰곰히 생각하다

과거

ground(earth) - dwelling animal

dwell on the past

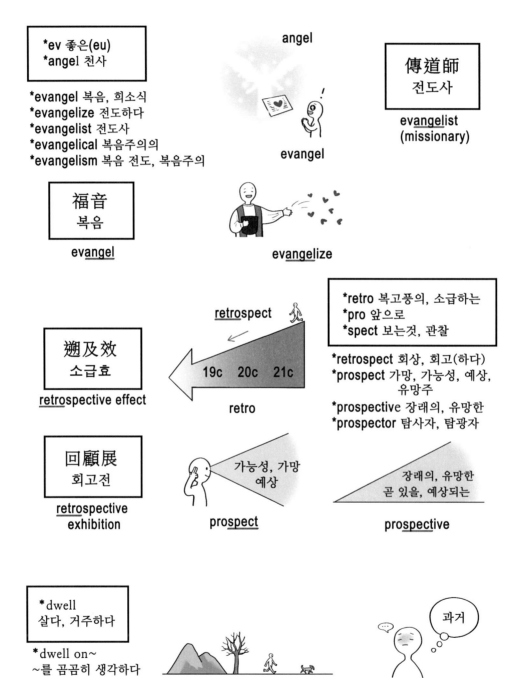

evangel ① 복음, 복음서 ② 희소식

* ev(좋은 eu) + angel(천사) → evangel 복음, 희소식

* evangelize 전도하다 * evangelist 전도사

evangelical 복음주의의, 열렬히 전도하려는 * evangelism 복음 전도, 복음주의

예문

Evangel means good news. 복음은 기쁜 소식을 의미한다.

The main reason why he sings is to evangelize people.

그가 노래를 부르는 주된 이유는 전도(선교)를 하기 위한 것이다.

구문

• evangelize people 사람들을 전도하다   • the evangelical movement 복음주의 운동

retrospect ① 회상, 회고, 추억 ② 회고(추억)하다 ③ 소급하여 대조해보다(to)

* retro(복고풍의, 소급하는) + spect(보는 것, 관찰) → retrospect 회상, 회고

* pro(앞으로) + spect (보는 것, 관찰) → prospect ① 가망, 가능성, 예상 ② 유망주

* prospective 장래의, 유망한

예문

The provision will have retrospective effect. 그 조항은 소급효를 가진다.

Seoul Art Center is holding a retrospective exhibition of Van Gogh.

서울 아트센터는 반 고흐 회고전을 열고 있다.

구문

• in retrospect 돌이켜 생각해보면, 지나고 보니   • prospective clients 예상 고객
• the prospect of war 전쟁이 일어날 가능성   • a prospective lawyer 전도유망한 변호사
• the grim prospect 암울한 전망

dwell (격식, 문어체) 살다, 거주하다   * dwell on ~에 대해 곰곰이 생각하다, 숙고하다

예문

Don't dwell on it! 그건 마음에 두지 마!

We don't dwell on the past. 우린 과거에 연연하지 않는다.

A sound mind dwells in a sound body. 건강한 신체에 건전한 정신이 깃든다.

구문

• dwell in a cave 동굴에 살다   • dwelling site 집터
• dwelling 주거지(dwelling house)   • dwelling style 주거 양식

daze, dazzle, anxious, anxiety, collective, collection

*daze
멍하게 하다, 눈부시게 하다

*dazzle
①눈이 부시게(멍하게)하다
②황홀함, 멍한 상태, 눈이 부심

daze   dazzling

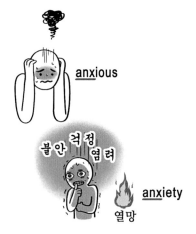

anxious

anxiety

*anxious
①불안해 하는, 염려 하는
②열망하는, 간절히 바라는

*anxiety
①불안, 염려, 걱정거리
②열망

*col 함께(com)
*라틴어 legere 수집하다, 모으다

*collect 수집하다, 모으다
*collection 수집품, 소장품, 더미,
　　　　무리, 수집
*collectivism 집단주의, 집산주의,
　　　　집단이기주의

collect

collection

collectivism

daze ① 멍하게 하다 ② 눈부시게 하다 ③ 멍한 상태, 눈이 부심
* **dazzle** ① 눈이 부시게 (황홀하게)하다 ② 황홀함, 현란함, 눈부신 것

예문

I was staring into space in a daze. 나는 멍한 상태로 허공을 바라보고 있었다.

Her dazzling smile set my heart on fire. 그녀의 황홀한 미소가 내 가슴에 불을 질렀다.

구문

• **be in a sick daze** 아파서 멍한 상태에 있다   • **dazzle crowds** 군중을 깜짝 놀라게 하다
• **dazzle them** 그들을 눈부시게 하다

ROOT/STEM

anxious ① 불안해하는, 염려하는 ② 열망하는, 간절히 바라는
* 라틴어 **anxius**(불안해하는) → **anxious** 불안해하는, 염려하는   * **anxiety** ① 불안(감), 염려, 걱정거리 ② 열망

예문

I am anxious about your safety. 나는 너의 안전이 염려된다.

He is anxious to know the result. 그는 결과를 몹시 알고 싶어 한다.

I am anxious to meet her. 나는 그녀를 몹시 만나고 싶다.

We are anxious for immediate action. 우리는 즉각적인 조치를 간절히 원한다.

구문

• **be anxious for his safety** 그의 안전을 걱정하다   • **lull one's anxiety** ~의 불안을 잠재우다
• **look anxiously at his watch** 불안(초조)한 듯 시계를 보다   • **anxiety to win** 이기고 싶은 열망

ROOT/STEM

collective 집단(단체)의, 공동의
* **col**(함께 com) + 라틴어 **legere**(수집하다, 모으다) → **collect** 모으다, 수집하다
* **collect**(모으다, 수집하다) → **collection** ① 수집품, 소장품 ② 더미, 무리 ③ 수집, 수거
* **collectivism** 집단주의, 집산주의

예문

The medical association represents the collective interests of doctors.

의사 협회는 의사들의 집단 이익을 대변한다.

구문

• **collect money** 수금하다, 돈을 걷다   • **collection of fines** 벌금 징수
• **garbage collector** 쓰레기 수거업자   • **the collective intelligence** 집단 지성
• **collection of plants** 식물 채집   • **collective farm** 집단 농장

frequent, infrequent, latitude, longitude, extend, extent

*라틴어 frequens
잦은, 빈번한

*frequent 잦은, 빈번한
*frequently 자주, 흔히
*frequency 빈도, 빈발, 잦음,
　　　　　진동수, 주파수
*infrequent 드문, 자주 하지 않는
*infrequency 드묾

<u>frequency</u>

頻發 빈발
frequency

頻尿 빈뇨

<u>frequent</u> urination

infre<u>quent</u> visitor

always > usually > <mark>frequently</mark> > sometimes
항상　　대개　　흔히, 자주　가끔, 때때로

<u>latitude</u>

緯度
위도

經度
경도

<u>longitude</u>

*라틴어 latus 넓은
*라틴어 longus 긴

*latitude 위도
*longitude 경도

*ex 밖으로
*라틴어 tendere 넓히다, 펼치다

ex<u>tend</u>

exte<u>nsion</u>

*extend 확대하다, 확정하다
*extent 정도, 규모, 크기
*extensive 아주 넓은, 광범위한
*extension 확대, 확장, 증축된 건물

exte<u>nsive</u>

ex<u>tent</u>

ROOT/STEM

frequent ① 잦은, 빈번한 ② (특정 장소에) 자주 다니다
* 라틴어 **frequens**(잦은, 빈번한) → **frequent** 잦은, 빈번한
* **frequently** 자주, 흔히 * **frequency** ① 빈도, 빈발, 잦음 ② 진동수, 주파수
* **infrequent** 드문, 자주 하지 않는 * **infrequency** 드묾(**rarity**)

예문

The drop hollows the stone not by its force but by its frequency.
물방울은 힘에 의해서가 아니라 빈발에 의하여 돌을 뚫는다.

He is a frequent visitor to the shop. 그는 그 가게를 자주 방문한다.

Things which you don't hope happen more frequently than things which you do hope.
원치 않는 일들이 희망하는 일보다 더 자주 일어난다.

Typhoons are frequent here. 여기는 태풍이 빈번하다.

구문

* become frequent 잦아지다
* frequent visitor 자주 방문하는 사람
* a frequent patron 단골손님
* frequent coughing 잦은 기침
* word frequency 어휘 사용 빈도

* decrease in frequency 빈도가 줄어들다
* infrequent visits 드물게 하는 방문
* infrequent flyers 비행을 자주 하지 않는 사람들
* infrequency of accidents 사고가 적음

ROOT/STEM

latitude 위도 * **longitude** 경도
* 라틴어 **latus**(넓은) → **latitude** 위도 * 라틴어 **longus**(긴) → **longitude** 경도

예문

You can specify location using latitude and longitude.
위도와 경도를 이용하여 위치를 특정할 수 있다.

They divided Korea based on the 38th parallel of north latitude.
그들은 북위 38도선을 기준으로 한국을 분할했다.

Seoul lies at 37.34 degrees north latitude. 서울은 북위 37.34도에 위치하고 있다.

구문

* catch up on my sleep 밀린 잠을 자다
* catch up with others 다른 사람들을 따라잡다

ROOT/STEM

extend ① 더 길게(크게, 넓게) 만들다 ② 확대(확장)하다
* **ex**(밖으로) + 라틴어 **tendere**(넓히다, 펼치다) → **extend** 확대(확장)하다
* **extent** 정도, 규모, 크기 * **extensive** 아주 넓은, 광범위한 * **extension** 확대, 확장, 증축된 건물

예문

He has extensive knowledge of history. 그는 역사에 관하여 광범위한 지식을 갖고 있다.

We can see to the extent that we know. 우리는 아는 만큼 볼 수 있다.

구문

* extend no smoking area 금연구역을 확대하다
* extend the life 수명을 늘리다
* extend a deadline 마감시간을 연장하다
* the extension of the subway 지하철 노선 연장

* extension number 내선 번호
* extension of a contract 계약 연장
* extension of building 건물 증축

plunge, reverse, irreversible, terrify, terrific

*라틴어 plumbum 납
*plunge
　깊은 웅덩이

*plunge
①갑자기 떨어지다, 급락(하다)
②뛰어들다, 빠져들다

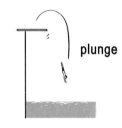

plunge

plunge the knife

reverse

reverse side

*re 뒤로
*라틴어 versus 줄, 열, 돌린(turned)

*reverse ①뒤바꾸다, 반전(역전)시키다
　　　　　②반대, 뒷면
*reversion 회귀, 복귀, 반환
*reversible 뒤집을(되돌릴) 수 있는
*irreversivle 되돌릴 수 없는

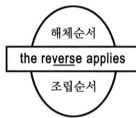

해체순서

the reverse applies

조립순서

irreversible damage

The reversion of
Hong Kong to China

홍콩반환

irreversible

*라틴어 terrificus
무섭게 하는, 공포심을 불러 일으키는

*terrify 무섭게 하다, 겁나게 하다
*terrific 아주 좋은, 엄청난, 멋진, 훌륭한
*terrifically 엄청, 굉장히
*terrible 끔찍한, 소름끼치는, 심한, 지독한

terrify

terrible

terrific speed

look terrific

plunge ① 갑자기 떨어지다, 급락하다 ② 뛰어들다, 빠져들다 ③ 급락

* 라틴어 **plumbum**(납), 납은 무거워서 아래로 떨어진다. → **plunge** 갑자기 떨어지다, 급락하다

예문 ────────────

He plunged into the water. 그는 물속으로 첨벙 뛰어들었다.

I feel as if I were in a plunge. 나는 진퇴유곡에 빠져 있는 기분이다.

The assassin plunged the knife deep into his chest. 자객이 칼을 그의 가슴 깊숙이 쑤셔 넣었다.

구문 ────────────

• **plunge into chaos** 혼란에 빠져들다　　　　　• **plunge into the sector** 그 분야에 뛰어들다

ROOT/STEM

reversible ① 뒤집을 수 있는, 양면을 다 이용할 수 있는 ② 되돌릴 수 있는

* **re**(뒤로) + 라틴어 **versus**(줄, 열, 돌린 **turned**) → **reverse** ① 뒤바꾸다, 반전(역전)시키다 ② 반대, 뒷면
* **reversion** 회귀, 복귀, 반환　　• **reverse** + **ible** (접미사) → **reversible** 뒤집을 수 있는, 되돌릴 수 있는
* **irreversible** 되돌릴 수 없는, 회복 불가능한

예문 ────────────

Climate change is easily irreversible. 기후변화는 쉽게 되돌릴 수 없다.

We require verifiable and irreversible dismantlement of nuclear weapons.

우리는 검증 가능하고 돌이킬 수 없는 핵무기 폐기(해체)를 요구한다.

구문 ────────────

• **reverse side** 뒷면　　　　　　　　　　• **an irreversible change** 되돌릴 수 없는 변화
• **a reversible coat** 뒤집어 입을 수 있는 코트　　• **irreversible damage** 되돌릴 수 없는 피해

ROOT/STEM

terrific 아주 좋은, 엄청난, 멋진, 훌륭한

* 라틴어 **terrificus**(무섭게 하는, 공포심을 불러일으키는) → **terrific, terrible**
* **terrify** 무섭게 하다, 겁나게 하다　* **terrible** 끔찍한, 소름끼치는, 심한, 지독한

예문 ────────────

He is a terrific player. 그는 대단한 선수다.

He drove the car at a terrific speed. 그는 엄청난 속도로 차를 몰았다.

I have a terrific amount of work to do. 나는 할 일이 엄청 많다.

구문 ────────────

• **terrific potential** 엄청난 잠재력　　　　　• **terrific injustices** 끔찍한 부정행위들
• **terrible scenes** 끔찍한 장면들　　　　　　• **terrify me** 나를 겁나게 하다

demote, promote, rebate, dignity, dignitary

*motor 모터, 전동기
*mote는 움직이는 것과
　관련이 있다
*de 아래로
*pro 앞으로

*demote 강등(좌절)시키다
*demotion 강등, 좌천, 격하
*promote 촉진시키다, 홍보하다,
　　승진시키다
*promotion 승진, 진급, 승격, 홍보 활동

motor

promote

demote

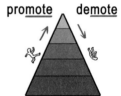

promote　demote

promotion

50% off

sales promotion

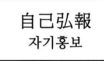

自己弘報
자기홍보

self-promotion

bat

20% off

rebate

*bat 방망이
*old French [rebattre] 깎다

*rebate
초과지급한 금액의 환불, 할인, 리베이트

rebate

*라틴어 diguns
　자격있는, 합당한

*dignity 위엄, 품위
*dignitary 고위관리
*dignified 위엄(품위)있는

威嚴
위엄

dignity

品位
품위

dignity

demote 강등(좌천)시키다

* move, mote는 움직이는 것과 관련이 있다 * motor 모터, 전동기, 발동기
* de(아래로) + mote(움직이다) → demote 강등(좌천)시키다 * demotion 좌천, 강등, 격하
* pro(앞으로) + mote(움직이다) → promote 촉진(고취)하다, 홍보하다, 승진(진급)시키다
* promotion ① 승진, 진급, 승격 ② 홍보(판촉) 활동

예문

He was demoted from the managing director to an ordinary employee.

그는 상무이사에서 평사원으로 강등되었다.

The team was demoted to second league. 그 팀은 2부 리그로 강등되었다.

구문

• promote economic growth 경제성장을 촉진시키다   • self-promotion 자기 홍보
• promote transparency 투명성을 높이다   • hopes of promotion 승진의 희망
• promote new products 신제품을 홍보하다

rebate (초과 지급한 금액의) 환불, 할인, 리베이트

* Old French 「rabattre(깎다)」→ rebate (bat로 때려서 낮추는) 할인, 장려금, 환불

예문

Tax invoices are required for you to receive a tax rebate. 세금을 환불받으려면 세금계산서가 필요하다.

You will receive your rebate. 귀하는 환불받으실 겁니다.

구문

• offer a cash rebate 할인 금액을 현금으로 돌려주다   • client rebate checks 고객 환불용 수표

dignitary 고위관리

* 라틴어 dignus(자격 있는, 합당한), 라틴어 dignitus(평가받을 만함, 가치, 품위, 존엄성)
* dignity(위엄, 품위) → dignitary 고위관리

예문

They received the foreign dignitary with honor. 그들은 외국 고위인사를 정중하게 영접했다.

He is a king with dignity. 그는 위엄 있는 왕이다.

Violence is a threat to the human dignity. 폭력은 인간의 존엄성에 대한 위협이다.

구문

• behave with dignity 위엄 있게(품위 있게) 행동하다   • keep one's dignity ~의 체통을 지키다
• regain dignity 위엄을 되찾다

98

baggage, divide, indivisible, subdivide, outlying

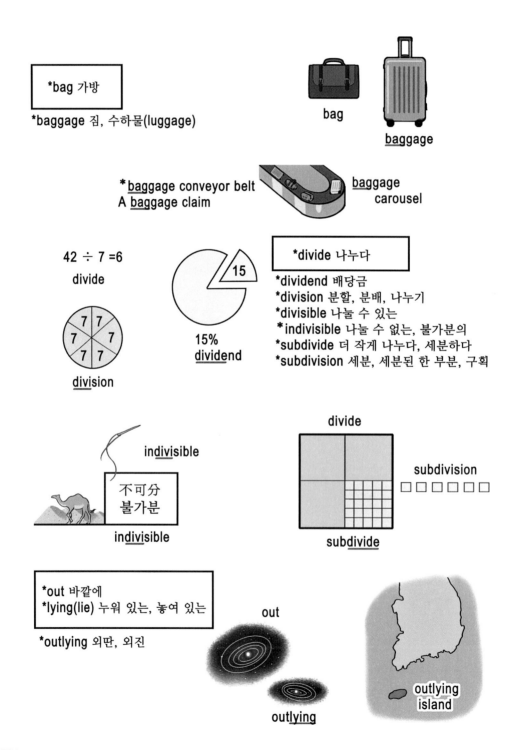

*bag 가방

*baggage 짐, 수하물(luggage)

bag

baggage

*baggage conveyor belt
A baggage claim

baggage carousel

42 ÷ 7 = 6
divide

7 7
7   7
7 7

division

15

15%
dividend

*divide 나누다

*dividend 배당금
*division 분할, 분배, 나누기
*divisible 나눌 수 있는
*indivisible 나눌 수 없는, 불가분의
*subdivide 더 작게 나누다, 세분하다
*subdivision 세분, 세분된 한 부분, 구획

indivisible

不可分
불가분

indivisible

divide

subdivision

subdivide

*out 바깥에
*lying(lie) 누워 있는, 놓여 있는

*outlying 외딴, 외진

out

outlying

outlying island

baggage ① 여행용 짐, 수하물 ② 마음의 앙금(응어리)

* **bag**(가방) → **baggage** 짐, 수하물(**luggage**)

(예문)

We are claiming our baggage. 우리는 수하물을 찾고 있다.

Load up your luggage into the car. 차에 짐을 실으세요.

Unload the luggage from the car. 차에서 짐을 내리세요.

ROOT/STEM

dividend ① 배당금 ② (스포츠 도박의) 상금

* **divide** 나누다 → **dividend** 배당금　* **division** 분할, 분배, 나누기, 분열
* **divisible** 나눌 수 있는　* **indivisible** 나눌 수 없는, 불가분의
* **sub**(아래) + **divide** → **subdivide** 더 작게 나누다, 세분하다
* **subdivision** 세분, 세분된 한 부분(구획)

(예문)

The shareholders received much dividend. 주주들은 많은 배당금을 받았다.

Nine is divisible by three. 9는 3으로 나누어진다.

(구문)

- narrow the health divide 건강 격차를 줄이다
- divide it into three parts 그것을 세 부분으로 나누다
- dividend payments 배당금 지급
- the division manager 부서 책임자
- the First Division 1부 리그
- our division 우리 부서
- customer service division 고객 서비스 본부
- subdivide further 좀 더 세분화하다
- the subdivision of work 일의 세분화

ROOT/STEM

outlying 외딴, 외진

* **out**(바깥에) + **lying**(놓여 있는) → **outlying** 외딴, 외진

(예문)

They live in outlying rural areas. 그들은 외딴 시골 지역에 산다.

(구문)

- outlying areas 외곽 지역
- outlying provinces 변두리 지역
- outlying village 외딴 동네
- outlying islands 외딴 섬들

install, equanimity, equanimous

*stall
마굿간, 가판대, 진열대, 좌판

*install 설치(설비) 하다
*installation ①설비, 시설 ②취임, 임명
*installment 분할납입, 할부금, 회분

install

80%

installing

120만원 6개월 할부

20	20	20	20	20	20

installment plan

installation art

*equ 같은
*anima 영혼, 정신

*equanimity 침착, 평정
*equanimous 침착한, 차분(냉정)한

equanimity

equanimity

equanimous

install ① 설치(설비)하다 ② 취임시키다, 임용하다

* 라틴어 **stallum**(마구간의 한 칸) → **stall**(마구간, 가판대, 좌판, 샤워실)
* **in**(안으로) + **stall**(마구간, 가판대) → **install** 설치(설비)하다
* **installation** ① 설비, 시설 ② 취임, 임명
* **installment** (설치가 필요한 규모라서 비싸기 때문에) 분할 납입, 할부금, 1회분

(예문)

This App is easy to install. 이 앱은 설치하기 쉽다.

He was installed as a chairman. 그는 의장으로 임명되었다.

I'll pay back on the installment plan. 할부로 갚을게요.

Installent payments are not free of interest. 분할 납부는 무이자가 아니다.

(구문)

• **install a hidden camera** 몰카를 설치하다
• **install a safety device** 안전장치를 설치하다
• **install him in an office** 그를 공직에 임명하다
• **installation cost** 설치비
• **installation instruction** 설치 설명서

• **installment buying** 할부 구입
• **installment payment** 분할 지급
• **pay for the car by installment** 차 값을 할부로 갚다
• **final installment** 마지막 할부금

ROOT/STEM

equanimity (힘든 상황에서의) 침착, 평정, 태연자약

* 라틴어 **aequus**(평평한, 같은, 공평한) → **equ**는 같다, 평등하다는 것과 관련이 있다.
* **equ**(같은) + **anima**(영혼, 정신) + **ity**(접미어) → **equanimity** 침착, 평정
* **equanimous** 침착한, 차분한

(예문)

He dealt with the threat of hostage taker with equanimity.

그는 인질범들의 위협에 침착하게 대응했다.

Have a seat and wait with equanimity. 앉아서 차분하게 기다리세요.

(구문)

• **sit with equanimity** 차분(침착)하게 앉아 있다
• **regain equanimity** 평정을 되찾다

• **retain one's equanimity** 평정(침착함)을 유지하다

apply, appliance, applicable, centripetal, centrifugal

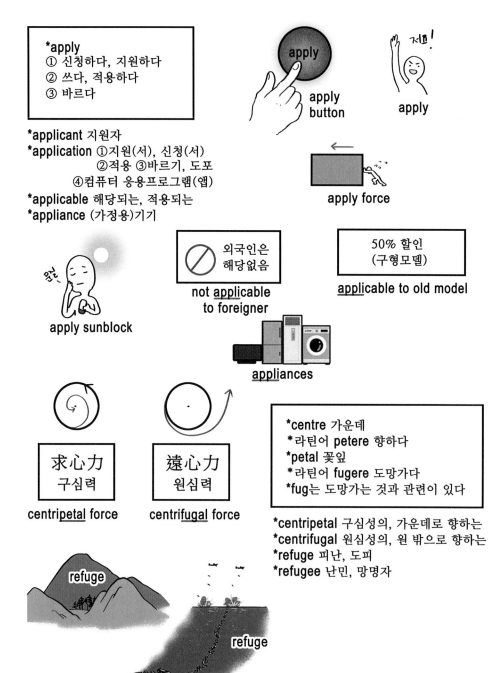

*apply
① 신청하다, 지원하다
② 쓰다, 적용하다
③ 바르다

apply button

제발!

apply

*applicant 지원자
*application ①지원(서), 신청(서)
②적용 ③바르기, 도포
④컴퓨터 응용프로그램(앱)
*applicable 해당되는, 적용되는
*appliance (가정용)기기

apply force

외국인은
해당없음

not applicable
to foreigner

50% 할인
(구형모델)

applicable to old model

apply sunblock

appliances

求心力
구심력

centripetal force

遠心力
원심력

centrifugal force

*centre 가운데
*라틴어 petere 향하다
*petal 꽃잎
*라틴어 fugere 도망가다
*fug는 도망가는 것과 관련이 있다

*centripetal 구심성의, 가운데로 향하는
*centrifugal 원심성의, 원 밖으로 향하는
*refuge 피난, 도피
*refugee 난민, 망명자

refuge

refuge

refuge village

apply ① 신청하다, 지원하다 ② 쓰다, 적용하다 ③ 바르다

* **ap**(방향 ad) + 라틴어 **plicare**(접다) → **apply** 신청하다, 적용하다

* **appliance** (가정용) 기기 * **applicant** 지원자

* **applicable** 해당되는, 적용되는 * **applicable law** 해당(관련) 법률

* **application** ① 지원(서), 신청(서) ② 적용 ③ 바르기, 도포 ④ (컴퓨터) 응용프로그램(앱)

(예문) ────────────

China applied political pressure to Pakistan. 중국은 파키스탄에 정치적 압력을 가했다.

Special conditions apply if you are a diplomat. 당신이 외교관이라면 특별 조건이 적용됩니다.

(구문) ────────────

• apply force 힘을 가하다, 폭력을 쓰다
• apply forces 무력을 사용하다
• apply sunblock 자외선 차단제를 바르다
• apply economic sanctions 경제 제재를 가하다
• apply for a job 일자리에 지원하다
• apply for a passport 여권을 신청하다
• apply the brake 브레이크를 밟다
• apply the paint 페인트를 칠하다
• apply for asylum 망명을 신청하다

• apply a clean dressing 깨끗한 붕대를 감다
• apply for citizenship 시민권을 신청하다
• apply for a mortgage 담보대출을 신청하다
• applicable to this case 이 사례에 적용되다
• an applicable tax 해당 세금
• cooking appliance 요리장비(기기), 조리 기구
• home appliances 가전제품
• parole application 가석방 신청
• job application 취업 지원서

centripetal 구심성의(가운데로 향하는)

* **centre**(가운데) * 라틴어 **petere** 향하다, 추구하다

* **petal** 꽃잎 * ~**petal**은 ~쪽으로 움직이는(향하는)

* **centre**(가운데) + **petal**(~로 향하는) → **centripetal** 구심성의(가운데로 향하는)

* **centre**(가운데) + 라틴어 **fugere**(도망가다) → **centrifugal** 원심성의 (원 밖으로 향하는)

* **fug**는 도망가는 것과 관련이 있다. → **refuge** 피난, 도피 * **refugee** 난민, 망명자

(예문) ────────────

Centripetal force is created by inertia. 구심력은 관성에 의해 생긴다.

*구심력(求心力)은 원운동을 하는 물체가 원의 중심으로 나아가려는 힘을 말한다. 자동차 바퀴는 마찰력이 구심력으로 작용하여
바깥쪽으로 튀어나가지 않게 한다.

A top's spin uses centrifugal force. 팽이의 회전은 원심력을 이용한다.

*원심력(遠心力)은 원운동을 하는 물체가 원의 바깥으로 나아가려는 힘을 말한다.

nutrient, nurture, nurse, event, eventful, eventual

*라틴어 nutrire
　기르다, 양육하다
*라틴어 nutrix
　유모, 돌보는 여자
*nu는 기르는 것, 양육하는
　것과 관련이 있다.

*nurture 양육, 육성(하다)
*nutrition 영양
*nutrient 영양소, 영양분
*nutritious 영양가 있는
*nurse 간호사, 보모
*nursery 유아원, 탁아시설

nurture

nurture

nutrition
탄수화물, 단백질
지방, 칼슘, 비타민,
무기질...

nurse

야채　생선
　과일
　　　고기
유제품

nutritious food

eventual
winner

*event
　중요한 사건, 일, 행사

*eventful 파란만장한, 중대한
*eventual 최종적인, 최후의
*eventually 결국, 끝내
*eventyality 우발성, 만일의 사태

eventuality

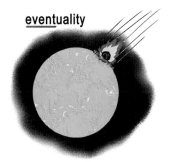

8.15
event

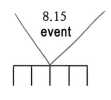

波瀾萬丈
파란만장
eventful

nutrient 영양소, 영양분
* 라틴어 **nutrire**(기르다, 양육하다), 라틴어 **nutrix**(유모, 돌보는 여자) → **nu**는 기르는 것, 양육하는 것과 관련이 있다.
* **nurture** ① 양육, 육성 ② 양육(육성)하다 　 * **nutrition** 영양 　 * **nutritious** 영양가 있는
* **nurse** ① 간호사, 보모 ② 간호하다 　 * **nursery** 유아원, 탁아 시설

예문

Water is the most neglected nutrient in your diet but one of the most vital.

물은 식단에서 가장 경시되지만 그것은 가장 필수적인 영양분 중의 하나이다.

Grass-fed beef is more nutritious than grain-fed beef.

목초로 사육한 소의 고기가 곡물로 사육한 소의 고기보다 더 영양가 있다.

Nurture is as important as nature. 양육은 천성만큼 중요하다.

Idleness is the nursery of vice. 게으름은 악덕의 온상이다.

구문

• **nurture a talent** 인재를 양성하다
• **nurture one's aptitude** 적성을 살리다
• **nutrient deficiency** 영양 결핍증
• **nutrient-rich** 영양분이 많은
• **nutrient salts** 영양염류
• **an important nutrition** 중요한 영양소

• **nutritious meals** 영양가 높은 식사
• **nutritious substitute** 영양가 높은 대용식
• **nursery nurse** 유아원 보모
• **nursery school** 유치원(유아원)
• **the nursery of seamen** 선원 양성소
• **nursery facilities** 보육 시설

eventful ① 파란만장한, 다사다난한 ② 중대한
* **event**(중요한 사건, 일, 행사) → **eventful** 파란만장한, 다사다난한
* **eventual** 최종적인, 최후의 　 * **eventually** 결국, 끝내
* **eventuality** 우발성, 만일의 사태

예문

My life was eventful drama. 나의 삶은 파란만장한 드라마였다.

He who despairs over an event is a coward. 어떤 일 하나에 절망하는 사람은 겁쟁이다.

Laughter allows us to step back from an event. 웃음은 문제를 한 발짝 떨어져 바라볼 수 있게 한다.

Patience eventually leads to success. 인내심은 언젠가는 성공으로 이끈다.

구문

• **an eventful life** 파란만장한 인생
• **the eventual winner** 최종 승자
• **the eventual outcome** 최종 결과
• **eventually succeed** 끝내 성공하다

• **prepare for every eventuality**
　모든 만일의 사태에 대비하다
• **save for an eventuality**
　만일의 사태에 대비하여 돈을 모으다

102

embody, rake, beget

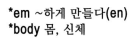

*em ~하게 만들다(en)
*body 몸, 신체

*embody 구현하다, 구체화 하다
*embodied 체화된
*embodiment 전형, 화신

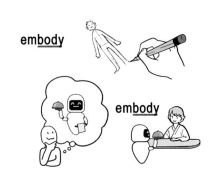

embody

embody

피 땀 눈물

embodiment

*rake
갈퀴, 갈퀴로 모으다

*rake in ~를 긁어 모으다
*rake over 들추다

rake in money

rake over

*be 되다
*get 얻다

*beget 자식을 얻다
어떤 결과를 낳다

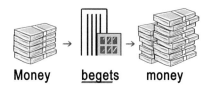

Money　begets　money

Poverty begets crime

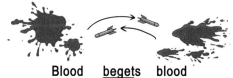

Blood　begets　blood

embody 구현하다, 구체화하다, 상징하다

* em(make) + **body**(몸) → **embody** 구현하다, 구체화하다

* **embodied** 체화된 * **embodiment** 전형, 화신

예문

It is to embody my dreams. 그것은 내 꿈을 실현하기 위한 것이다.

Words embody thoughts. 언어는 사상을 구현한다.

구문

• **embody thoughts** 생각을 구현하다
• **embody liberty** 자유를 구현하다
• **the embodiment of the successful businessman** 성공한 사업가의 전형

• **a living embodiment of** ~의 살아 있는 화신(생생한 구현)
• **the embodiment of unremitting endeavor** 끊임없는 노력의 결정(체)

rake 갈퀴, 갈퀴질하다, 갈퀴로 모으다

* **rake in** ~를 긁어모으다, 벌다 * **rake over** 들추다

예문

They rake in money from the illegal gambling business. 그들은 불법 도박 사업으로 돈을 긁어모은다.

We will rake in huge profits. 우리는 막대한 수익을 올릴 것이다.

구문

• **as thin as a rake** (갈퀴처럼) 피골이 상상한, 너무 마른
• **rake leaves** 낙엽을 쓸다

• **rake in (the) money** 돈을 긁어모으다
• **rake over the past** 과거를 들추다

beget ① 자식을 얻다 ② 어떤 결과를 부르다, 야기하다

be(되다) + **get**(얻다) → **beget** 자식을 얻다, 어떤 결과를 야기하다

예문

As revolutions beget revolutions, changes beget more changes.

혁명이 혁명을 낳는 것처럼 변화는 더 많은 변화를 낳는다.

Money begets money. 돈이 돈을 낳는다.

Blood begets blood. 피는 피를 부른다.

Violence begets violence. 폭력은 폭력을 부른다.

Suspicion begets suspicion. 의심은 의심을 낳는다.

Poverty begets crime. 가난은 범죄를 낳는다.

proper, property, propel, embark, disembark

> ***prop**
> 지주, 받침대

*proper 적절한, 제대로 된
*property 재산, 부동산
*prppel 나아가게 하다, 추진하다
*prpperller 프로펠러
*propellant 압축가스, 추진체

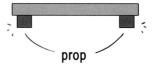

prop

proper place

property

propel

propeller

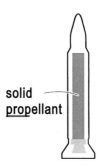

solid propellant

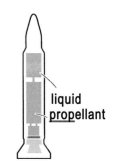

liquid propellant

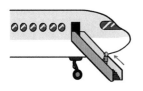

embark on the plane

> ***em = ~하게 만들다(en)**
> *프랑스어 barque 작은 배, 보트

*embark 탑승하다, 승선하다
*disembark (배, 비행기에서) 내리다

embark on the cruise ship

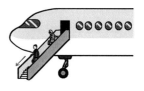

disembark

ROOT/STEM

prop ① 지주, 버팀목, 받침대 ② 떠받치다

* **prop**(지주, 받침대) → 지주, 받침대가 잘 받쳐주어야 적절한(**proper**) 상태가 되고, 나아갈 수 있고(**propel**), 재산(**property**)이 쌓이게 된다.

* **proper** 적절한, 제대로 된   * **property** 재산, 부동산

* **propel** 나아가게 하다, 추진하다   * **propeller** 프로펠러

* **propellant** 압축 가스, 추진체, 추진 연료   * **propellent** 추진시키는, 추진체가 있는

(예문)

Use a stone to prop the door. 돌을 사용해서 문을 (닫히지 않게) 받쳐둬.

I need the wooden supports to prop up the tree. 나는 그 나무를 지탱할 버팀목이 필요하다.

A board is propped against the wall. 널빤지가 벽을 지지해주고 있다.

(구문)

• a prop for old age 노년기에 의지가 되는 것
• prop up the economy 경제를 지탱하다
• be in proper place 적절한 위치에 있다
• propel a boat by oars 노를 저어 배를 나아가게 하다

• propel oneself forward ~를 나아가게 하다
• propellent force 추진력
• propellent gas 추진용 가스

ROOT/STEM

disembark (배, 비행기에서) 내리다, 하선하다

* **em**(make) + 프랑스어 **barque**(작은 배, 보트) → **embark** 탑승하다, 승선하다

* **dis**(분리, 제거) + **embark** (탑승하다, 승선하다) → **disembark** (배, 비행기에서) 내리다

(예문)

All passengers have just disembarked in Busan. 모든 승객들이 방금 부산에서 내렸다.

(구문)

• embark on this business 이 사업에 뛰어들다
• embark on the project 그 프로젝트에 착수하다

• disembark from a ship 배에서 내리다

104

sure, ensure, assure, obstinate, glare

*en = make
*in 안에
*as 방향(ad)
*sure 확신하는

ensure health

*ensure 반드시 ~하게 하다, 보장하다
*surety 보석금, 보증금, 보증인
*assure 장담하다, 확약하다
*assurance 확인, 확약, 장담
*insure 보험에 들다, 보장하다
*insurance 보험(금)

보증서 保證書
<u>sur</u>ety bond

채무자　　　　　　보증인
　　　　　　　　　<u>sur</u>ety

내! 장담한다!　　확실해!!

壯談
장담

as<u>sure</u>

<u>insure</u>
보험
<u>insur</u>ance

*ob 반대로
*stin(stand) 서있다
*ate 접미사

*obstinate 고집센, 완강한
*obstinately 완강히, 막무가내로
*obstinacy 아집, 외고집, 완강

안 갈꺼야!
ob<u>stin</u>ate

*glare
①노려보다, 쏘아보다
②(불쾌하게) 환한 빛, 눈부심

glare

reduce
<u>glare</u>

<u>glar</u>ing
eyes

악! 내눈!
glare

ROOT/STEM

sure 확신하는, 확실히 아는   * surety 보석금, 보증금, 보증인
* en(make) + sure(확신하는) → ensure 반드시 ~하게 하다, 보장하다
* as(방향 ad) + sure(확신하는) → assure 장담(확인)하다, 확약하다   * assurance ① 확언, 확약 ② 장담, 자신감
* in(안에) + sure(확신하는) → insure 보험에 들다(가입하다), 보장하다   * insurance 보험(금)

예문

The house is insured for million dollars. 그 집은 백만 달러의 보험에 가입되어 있다.

She insured herself for million dollars. 그 여자는 백만 달러의 생명보험에 가입했다.

You insurance policy covers hospitalization. 당신이 가입한 보험이 입원 치료비를 보장합니다.

He took insurance against fire. 그는 화재에 대비해 보험을 들었다.

He was granted bail with a surety of 20 million won. 그는 2,000만 원의 보석금을 내고 보석 허가를 받았다.

I can assure you. 내가 장담해.

구문

• stand surety for ~를 위해 보증을 서다
• ensure uniformity 통일성(균일성)을 확보하다
• ensure fairness 공정성을 확보하다
• ensure independence 독립성을 확보하다
• a life assurance company 생명보험회사
• give assurance to ~에게 확신을 주다(장담하다)

ROOT/STEM

obstinate ① 고집 센, 완강한 ② 잘 없어지지 않는
* ob(반대로) + stin(서 있다, stand) + ate(접미사) → obstinate 고집 센, 완강한
* obstinately 완강히, 막무가내로   * obstinacy 아집, 외고집, 완강

예문

An obstinate person does not hold opinions, but they hold him.
완고한 사람은 의견을 고수하는 것이 아니라 의견이 그를 붙잡는다.

Accommodating vice is better than obstinate virtue. 완고한 덕보다 수용하는 악이 낫다.

구문

• obstinate refusal 완강한 거절
• obstinate resistance 완강한 저항
• an obstinate stain 잘 지워지지 않는 얼룩
• obstinate fever 좀처럼 내리지 않는 열

ROOT/STEM

glare ① 노려보다, 쏘아보다 ② (불쾌하게) 환한 빛, 눈부심

예문

The glare of headlights dazzled our eyes. 헤드라이트의 환한 불빛이 우리를 눈부시게 했다.

구문

• a huge snake with a glaring eyes
  번뜩이는 눈을 가진 큰 뱀
• give me a glare 나에게 눈총을 주다
• glare shield 눈부심을 막는 장치
• glare at me 나를 노려보다
• lightning glared 번개가 번쩍였다

atmosphere, biosphere, hemisphere, lurk, doom

*그리스어 atmos 공기, 수증기
*sphere 구형체, 공

sphere

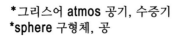

*atmosphere 대기, 공기, 분위기
*biosphere 생물권
*hemisphere 반구, 반구체

atmosphere

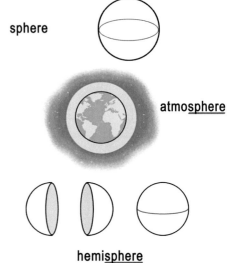

hemisphere

biosphere

lurk   lurk

*lurk (나쁜 것, 불쾌한 것이)
  숨어 있다. 도사리고(잠복해) 있다

*doom
① 죽음, 파멸, 비운
② 안좋은 방향으로 끝나게 하다

impending doom

지구 최후의 날

meet
his doom

doomsday

atmosphere 대기, 공기, 분위기

* 그리스어 **atmos**(공기, 수증기) + **sphere**(구형체, 공) → **atmosphere** 대기, 공기, 분위기
* **biosphere** 생물권(생물이 살 수 있는 지구 표면과 대기권) * **hemisphere** 반구, 반구체

예문

The best way to keep children home is to make the home atmosphere pleasant.

아이들을 집에 있게 하는 가장 좋은 방법은 집안 분위기를 즐겁게 만드는 것이다.

구문

• the gloomy atmosphere 침울한 분위기
• a heavy atmosphere 무거운 분위기
• atmosphere cleanup 대기 정화
• a humid atmosphere 습한 환경

• biosphere reserve 생물권 보호(보존) 지역
• Northern Hemisphere 북반구
• Southern Hemisphere 남반구

lurk (나쁜 것, 불쾌한 것이) 숨어 있다, 도사리고 있다, 잠복하다

예문

Fear always lurks behind perfectionism. 완벽주의 뒤에는 두려움이 도사리고 있다.

구문

• the spy on the lurk 숨어서 염탐질하는 스파이
• lurk in the mountains 산악 지대에 잠복하다

• lurk in the shadows 어두운 곳에 숨다

doom ① 죽음, 파멸, 비운, 불행한 운명(결말) ② 안 좋은 방향으로 끝나게 하다(망하게 하다), 망치다

예문

Proud and insolent youth, prepare to meet thy doom.

자만과 오만의 젊음이여, 그대들의 파멸을 준비하라.

*insolent 버릇없는, 무례한

A fortune-teller foresaw his doom. 점쟁이는 그의 불행한 운명을 예언했다.

The day of doom is at hand. 최후의 날이 가까이 왔다.

The plan was doomed to failure. 그 계획은 실패할 운명이었다.

구문

• a prophet of doom 비관론을 퍼뜨리는 사람
• meet one's doom 죽음(파멸)을 맞이하다
• impending doom 곧 닥칠 (임박한) 파멸

• doom A to death A에게 사형선고를 내리다
• the day of doom 최후의 심판일(죽음의 날)
• doom the harvest 수확을 망치다

inform, information, patch, dispatch, prestige

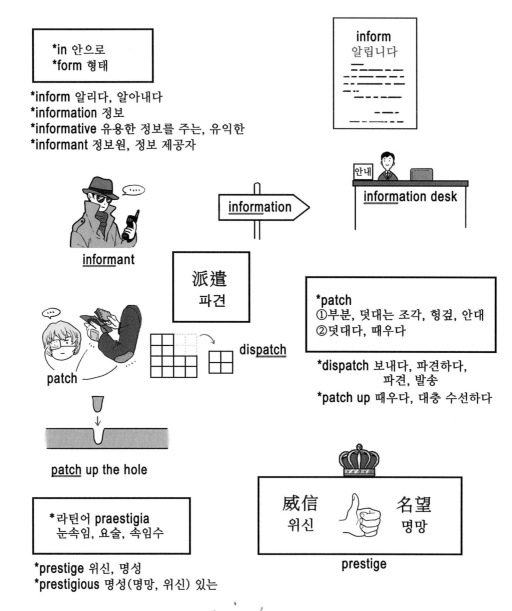

*in 안으로
*form 형태

inform
알립니다

*inform 알리다, 알아내다
*information 정보
*informative 유용한 정보를 주는, 유익한
*informant 정보원, 정보 제공자

informant

information

information desk

派遣
파견

*patch
①부분, 덧대는 조각, 형겊, 안대
②덧대다, 때우다

patch

dispatch

*dispatch 보내다, 파견하다,
    파견, 발송
*patch up 때우다, 대충 수선하다

patch up the hole

*라틴어 praestigia
눈속임, 요술, 속임수

威信
위신

名望
명망

prestige

*prestige 위신, 명성
*prestigious 명성(명망, 위신) 있는

prestigious

ROOT/STEM

informant 정보원, 정보제공자

* **in**(안으로) + **form**(형태) → **inform** 알리다, 알아내다　* **information** 정보
* **informative** 유용한 정보를 주는, 유익한

예문

Everybody gets so mush information that they lose their common sense.
모든 사람이 너무 많은 정보를 얻기 때문에 그들은 상식을 잃는다.

The seed of health is in illness. Fears are a treasure house of knowledge.
질병 속에 건강의 씨앗이 있다. 두려움은 지식의 보물 창고다.

구문

• an anonymous informant 익명의 제보자
• police informant 경찰의 정보원(앞잡이)
• informative and entertaining 유익하고도 재미있는
• I will inform you that ~을 알려드리겠습니다

ROOT/STEM

patch ① 부분, 덧대는 조각 ② 헝겊, 안대 ③ 덧대다, 때우다

* **Old French 「pieche」** → **piece**(한 부분, 한 조각, 부품), **patch**(부분, 덧대는 조각)
* **dis**(분리) + **patch**(부분) → **dispatch** (부분을 떼어서) 보내다, 파견하다, 파견, 발송
* **patch up** 때우다, 대충 수선(치료, 수습)하다

예문

Gung Ye is wearing a patch over the eye. 궁예는 눈에 안대를 착용하고 있다.
They managed to patch up a deal. 그들은 간신히 거래를 성사시켰다.

구문

• patch up the hole 구멍을 메우다
• a dispatch rider 퀵서비스 배달원
• dispatch money 배송료
• the dispatch of the goods 상품의 발송
• send the letter by dispatch 편지를 속달로 보내다
• dispatch non-combat troops
　비전투병 부대를 파견하다

ROOT/STEM

prestige ① 위신, 명망 ② 위신(명망) 있는, 고급의

* **라틴어 praestigia**(눈속임, 요술, 속임수, 현혹) → **prestige** 위신, 명망
* **prestigious** 명성(명망) 있는, 위신(권위) 있는, 일류의

예문

Many highly educated people who want jobs with social prestige are still unemployed.
사회적으로 명성 있는 직업을 원하는 많은 고학력자들이 아직 실업 상태에 있다.

Hooligans injure British prestige. 훌리건들은 영국의 위신을 손상시킨다.

구문

• prestige class 특등석
• prestige school 명문학교(prestigious school)
• a prestigious scholar 명망 있는 학자
• receive a prestigious award 권위 있는 상을 받다

approach, ulcer, cue, queue

*ap 방향 (ad)
*라틴어 prope 가까이
*프랑스어 approchier
　　다가가다(오다)

*approach 다가가다(오다)
*approachable 접근(이해)하기 쉬운

approach

approach shot

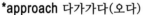

approachable only
from the north

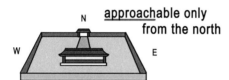

easily approachable

*라틴어 ulcus
　헌 데, 상처

*ulcer 궤양
*ulcerate 궤양이 생기다(생기게 하다)
*ulcerative 궤양(성)의

ulcer

潰瘍
궤양

ulcer

ulcerative colitis

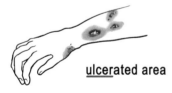

ulcerated area

*cue 신호, 신화를 주다
*라틴어 qu 언제
*프랑스어 queue 꼬리

*on cue 큐사인에 하다, 때맞춰
*queue 줄, 대기 행렬

cue!

대기선

queue here

long queue

ROOT/STEM

approach ① 다가가다(오다), 접근하다 ② 다가감(다가옴), 접근
* **ap**(방향**ad**) + 라틴어 **prope**(가까이, ~에 가깝게) → 라틴어 **appropiare**(접근하다)
→ 프랑스어 **approchier** → **approach** 다가가다(오다), 접근하다　* **approachable** 접근(이해)하기 쉬운

예문

He approaches nearest to God who knows how to restrain the tongue.
혀를 단속할 줄 아는 사람이 신에 가장 가까운 사람이다.

The ship approached the shore. 배가 해안에 접근했다.

You need to change your approach to the problem. 너는 그 문제에 대한 접근 방식을 바꿀 필요가 있어.

He played an approach shot on the 7th hole. 그는 7번 홀에서 어프로치샷을 했다.

구문

- **stealthily approach** 살금살금(몰래) 다가가다
- **dogmatic approach** 독단적 접근방법
- **discovery approach** 탐구학습
- **approachable only from the north**
  북쪽에서만 접근이 가능한
- **an easily approachable person**
  쉽게 다가갈 수 있는 사람
- **an approachable piece of music**
  이해하기 쉬운 음악 작품

ROOT/STEM

ulcer 궤양, 병폐, 폐해
* 라틴어 **ulcus**(헌데, 상처), 라틴어 **ulcero**(헐게 하다, 상처내다) → **ulcer** 궤양
* **ulcerate** 궤양이 생기다(생기게 하다)　* **ulcerative** 궤양(성)의

예문

Ugliness is a point of view; an ulcer is wonderful to a pathologist.
추함은 관점의 차이, 궤양은 병리학자에게는 멋진 것이다.

*pathosis 병적 상태　*pathology 병리학　*pathologist 병리학자

구문

- **stomach ulcer** 위궤양(gastric ulcer)
- **get an ulcer** 궤양에 걸리다
- **ulcer in our society** 우리 사회의 병폐
- **ulcer factory** 부정부패의 공장
- **ulcerated area** 궤양이 생긴 영역
- **ulcerative colitis** 궤양성 대장염

ROOT/STEM

cue ① (무엇을 하라는) 신호 ② 신호를 주다　* **on cue** 큐 사인에 따라, 때맞춰
* 라틴어 **qu**(언제 **quando**), 프랑스어 **queue**(꼬리) → **cue** 신호　* **queue** 줄, 대기 행렬
* 대기 행렬 **queue**에 있다가 신호 **cue**에 따라 들어간다고 생각하면 기억하기 쉽다.

예문

Even if you miss a cue, don't be panic. 신호를 놓치더라도 동요하지 마.

I will send it right on cue. 때맞춰 그것을 보내겠습니다.

He rose on cue. 그는 때맞춰 일어났다.

How long were you in the queue? 얼마나 오래 줄 서 있었니?

Queue here for taxis. 택시 탈 사람은 줄을 서시오.

구문

- **join the end of the queue** 줄 끝에 붙어 서다.
- **be in a queue for a bus** 버스를 타기 위해 줄 서 있다
- **cut the queue** 새치기하다
- **the ticket queue** 표를 사려는 사람들의 줄

108

stub, stubby, stubborn, compromise, confront

*stub
쓰다 남은 토막

stub

*stubby 뭉툭한, 짤막한
*stubborn 완고한, 완강한, 고질적인
*stubbornness 완고, 완강

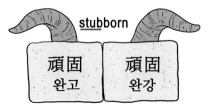
stubborn

頑固 완고 　 頑固 완강

stubby fingers

stubborness

com
promise

compromise

compromising
situation

*com 함께
*promise 약속하다

*compromise 타협, 절충(하다)
*compromising 낯 뜨거운,
　　　　　　　품위를 떨어뜨리는

*con 함께
*front 앞

*confront 닥치다, 맞서다,
　　　　정면으로 부딪치다

*confrontation 대결, 대립, 대치
*frontier 국경, 변경, 미개척 영역

confront

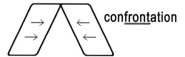
confrontation

confront one's fears

frontier

frontier

stubborn ① 완고한, 완강한 ② 없애기 힘든, 고질적인 * **stubbornness** 완고, 완강
* **Old English** 「**stybb**(나무의 그루터기)」→ **stub** 쓰다 남은 토막, 몽당연필
* **stub**(쓰다 남은 토막) → **stubby** 뭉툭한, 짤막한
*쓰다 남은 토막(stub)은 뭉툭하고(stubby) 완강하다(stubborn)

예문

After stubborn resistance the enemy evacuated its line. 적은 완강하게 저항하다가 대열을 철수시켰다.

His stubbornness is extremely annoying. 그의 완고함은 몹시 성가시다.

The eraser is worn down to a stub. 이 지우개는 닳아서 몽땅하게 되었다.

구문

• **stubborn pride** 완강한 자존심
• **a stubborn problem** 다루기 힘든 문제
• **stubborn stains** 지우기 힘든 얼룩
• **a pencil stub** 몽당연필(a stubby pencil)

compromise ① 타협(절충) ② 타협(절충)하다 ③ 원칙을 굽히다, 양보하다
* **com**(함께) + **promise**(약속하다) → **compromise** 타협, 절충(하다)
* **compromising** 낯뜨거운, 품위를 떨어뜨리는, 타협적인

예문

A good compromise is like a good sentence or good piece of music.
좋은 타협은 좋은 문장 또는 멋진 음악과 같다.

Keep out of any compromising situation. 부끄러운(체면을 구기는) 상황을 피하라.

Discourage litigation, persuade your neighbors to compromise whenever you can.
소송을 막아라, 가능한 한 네 이웃들이 타협할 수 있도록 설득하라. - 에이브러햄 링컨

A lean compromise is better than a fat lawsuit. 마른 타협이 살찐 소송보다 낫다.

구문

• **reach a compromise** 타협에 이르다
• **oppose the compromise** 그 타협안에 반대하다
• **compromise with him over**
  ~에 관하여 그와 타협하다

confront 닥치다, 맞서다, 정면으로 부딪치다 * **confrontation** 대결, 대립, 대치
* **front**(앞) → **frontier** ① 국경, 변경 ② 미개척 영역
* **con**(함께) + **front**(앞) → **confront** 닥치다, 맞서다, 정면으로 부딪치다

예문

We have to confront uncomfortable questions head-on. 우리는 불편한 질문에 정면으로 대처해야 한다.

Current safe boundaries were once unknown frontiers.
현대의 안전한 경계들은 한때 알려지지 않은 미개척 영역이었다.

구문

• **frontier garrisons** 국경수비대
• **frontier spirit** 개척자 정신
• **frontier disputes** 국경분쟁
• **confront one's fears** 공포감에 맞서다

crescent, increase, increment, prerequisite, commensurate

> *라틴어 crescere
> 증가하다, 자라다
> *crescendo
> 점점 커짐

crescent

crescendo

*crescent 초승달 모양
*increase 증가하다, 증가(인상)
*increment 인상, 증가, 성장
*incremental 점진적, 증가하는
*incrementalism 점진주의

increase

漸進的
점진적
incremental

*need 필요로 하다
*require 불가피하게, 당위적으로 필요해서
약간 강요하는 뉘앙스

> *require 요구하다

*requirement 필요(조건), 자격요건
*requisite 필요한, 필수품
*prerequisite 전제(필수) 조건

job requirement

☑ 직무수행능력
☑ 인성
☑ 자격증
☑ 학력, 경력, 외국어 능력
☑ 건강

	requisite	필요조건
pre	requisite	전제조건

> *라틴어 mensurare
> 재다, 측량하다
> *라틴어 mensuratus
> 측정한

measure

*measure 재다, 측정하다, 조치, 정책, 양(정도)
*measurement 측정, 측량, 치수
*commensurate 상응(비례) 하는

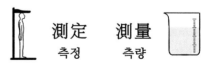

測定　測量
측정　측량

measurement

ROOT/STEM

increment 인상, 증가, 성장
* 라틴어 **crescere**(증가하다, 자라다) → **crescendo** 점점 커짐　　＊ **crescent** 초승달 모양
* **cres**, **cre**는 자라는 것, 증가하는 것과 관련 있다.
* **increase** 증가하다, 증가(인상)　　＊**increment** 인상, 증가, 성장

예문

There was a strong increment in drug abuse. 약물 남용이 크게 증가했다.

구문

• expect 100% increment 100퍼센트 증가를 기대하다
• a strong increment in alcohol abuse 약물 남용 증가
• unearned increment 자연적(일하지 않고 생긴) 증가

ROOT/STEM

prerequisite 전제 조건, 필수 조건
* **require**(요구하다) → **requirement** 필요, 필요 조건　＊ **requisite** 필요한, 필수품
* **pre**(미리) + **requisite**(필요한, 필수품) → **prerequisite** 전제 조건, 필수 조건

예문

A degree is an essential prerequisite for a professor. 학위는 교수가 되기 위한 필수 전제 조건이다.
Love is a prerequisite for marriage. 사랑은 결혼의 필수 전제 조건이다.

구문

• the basic requirements of life
　삶에 기본적으로 필요한 조건
• surplus to requirement 필요 이상의 잉여
• prerequisite condition 필수 조건
• a prerequisite to learning 학습의 전제 조건

ROOT/STEM

commensurate 상응(비례)하는, 어울리는
* 라틴어 **mensurare**(재다, 측정하다) → **measure** ① 재다, 측정하다 ② 조치, 정책 ③ 양, 정도
* **measurement** 측정, 측량, 치수
* **com**(함께) + 라틴어 **mensuratus**(측정한) → **commensurate** 상응(비례)하는

예문

Salary will be commensurate with ability. 월급은 노력에 상응하여 지불될 것이다.
We got fruit commensurate with our efforts. 우리는 노력에 상응하는 결과를 얻었다.
You have commensurate duties as well as rights. 너는 권리뿐 아니라 그에 상응하는 의무도 가진다.
The ultimate measure of a person is where they stand in times of controversy.
사람을 판단하는 궁극적인 척도는 그가 논란에 휩싸였을 때 보여주는 모습이다.

구문

• measure it in inches 그것을 자세히 평가하다
• a measure of weight 무게의 척도
• measure the volume of ~의 용량을 측정하다
• have commensurate duties as well as privileges
　특권뿐 아니라 그에 상응하는 의무를 지닌다
• commensurate with rank 직급에 상응(비례)하다

figure, figurative, configuration, rip, ripple

*라틴어 **figurare**
모양을 만들다, 형성하다
*라틴어 **figura** 모양, 형태

*figure 수치, 숫자, 모습, 생각(계산)하다
*figure out 계산(산출)해 내다, 이해하다
*figurative 비유적인, 구상(조형)의
*figuration 형체, 형상, 비유적 표현, 상징
*configure 환경을 설정하다
*configuration 배열, 배치, 환경 설정

figure

figure out

don't figure out

life

life

figurative

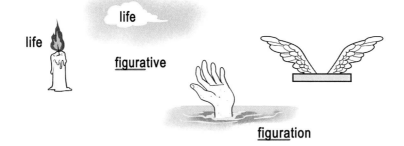

figuration

rip

rip off

*rip 찢다, 찢어진 곳

*rip off 바가지 요금, 바가지를 씌우다
*ripple 잔 물결, 파문(을 일으키다)

rip off

ripple

configuration ① 배열, 배치, 분자 구성 ② (컴퓨터 등의) 환경 설정

* 라틴어 **figura**(모양, 형태) → **figure** ① 수치, 숫자 ② 모습, 그림 ③ ~라고 생각(판단)하다

* **figure out** ① 계산(산출)해내다 ② 생각해내다 ③ 이해하다

* **figurative** ① 비유적인 ② 구상의, 조형의

* **figuration** ① 형상화, 형체 부여 ② 비유적 표현, 상징

* **con**(함께) + **figure**(모양, 숫자) → **configure** 환경을 설정하다, 구성하다

* **con**(함께) + **figuration**(형상화, 형체 부여) → **configuration** 배열, 배치, 분자 구성, 환경 설정

(예문)

Configuration of planets vary with the seasons. 행성의 배치는 계절에 따라 다르다.

Please configure your default e-mail program first. 먼저 기본 이메일 프로그램을 설정하세요.

I can't figure out how to change this light-emitting diode bulbs.

나는 이 LED 전구를 어떻게 교체하는지 알 수 없어.

Let's figure out the exact amount. 정확한 수를 산출해보자.

(구문)

• a zone configuration 영역 구성
• configuration of sea bottom 해저의 형상
• configure the server 서버를 구성하다
• configure the new device 새 장치를 구성하다
• a shadowy figure 어슴푸레한 형체

• a hooded figure 복면을 쓴 모습
• enter figures 숫자를 입력하다
• figurative expression 비유적 표현
• figurative arts 구상미술

ripple ① 잔물결, 파문 ② 파문을 일으키다, 파문처럼 번지다

* **rip**(찢다, 찢어진 곳) → **ripple** 잔물결, 파문, 파문이 일다

* **rip off** 바가지요금, 바가지를 씌우다

(예문)

Rip open the snack bag. 과자 봉지를 뜯어.

There was hardly a ripple on the glassy surface of the lake.

유리같이 잔잔한 호수면 위에 잔물결 하나 찾아보기 어려웠다.

The barley was rippling in the breeze. 보리가 미풍 속에서 잔물결을 일으키고 있었다.

Chopin's hands rippled over the keyboard. 쇼팽의 손이 건반 위를 물결치듯 흘러갔다.

(구문)

• hear the tent rip 텐트 찢어지는 소리를 듣다
• rip off the sticker 스피커를 뜯어내다
• rip me off 나에게 바가지를 씌우다(overcharge me)
• ripple effect 파급효과

• rippling muscles 잔물결 모양의 근육
• ripples of sand 잔물결 모양의 모래
• a ripple of laughter 파문처럼 번지는 웃음소리
• what a rip-off! 완전 바가지군!

scrutiny, scruple, deprave, depravation

*라틴어 scruta 폐물, 고물, 쓰레기
*라틴어 scrutari 샅샅이 뒤지다
*라틴어 scrupus 작고 날카로운 돌
*scru는 작고 세심한 것, 양심과 관련이 있다

scrutinize

*scrutiny 정밀 조사, 철저한 검토
*scrutinize 세심히 살피다, 면밀히 조사하다
*scruple ① 양심, 양심의 가책
          ② 꺼리다
*scrupulous 세심한, 꼼꼼한, 양심적인

scruple

세심한

꼼꼼한

scrupulous

deprave 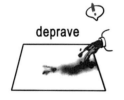   depraved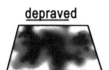

*de 이탈, 아래로
*라틴어 pravus
  비뚤어진, 찌그러진

*deprave 타락하게 만들다
*depraved 타락(부패)한
*depravation 악화, 타락, 부패
*depravity 타락, 부패

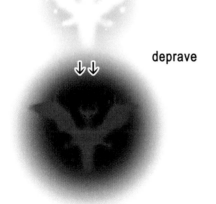

deprave

墮落
타락

depravation

scrutiny 정밀 조사, 철저한 검토 * scrutinize 세심히 살피다, 면밀히 조사하다

* 라틴어 scruta(폐물, 고물, 쓰레기), 라틴어 scrutari(샅샅이 뒤지다) → scrutiny, scrutinize

* 라틴어 scrupus(작고 날카로운 돌) → scruple ① 양심 ② 양심의 가책 ③ 꺼리다

* scru는 작고 세심한 것, 양심과 관련이 있다. * scrupulous 세심한, 꼼꼼한, 양심적인

예문

He is totally without scruple. 그는 양심이라고는 전혀 없다.

We are trying to scrutinize the cause of the accident. 우리는 그 사고의 원인을 면밀히 조사하려고 하고 있다.

New ideas must survive the most rigorous standards of evidence and scrutiny.

새로운 아이디어는 증거와 철저한 조사와 엄격한 기준을 견뎌내야 한다.

The exact reason of the explosion is under scrutiny. 폭발의 정확한 원인은 정밀 조사 중이다.

구문

• make(have) no scruple to tell a lie
  거짓말하는 것을 대수롭지 않게 여기다
• lie without scruple 거짓말을 예사로(거리낌 없이) 한다
• do not scruple to ~ 서슴(거리낌)없이 ~하다
• scrupulous attention 꼼꼼한(세심한) 관심, 빈틈없는 주의
• scrupulous student 양심적인 학생
• require scrutiny 정밀 조사(철저한 검토)를 요하다

• scrutinize his face 그의 얼굴을 세심히 살피다
• scrutinize the contents of the accord
  협정(합의서)의 내용을 면밀히 살펴보다
• scrutinize one's behavior 행동을 면밀히 조사하다
• require scrutiny 정밀 조사(철저한 검토)를 요구하다
• begin an all-out scrutiny of
  ~에 대한 전면적 조사를 시작하다

--- ROOT/STEM ---

deprave 타락(부패)하게 만들다

* de(이탈, 아래로) + 라틴어 pravus(비뚤어진, 찌그러진) → deprave 타락하게 만들다

* depraved 타락(부패)한 * depravation 악화, 타락, 부패 * depravity 타락, 부패

예문

This is a film of a dispraved mind. 이것은 타락한 정신을 가진 사람이 만든 영화다.

We cannot tolerate a popular culture that celebrates violence and depravity.

우리는 폭력과 타락을 찬양하는 대중문화를 용인할 수 없다.

구문

• deprave the public taste 대중의 취미를 타락시키다
• deprave the youth 젊은이들을 타락시키다
• acts of depravity 엽기적인 행위

• an angel of depravity 타락천사
• depravation of language 언어의 타락
• economic depravation 경제 상황 악화

dispel, repel, peril, perish, imperil

*라틴어 pellere
  밀치다, 내쫓다, 치다
*pel은 밀치는 것, 내쫓는 것과
  관련이 있다.

*dispel 떨쳐버리다, 없애다
*repel 격퇴하다, 물리차다, 쫓아버리다
*repellant 방지제
*repellent 혐오감을 주는, 방충제, 방수제

dispel

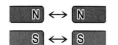

repel

repel

repellent

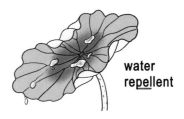

water
repellent

peril

perish

*라틴어 perire 죽다

*peril 심각한 위험, 위험성
*perilous 아주 위험한
*perish 죽다, 소멸되다
*imperil 위태롭게 하다

imperil

ROOT/STEM

dispel 떨쳐버리다, 없애다, 불식시키다

* 라틴어 **pellere**(밀치다, 내쫓다, 치다) → **pel**은 밀치는 것, 내쫓는 것과 관련이 있다.
* **dis**(분리, 제거) + **pel**(밀치다) → **dispel** 떨쳐버리다, 없애다
* **re**(반복, 뒤로) + **pel**(밀치다) → **repel** 격퇴하다, 물리치다, 쫓아버리다
* **repellant** 방지제　* **repellent** ① 역겨운, 혐오감을 주는 ② 방수의 ③ 방충제, 방수제

예문

A fog cannot be dispelled with a fan. 부채로 안개를 흩어지게 할 수는 없다.

Work dispels boredom. 일은 권태를 없애준다.

Same poles of the magnet repel each other. 자석의 같은 극끼리는 서로 밀어낸다.

구문

• dispel doubt 의혹을 불식시키다
• dispel concerns 근심을 없애다
• dispel one's fears 두려움을 없애다
• dispel worries 우려를 불식시키다
• dispel the rumor 소문을 불식시키다
• dispel the cloud 구름을 걷어내다
• dispel a mystery 신비를 걷어내다
• dispel gloomy mood 우울한 분위기를 쫓아버리다

• be treated to repel water 방수 처리가 되어 있다
• repel the invaders 침략자들을 물리치다
• repel insects 벌레를 퇴치하다
• be repellent to most people
　대부분의 사람들에게 혐오감을 준다
• water-repellent 물이 스며들지 않게 방수 처리한
• an insect repellent 해충 퇴치제(방충제)

ROOT/STEM

imperil 위태롭게 하다, 위험에 빠뜨리다

* 라틴어 **perire**(죽다) → **peril** 심각한 위험, 위험성, 유해함
* **perilous** 아주 위험한　* **perish** 죽다, 소멸되다
* **peri**는 위험, 죽음과 관련이 있다.　* **im**(make) + **peril**(위험) → **imperil** 위태롭게 하다
* risk는 위험하다는 것을 알면서 내가 얻는 이익을 위해 감수하는 위험, danger는 일상생활에서 노출된 위기, peril은
　내가 모르던 위험, 목숨을 잃을 정도의 위험을 말한다.

예문

Just as courage imperils life, fear protect it.
용기가 생명을 위험하게 하는 만큼 두려움은 생명을 지켜준다.
*두려움은 생존을 위한 인류의 오랜 진화의 결과물이다.

Perish the thought! 말도 안 돼!

Virtuous men prosper and the evil ones perish. 선인은 흥하고 악인은 망한다.

Flowers perish when frost comes. 서리가 내리면 꽃이 시든다.

Where there is no vision for the future the people perish.
미래에 대한 전망이 없는 곳에서는 국민이 망한다.

구문

• imperil one's life 생명을 위태롭게 하다
• imperil safety 안전을 위태롭게 하다

• perish in battle 전사하다
• perish with hunger 굶어 죽다

guile, beguile, sullen, solitary, solitude

> *guile 간교한 속임수

*guileless 아주 정직한, 속임수를 모르는
*guileful 교활한, 음험한
*beguile 구슬리다, 기만하다

guile

beguile

guileful

beguile

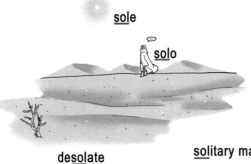

sole

solo

desolate

solitary man

> *라틴어 solus 홀로, 단독으로
> *sole 유일한
> *solo 혼자서 하는, 단독의
> *sol, sul은 혼자, 하나와
> 관련이 있다

*sullen 시무룩한
*solitary 혼자 하는
*solitude (즐거운) 고독
*desolate 황량한, 적막한
*desolation 활량함, 적막함

> 재능은 고독(solitude) 속에서 형성되고
> 성격은 세상살이 속에서 형성된다

beguile 구슬리다, 기만하다, 현혹시키다

* **guile**(간교한 속임수) → **beguile** 구슬리다, 기만하다, 현혹시키다

* **guileless** 아주 정직한, 속임수를 모르는 * **guileful** 교활한, 음험한

(예문)

Statistics(Figures) often beguile me. 통계(숫자)는 나를 기만하기 십상이다.

He beguiled people into believing the conspiracy.

그는 사람들을 속여 그 음모론을 믿게 했다.

This sort of guile doesn't work anymore. 이런 술책은 더 이상 안 통한다.

(구문)

• **political guile** 정치적 술책(속임수)
• **beguile a person by flattery**
  감언이설로 사람을 속이다
• **beguile a person of money**
  사람을 속여서 돈을 뜯어내다

• **begile him into accepting it**
  그들을 속여서 그것을 받아들이게 하다
• **beguile the girl with a plausible lie**
  그럴듯한 거짓말로 현혹시키다

---

sullen 시무룩한, 뚱한, 침울한

* 라틴어 **solus**(홀로, 단독으로) → **sole** 유일한   * **solo** 혼자서 하는, 단독의

* **sol**, **sul**은 「혼자, 하나」와 관련이 있다.

* 라틴어 **solus**(홀로, 단독으로) → **sullen** (혼자 있어서) 시무룩한

* **solitary** 혼자 하는, 혼자 있기를 좋아하는, 혼자서 잘 지내는   * **solitude** (즐거운) 고독

(예문)

He had a sullen face after being reprimanded by his father.

그는 아버지로부터 꾸중을 들은 후 시무룩한 얼굴로 있었다.

The lark arising from sullen earth, sings hymns at heaven's gate.

침울한(분위기가 가라앉은) 대지로부터 날아올라 천국의 문전에서 노래 부르는 종달새. - 셰익스피어

Why are you wearing a sullen look? 왜 시무룩한 얼굴을 하고 있어?

Tigers are solitary animals. 호랑이는 혼자서 잘 다니는 동물이다.

(구문)

• **look sullen** 시무룩해 보이다
• **sullen face** 시무룩한(뚱한) 얼굴
• **a sullen grey sky** 음산한 회색 하늘
• **sullen scape** 음산한 풍경
• **a solitary child** 혼자서 잘 노는(혼자 자란) 아이

• **a solitary man** 혼자 있기 좋아하는 남자
• **enjoy one's solitary life** 혼자 지내는 생활을 즐기다
• **reflect on spiritual matters in solitude**
  홀로 있는 상태에서 영적 문제를 성찰하다

glow, glory, glimpse, outweigh, overtake, undertake

*glow 빛나다, 불빛
*glory 영광, 영예
*glare 노려보다, 환한 빛(눈부심)
*gl은 불꽃처럼 빛나는 것, 순간적인 것
　과 관련이 있다

glow

glory

*glimpse 잠깐 봄, 일별, 잠깐 보다

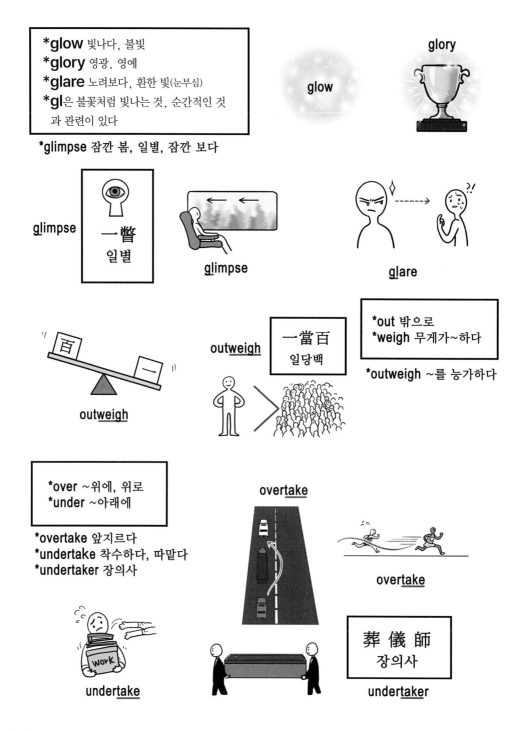

glimpse
一瞥
일별

glimpse

glare

outweigh
一當百
일당백

*out 밖으로
*weigh 무게가~하다

*outweigh ~를 능가하다

outweigh

*over ~위에, 위로
*under ~아래에

*overtake 앞지르다
*undertake 착수하다, 따맡다
*undertaker 장의사

overtake

overtake

undertake

葬儀師
장의사

undertaker

glimpse ① 잠깐 봄, 일별, 잠깐 보다 ② 짧은 경험(접촉)

* **glow** 빛나다, 타다, 불빛, 홍조 → **gl**은 불꽃처럼 빛나는 것, 순간적인 것과 관련이 있다.

* **glory** 영광, 영예(불꽃처럼 순간적이다)

* **glare** ① 노려보다, 노려봄 ② 환하다, 눈부시다 ③ 환한 빛, 눈부심

(예문)

To love is to receive a glimpse of heaven. 사랑하는 것은 천국을 살짝 엿보는 것이다.

Man's feelings are always purest and most glowing in the hour of meeting and of farewell.
인간의 감정은 누군가를 만날 때와 헤어질 때 가장 순수하며 가장 빛난다.

Popularity is glory's small change. 인기는 명예의 잔돈이다. - 빅터 위고

Glory built on selfish principles is shame and guilt. 이기적인 원칙으로 얻은 영광은 수치이고 죄악이다.

To win without risk is to triumph without glory. 위험 없는 승리는 영광 없는 승리이다.

(구문)

• **catch a glimpse of her** 그녀를 얼핏 보다
• **reduce glare** 눈부심을 완화시키다
• **glare at him** 그를 노려보다
• **glare fiercely at** ~을 매섭게 노려보다

ROOT/STEM

outweigh ~보다 더 크다, ~를 능가하다

* **out**(밖으로) + **weigh**(무게가 ~이다, 무게를 달다) → **outweigh** ~를 능가하다

(예문)

His virtues far outweigh his faults. 그는 단점보다 장점이 많다.

One word of truth outweighs the world. 진실의 말 한마디는 세상보다 무겁다.

Wisdom outweighs any wealth. 지혜는 태산보다 더 가치 있다.

ROOT/STEM

overtake 따라잡다, 앞지르다, 추월하다

* **over**(~ 위에, ~ 위로) + **take**(잡다) → **overtake** 앞지르다

* **under**(~ 아래에) + **take**(잡다) → **undertake** 착수하다, 떠맡다   * **undertaker** 장의사

(예문)

Poverty overtakes laziness. 가난이 게으름을 따라잡는다.

We were overtaken by a car. 우리는 한 대의 승용차에 추월당했다.

He tried to overtake on the outside. 그는 바깥쪽으로 추월을 시도했다.

Don't overtake on a bend. 굽은 길에서 추월하지 마라.

(구문)

• **overtake a truck** 트럭을 추월하다
• **undertake research on** ~에 관한 연구에 착수하다
• **undertake a full investigation** 전면조사에 착수하다

exhort, synthetic, thesis, hypothesis, refashion

*ex 밖으로
*라틴어 hortari
  권고하다, 격려하다

*exhort 열심히 권하다, 촉구하다
*exhortation 간곡한 권고, 장려, 훈계

exhort

exhort

biblical
exhortation 범사에 감사하라

碩士
master's
thesis
석사
눈문

博士
doctoral
thesis
박사
논문

*그리스어 tithenai 놓다, 두다
  → thet, thes 로 변형
*thet, thes 는 놓는 것,
  두는 것과 관련이 있다

論文 논문
論旨 논지

thesis

*thesis 학위논문, 주제
*systhesis 종합, 합성
*synthetic 합성한, 종합적인, 인조의
*synthesize 합성하다, 종합하다
*synthesizer (소리) 합성기,합성장치

synthesize

synthesis

合成 합성
綜合 종합
人造 인조

synthesis

synthetic color

synthetic resin

*re 다시
*fashion 유행, 만들다
*refashion 개조(개장)하다
  고쳐 만들다

*refashionment 개조, 개장

refashion
old clothes

refashion

ROOT/STEM

exhort 열심히 권하다, 촉구하다

* **ex**(밖으로) + 라틴어 **hortari**(권고하다, 격려하다) → 라틴어 **exhortari**(강하게 권고하다)
→ **exhort** 열심히 권하다, 촉구하다 * **exhortation** ① 간곡한 권고, 장려 ② 경고, 훈계

예문

I exhorted him to finish the work. 나는 그에게 일을 빨리 끝마치도록 촉구했다.

구문

- **exhort him to repent**
  그에게 회개하도록 간곡히 타이르다
- **exhort an audience to diligence**
  청중에게 근면하라고 역설하다
- **exhort a speaker to shorten his speech**
  연사에게 연설을 짧게 하라고 권하다

- **exhort people to obey the law**
  사람들에게 법을 준수하라고 역설하다
- **give an exhortation to** ~에게 훈계(권고)하다
- **the exhortation week** 권고 주간
- **exhort authorities** 당국에 촉구하다

ROOT/STEM

thet가 들어 있는 단어

* 그리스어 **tithenai**(놓다, 두다) → **thet, thes**로 변형
* **thet, thes**는 놓는 것, 두는 것(**set, put**)과 관련이 있다.
* 접두사 **syn**(함께) + **thet**(놓다) + **ic**(접미사) → **synthetic** 합성한
* **synthetic** ① 합성한, 인조의, 종합적인 ② 인조 합성물질 * **synthesis** 종합, 통합, 합성
* **thesis** 학위 논문, 주제, 논지 * **hypothesis** 가설, 추정, 추측

예문

Polyester is a petroleum-based synthetic fabric.
폴리에스테르는 석유 기반의(석유를 원료로 하는) 합성섬유이다.

구문

- **synthetic dyes** 합성염료
- **synthetic detergent** 합성세제
- **synthetic resin** 합성수지
- **synthetic rubber** 합성 인조고무

- **a doctoral thesis** 박사학위 논문
- **a master's thesis** 석사 논문
- **a graduation thesis** 졸업 논문
- **make a hypothesis** 가설을 세우다(hypothesize)

ROOT/STEM

refashion 개조(개량)하다, 고쳐 만들다

* **re**(다시) + **fashion**(유행, 만들다) → **refashion** 개조(개장)하다 * **refashionment** 개조(개장)

예문

The building has been entirely refashioned. 그 건물은 완전 개조되었다.

구문

- **refashion the party** 당을 개조하다
- **refashion the program** 프로그램을 다시 만들다

replenish, plate, lag, laggard, rubbish

*라틴어 **plere** 채우다
*plenish 채우다, 저장하다

*replenish 다시 채우다, 보충하다
*replete 가득한, 충분한, 몹시 배부른

replete

replenish

replenish

replenish
water

*lag
뒤에 처지다, 뒤떨어지다

*laggy 응답(작동)이 느린
*leggard 느림보, 게으른 사람
*lager 저장맥주

jet lag

lag

laggard

방송
준비중

laggy

lager

*robe (의식때 입는) 예복, 가운

*rubbish 쓰레기, 형편없는 것
*rubbishy 형편없는, 쓰레기 같은

rubbish bin

robe

rubbish

ROOT/STEM

replenish 다시 채우다, 보충하다
* 라틴어 **plere**(채우다) → **plenish**(채우다, 저장하다), **plete**(채우는 것과 관련 있다)
* **re**(다시) + **plenish**(채우다) → **replenish** 다시 채우다, 보충하다
* **replete** ① 가득한, 충분한 ② 포식을 한, 몹시 배부른

(예문)

He continued to replenish my glass with wine. 그는 내 술잔에 포도주를 계속 채워주었다.

(구문)

* **replenish food** 식품을 보충하다
* **replenish the fire** 불을 다시 피우다
* **replete with learning** 학식이 풍부한
* **replenish the car with fuel** 자동차 연료를 보충하다
* **replete with useful information**
  유익한 기사로 충만한
* **replete with the latest technology**
  최신 기술을 탑재한

ROOT/STEM

lag ① 뒤에 처지다, 뒤떨어지다 ② 차이
* **lag**(뒤처지다, 뒤떨어지다) → **laggy** 응답(작동)이 느린
* **laggard** 느림보, 굼벵이, 게으른 사람 * **lager** 저장 맥주(6~8개월 저장)

(예문)

Don't race with time, but also do not lag behind it. 시간과 경주하지 말고 뒤처지지도 말아라.
Politics is lagging behind the stream of the times. 정치는 시대 조류에 뒤처져 있다.
The schools tend to lag behind cram schools in exam information.
학교는 입시학원보다 입시 정보에서 늦는 경향이 있다.
Due to jet lag, I am sleepy. 비행기 여행의 시차로 인한 피로 때문에 졸린다.

(구문)

* **time lag** 시차
* **lag behind his friends** 친구들보다 뒤처지다
* **lag behind fashion trends** 유행에 뒤떨어지다

ROOT/STEM

rubbish 쓰레기(같은 것), 형편없는 것 * **rubbishy** 형편없는, 쓰레기 같은
* Old French 「**robe**(훔친 옷, 훔친 것)」 → **robe**, **rubbish**
* **robe**(신분의 상징으로 또는 특별한 의식 때 입는) 예복, 가운 → 한 번 입고 나면 쓰레기 같은 것(**rubbish**)이 되어버린다.

(예문)

Rubbish! 말도 안 돼!
Don't talk rubbish! 개소리 하지 마!
It's not rubbish. 이건 헛소리가 아니야.

(구문)

* **a shower robe** 샤워 가운
* **a bathrobe** 목욕용 가운

retail, wholesale, prudent, provide, commodity, commerce

*Old French 「tailier」
자르다, 쪼개다
*re(다시)+ tail(자르다)
→ retail 소매(하다)

*retailer 소매업(자)
*wholesale 도매의 대량의
*wholesaler 도매업자

都賣 도매 wholesale	
小賣 소매 retail	

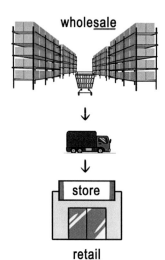

wholesale

↓

store

↓

retail

*pro 앞
*라틴어 videre 보다
*라틴어 providere
   예견하다, 조심(주의)하다

*provide 제공(공급)하다
*provision 공급, 제공, 대비, 준비
*prudence 신중, 조심, 검약, 절약
*imprudent 현명하지 못한, 겸손한

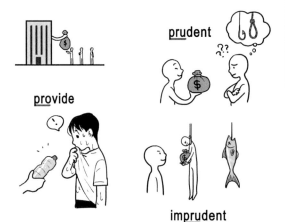

prudent

provide

imprudent

*com 함께
*라틴어 modi 크기 치수

*commodity 상품, 재화
*commerce 무역, 상업
*commercial 상업(의), 광고방송

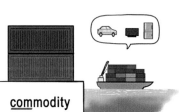

commodity

commerce

commercial

ROOT/STEM

retail ① 소매 ② 소매하다
* Old French 「taillier(자르다, 쪼개다)」
* **re**(다시, 반복) + **tail**(자르다, 쪼개다) → **retail** 여러 조각으로 쪼개어 파는 소매
* **retailer** 소매업, 소매업자 * **wholesale** 도매의, 대량의 * **wholesaler** 도매업자

예문

We don't sell them by retail. 우리는 그것들을 소매로 팔지 않습니다.

He conducted some wholesale reforms last month. 그는 지난달 대대적인 개혁을 실행했다.

구문

* **a retail shop** 소매점
* **retail price** 소매가격
* **buy retail** 소매로 사다
* **sell (by) retail** 소매로 팔다
* **buy wholesale** 도매로 사다
* **the wholesale slaughter** 대량살육

ROOT/STEM

prudent 신중한 (* **pru** = **pro** 앞)
* **pro**(앞) + 라틴어 **videre**(보다) → 라틴어 **providere**(예견하다, 조심하다, 주의하다)
* 라틴어 **providens**(신중한, 주의 깊은, 조심성 있는, 용의주도한) → **provide, provision, prudent, prudence**
* **provide** 제공(공급)하다 * **provision** ① 공급, 제공 ② 대비, 준비
* **prudence** ① 신중, 사려분별, 조심 ② 검약, 절약 * **imprudent** 현명하지 못한, 사려분별 없는, 경솔한, 조심성 없는
* **imprudently** 경솔(무분별)하게, 무모하게 → **imprudence** 경솔, 무분별, 무모함

예문

People should be prudent when starting a new relationship.
사람들은 새로운 관계를 시작할 때 신중해야 한다.

It was imprudent of you to say so. 그런 말을 하다니 경솔했구나.

구문

* **be prudent in one's behavior** 행동이 신중하다
* **should be prudent** 신중해야 한다
* **lack prudence** 신중함이 부족하다
* **do such an imprudent thing** 그런 무례한 짓을 하다
* **imprudent investments** 경솔한(현명하지 못한) 투자
* **have the imprudence to do** 경솔하게도 ~하다

ROOT/STEM

commodity ① 상품, 물품 ② 재화, 원자재, 유용한 것
* 라틴어 **modus**(크기, 치수), **modi**(복수형), 라틴어 **merx**(상품, 물품, **merc**로 변형)
* **com**(함께) + **modi**(크기, 치수) + **ty** → **commodity** 상품, 물품, 재화
* **commerce** 무역, 상업 * **commercial** ① 상업의, 상업적인 ② 광고 방송

예문

Commerce unites; religion divides. 상업은 통합한다; 종교는 분열시킨다.

The movie was not a commercial success. 그 영화는 상업적 성공을 거두지 못했다.

구문

* **commodity prices** 상품 가격
* **commodity tax** 물품세
* **consumable commodity** 소비재, 소모성 상품
* **hot commodity** 인기 상품
* **Chamber of Commerce** 상공회의소
* **e-commerce company** 전자상거래 업체
* **build e-commerce sites** 전자상거래 사이트를 만들다
* **commercial sponsorship** 상업적 후원
* **watch a commercial** 광고를 보다

118

postulate, conceal, literal

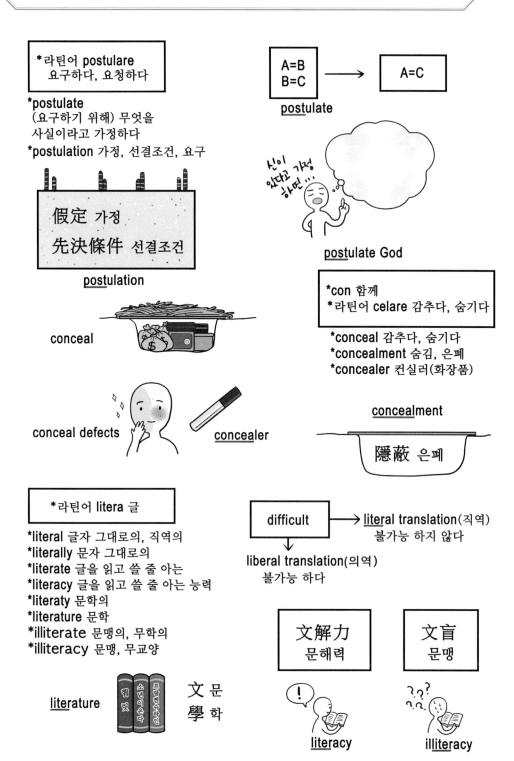

*라틴어 postulare
요구하다, 요청하다

*postulate
(요구하기 위해) 무엇을
사실이라고 가정하다
*postulation 가정, 선결조건, 요구

假定 가정
先決條件 선결조건

postulation

A=B
B=C → A=C

postulate

신이
있다고 가정
하면···

postulate God

conceal

*con 함께
*라틴어 celare 감추다, 숨기다

*conceal 감추다, 숨기다
*concealment 숨김, 은폐
*concealer 컨실러(화장품)

conceal defects   concealer

concealment

隱蔽 은폐

*라틴어 litera 글

*literal 글자 그대로의, 직역의
*literally 문자 그대로의
*literate 글을 읽고 쓸 줄 아는
*literacy 글을 읽고 쓸 줄 아는 능력
*literaty 문학의
*literature 문학
*illiterate 문맹의, 무학의
*illiteracy 문맹, 무교양

difficult → literal translation(직역)
불가능 하지 않다

liberal translation(의역)
불가능 하다

文解力
문해력

文盲
문맹

literature   文 문
學 학

literacy   illiteracy

ROOT/STEM

postulate ① (무엇을 사실이라고) 가정(상정)하다 ② 상정(想定)

* 라틴어 **postulare**(요구하다, 요청하다), 라틴어 **postulatus**(법적 주장, 요구)

→ **postulate** ① (어떤 것을 요구하는 주장을 하기 위해) 무엇을 사실이라고 가정(상정)하다 ② 가정(가설), 상정

* **postulation** ① 가정, 선결 조건 ② 요구

예문

I don't dare postulate about science. 나는 감히 과학에 대하여 가정하지 않는다.
I postulate that afterlife is existent. 나는 사후세계가 존재한다고 가정한다.

구문

• postulate the inherent goodness of man 인간이 본래 선하다고 가정하다
• the postulation that World War will unlikely to recur 세계대전이 재발하지 않을 것이라는 가정

ROOT/STEM

conceal 감추다, 숨기다

* **con**(함께) + 라틴어 **celare**(감추다, 숨기다) → **conceal** * **concealment** 숨김, 은폐

* **concealer** 컨실러(피부 결함을 감춰주는 화장품)

예문

Don't think you are going to conceal faults by concealing evidence.
증거를 은폐함으로써 잘못을 은폐하려고 생각하지 마라.

구문

• conceal a defect 결점을 감추다
• cannot conceal one's joy 기쁨을 감추지 못하다
• conceal one's feelings 감정을 감추다(숨기다)
• conceal one's envy of me 나에 대한 부러움을 감추다

• reveal or conceal 드러내거나 감추거나
• conceal one's disappointment 실망감을 감추다
• the concealment of crime 범행 은폐
• lie in concealment 잠복해 있다

ROOT/STEM

literal ① 글자 그대로의 ② 직역의, 과장 없는   * **literally** 문자 그대로의, 그야말로, 정말로

* 라틴어 **litera**(글) → **literal**, **literary**, **letter**   * **literary** 문학의, 문학적인   * **literature** 문학

* **literate** 글을 읽고 쓸 줄 아는   * **literacy** 글을 읽고 쓸 줄 아는 능력

* **illiterate** 글을 모르는, 문맹의, 문맹자   * **illiteracy** 문맹, 무학, 무교양

예문

His construal is too literal. 그의 법 해석은 너무 자구에 얽매여 있다.
Don't take what he said too literally. 그가 한 말을 곧이곧대로 받아들이지 마.

구문

• a literal translation 직역
• the literal meaning 글자 그대로의 의미
• a literary language 문학적 언어
• literary works 문학 작품

• become computer literate 컴퓨터를 다룰 수 있게 되다
• literacy and numeracy 글을 읽고 쓰는 능력과 산술 능력
• computer-illiterate 컴맹인
• illiteracy rate 문맹률

memory, memorial, commemorate, even, acute

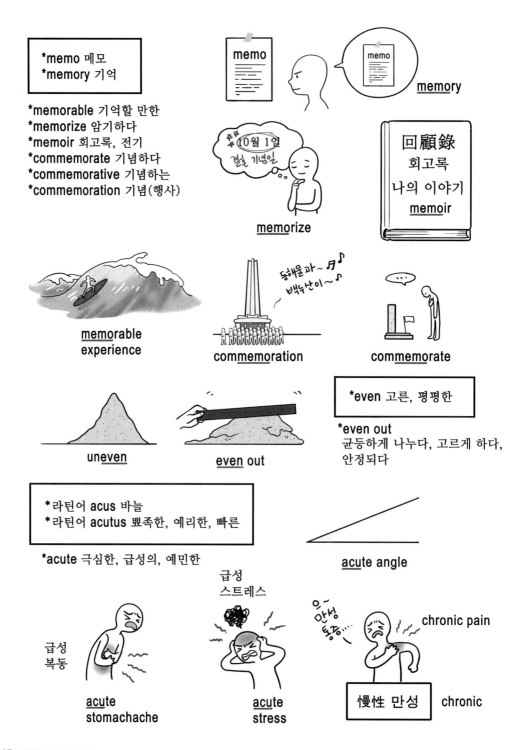

*memo 메모
*memory 기억

*memorable 기억할 만한
*memorize 암기하다
*memoir 회고록, 전기
*commemorate 기념하다
*commemorative 기념하는
*commemoration 기념(행사)

memory

memorize

回顧錄
회고록
나의 이야기
memoir

memorable
experience

commemoration

commemorate

*even 고른, 평평한

*even out
균등하게 나누다, 고르게 하다,
안정되다

uneven

even out

*라틴어 acus 바늘
*라틴어 acutus 뾰족한, 예리한, 빠른

*acute 극심한, 급성의, 예민한

acute angle

급성
스트레스

chronic pain

급성
복동

acute
stomachache

acute
stress

慢性 만성

chronic

acute
stomachache

ROOT/STEM

commemorative (중요 인물·사건을) 기념하는

* memo(메모) → memory 기억(력), 추억, 회상 * memorable 기억할 만한

* memorize 암기하다 * memorial ① 기념비 ② 기념하기 위한, 추도(추모)의

* memoir 회고록, 회상록, 체험기, 전기 * memorandum 각서, 제안서, 보고서

* com(함께) + memory(기억) + ate(접미사) → commemorate 기념하다

* commemorative (중요 인물·사건을) 기념하는 * commemoration 기념(행사)

예문

The government issued a commemorative stamp for the olympic. 정부는 올림픽 기념우표를 발행했다.

Creditors have better memories than debtors. 돈을 빌려준 사람들은 돈을 빌린 사람보다 잘 기억한다.

구문

• memorize lines in the script 대본의 대사를 외우다
• the ability to memorize 암기력
• the war memorial 전쟁기념비
• a memorial service 추도식

• a memorial hall 기념관
• commemorate the 20 years 20주년을 기념하다
• plant a commemorative tree 기념식수를 하다
• memorandom of understanding 양해각서(MOU)

ROOT/STEM

even 고른, 평평한 * even out 균등하게 나누다, 안정되다

예문

She has even teeth. 그녀는 치열이 고르다.

House prices will even out. 집값은 안정될 것이다.

Your pulse is even. 맥박이 고르세요.

The sun doesn't heat the earth evenly. 태양은 지구를 고르게 데워주지 않는다.

구문

• even out the distribution of ~의 분배를 균등하게 하다

ROOT/STEM

acute 극심한, 예민한, 급성의(↔chronic 만성의)

* 라틴어 acus(바늘), 라틴어 acutus(뾰족한, 예리한, 빠른) → acute 극심한, 급성의 예민한

*acute angle 예각(銳角, 직각보다 작은 각)

예문

He tumbles and tosses from acute abdomen. 그는 급성 복통으로 아파서 몸부림친다.

He is suffering from acute back pain. 그는 극심한 요통에 시달리고 있다.

구문

• acute pancreatitis 급성 췌장염
• an acute observer 예리한 관찰자

• chronic diseases 만성 질환
• chronic bronchitis 만성 기관지염

refer, reference, relate, relation

*라틴어 **referre**
　도로 가져오다
*라틴어 **relatus**
　되돌아온, 관련된

*refer 조회하다, 참고(참조)하다
*reference ①언급,추천 ②참고, 참조
*referee 심판, 심판을 보다
*relate 관련(결부)시키다, 이해(공감)하다
*relation 관계, 친척
*relationship 관련성, 유대관계

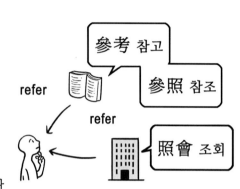

參考 참고
參照 참조
refer
refer
照會 조회

references

밑줄 참조

A　　B

relate

共感 공감

relate

참고서

reference book

make relationship

referee

referee

마약 제조
마약 유통
마약 사용

drug related offences

강우량 → 수확량
　　　 ←

relation

who/ whose/ whom
which/ whose
that/ what

relative pronoun

refer ① 알아보게 하다, 조회하다 ② 지시(언급)하다 ③ 참고(참조)하다

* re(다시) + 라틴어 ferre(운반하다) → 라틴어 referre(도로 가져오다)

→ refer(어떤 것을 물어보고 나에게 도로 가져오는 것이므로) 조회하다, 참고(참조)하다

* reference ① 언급, 추천 ② 참고, 참조   * referee 심판, 심판을 보다, 심사하다

* 라틴어 relatus(되돌아온, 관련된)

→ relate ① 관련(결부)시키다 ② 동질감을 느끼다, 이해(공감)하다 ③ ~에 관해 언급하다   * relation 관계, 친척

* relationship 관련성, 유대관계   * relative ① 상대적인 ② 친척, 동족   * relatively 비교적

(예문)

Don't refer to the matter again. 그 문제는 다시 거론하지 마.

Please refer to the attached instructions. 첨부된 사용 설명서를 참조해주세요.

Its related to us? 우리와 관계있는 건가요?

Can you relate? 공감해?

I can't relate to it. 나는 공감이 안 돼(나에게는 와닿지 않아).

You can't relate to children. 너는 어린이들을 이해할 수 없어.

The evidence does not relate with the fact. 그 증거는 사실과 부합되지 않는다.

(구문)

• refer to the guidebook 안내 책자를 참고하다
• refer to the above 상기 내용 참조
• refer to the employee 직원에게 지시(언급)하다
• refer the matter to a committee 그 문제를 위원회에 회부하다
• a topical reference 시사적 언급
• reference number 참조 번호
• a reference book 참고 서적
• a reference letter 추천서, 추천장
• blood-related 혈연관계인
• gene related diseases 유전 관련 질병들
• be inversely related to ~와 반비례 관계에 있다
• be closely related 밀접한 관련이 있다
• related papers 관련 서류
• drug related offences(offenses) 마약 관련 사범
• relative poverty 상대적 빈곤
• relative pronoun 관계대명사
• relatively inexpensive 비교적 덜 비싼
• relatively easy 비교적 쉬운

perspire, respire, inspire, acrobat, damp

*라틴어 spirare 숨쉬다
*spire는 기운이 드나드는 것과 관련이 있다

respire

呼吸 호흡
respiration

*respire 호흡하다
*respiration 호흡
*respiratory 호흡(기관)의
*respirate 인공호흡시키다
*respirator 인공호흡기
*inspire 불어넣다, 영감을 주다
*inspiration 영감
*perspire 땀을 흘리다
*perspiration 땀, 땀 흘리기

respirator

코 nose
기관지 bronchus
허파 lung
호흡 기관

respiratory organs

inspire

perspire

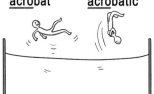

99% perspiration	
1% inspiration	genius

靈感 영감
inspiration

acrobat   acrobatic

acrophobia

*acro 끝(정점)에 있는
*bat 박쥐

*acrobat 곡예사
*acrobatics 곡예
*acrobatic 곡예의
*acrophonia 고소공포증
*acropolis 아크로폴리스
        (높은 도시, 언덕)
정치, 종교의 중심지 (그리스)

acropolis

曲藝 곡예
acrobatics

*damp 축축한, 눅눅한

*dampen 적시다, 기세를 꺾다, 위축시키다

dampen

damp

perspire 땀을 흘리다, 땀이 나다(**sweat**)
* 라틴어 **spirare**(숨 쉬다) → **spire**가 들어 있으면 기운이 드나드는 것과 관련이 있다. → **respire** 호흡하다
* **inspire** 불어넣다, 고무(격려)하다, 영감을 주다 * **inspiration** 영감
* **per**(완전히, 끝까지) + **spire**(숨 쉬다) → **perspire** 땀을 흘리다 * **perspiration** 땀, 땀 흘리기

(예문)

Those who perspire a lot experience inconvenience in social relationship.
땀을 많이 흘리는 사람은 사회생활에서 불편을 겪는다.

Perspiration helps the body cools down. 땀은 체온을 낮춰준다.
*체온이 상승하면 땀샘sweat gland에서 수분이 증발하여 피부를 식혀준다.

Genius is one percent inspiration, ninety nine percent perspiration.
천재는 1%의 영감과 99%의 땀이다. - 토마스 에디슨

Fish respire through their gills. 어류는 아가미로 숨을 쉰다.

(구문)

• **inspire me with confidence**
  ~에게 자신감을 불어넣다
• **inspire children** 아이들을 격려하다
• **inspire musicians** 음악가들에게 영감을 주다

• **artificial respiration** 인공호흡
• **respiratory ailments** 호흡기 질환
• **put on a respiration** 인공호흡기(산소호흡기)를 달다

ROOT/STEM

acrobat 곡예사
* **acro**(끝에 있는, 꼭대기에 있는) + **bat**(박쥐) → **acrobat**(높은 곳에서 박쥐처럼 매달려 있는) 곡예사   * **acrobatics** 곡예
* **acrobatic** 곡예의   * **acrophobia** 고소공포증   * **acropolis** 아크로폴리스(그리스)

(예문)

The acrobat performed a wonderful feat. 곡예사는 멋진 묘기를 보여주었다.
He is well known for his acrobatic stunts. 그는 고난이도 곡예 연기로 잘 알려져 있다.
He showed wonderful flying acrobatics. 그는 멋진 공중 곡예를 보여주었다.

(구문)

• **acrobatic flight** 곡예비행
• **aerial acrobatics** 공중 곡예

• **acrobatic stunts** 곡예 묘기(동작)
• **acrobatic feats** 곡예, 재주넘기

ROOT/STEM

damp 축축한, 눅눅한(상태, ~곳), 얼룩
dampen 적시다, 기세를 꺾다, 위축시키다

(예문)

It's damp here. 여기는 눅눅(꿉꿉)하다.
None of setbacks could dampen his enthusiasm. 어떤 저지(방해)도 그의 열의를 꺾을 수는 없다.

(구문)

• **smell damp** 눅눅한 냄새가 나다
• **dampen investor sentiment**
  투자 심리를 위축시키다

• **the warm and damp air** 따뜻하고 습한 공기
• **dampen the national economy**
  국가 경제를 위축시키다

respect, respective, disrespect, cater

*re 다시
*라틴어 specere
보다, 관찰하다

*respect 존중(존경)하다
*respective 각자의, 각각의
*respectively 각자, 각각, 제각기
*respecter 차별하는(편파적인) 사람
*respectable 존경할만한, 꽤 괜찮은
*respectability 존경할 만함, 훌륭함
*respectful 존경심을 보이는, 공손한
*respectfylness 공손함, 예의 바름
*disrespect 무례, 결례
*disrespectful 무례한, 실례되는

respect

pick one respectively

respective role

respectable result

disrespect for the law

disrespectful behavior

caterer

cater

*cater
① (행사에) 음식을 공급하다
② ~의 구미에 맞추다(to)

*catering
행사, 연회등 듬식공급(업)
*caterer 음식 공급자

respect 존중(존경)하다, 존경(존중)

respective 각자의, 각각의(개개인은 모두 존중받아야 한다)

* re(다시) + 라틴어 **specere**(보다, 관찰하다) → **respect** 다시 쳐다볼 정도로 존중(존경)하다, 존경(존중)

* **respective** (존중받는) 각자의, 각각의

* **respecter** 차별 대우하는 사람, 편파적인 사람 * **respectable** 존경할 만한, 훌륭한, 꽤 괜찮은

* **respectability** 존경할 만함, 훌륭함 * **respectful** 존경심을 보이는, 공손한

* **respectfulness** 공손함, 예의 바름

* **disrespect** 무례, 결례 * **disrespectful** 무례한, 실례되는

예문

You have no respect for your elders. 너는 선배에 대한 존경심이 없어.

Death is no respecter of wealth. 죽음은 재산을(부자를) 차별 대우하지 않는다.

Let's do our best in our respective fields. 각자 자신의 분야에서 최선을 다하자.

Samsung and Apple came in first and second respectively in sales of mobile phones.

삼성과 애플이 휴대폰 판매에서 각각 1위와 2위를 차지했다.

I didn't mean no respect. 무시하려는 건(무례를 범하려는 건) 아니었어요.

구문

• pay one's respect 경의를 표하다, 조문(참배)하다
• respect enemy 적을 얕보지 않다
• in every respect 모든 면에서
• a respectable result 부끄럽지 않은 결과
• a respectable neighbourhood 훌륭한 이웃들
• a respectable leader 훌륭한 리더
• be respectful of authority 권위를 존중하다

• be respectful to elders 연장자에게 예우를 갖추다
• stand at a respectful distance
  무례가 안 될 정도의 거리에 서다
• disrespect for the law 법을 존중하지 않음
• disrespect for the dead 고인에 대한 무례
• disrespectful behavior 실례 되는 행동
• be disrespectful to ~에게 무례하다

cater ① (행사에) 음식을 공급하다 ② ~의 구미에 맞추다, ~에 영합하다 (~to)

* **catering** (행사, 연회 등) 음식 공급(업) * **caterer** 음식 공급자

* **cat**(고양이)가 음식을 공급한다고 생각하면 기억하기 쉽다.

예문

A catering service is also available. 출장연회 서비스도 가능합니다.

구문

• cater for a feast 연회를 위한 음식을 공급하다
• cater to the mass-market 대중적 시장의 구미에 맞추다

• cater for the needs of the korean consumers
  한국 소비자들의 요구에 맞추다

avian, aviate, exert, exertion

*라틴어 avis 새

*avian 새의
*aviary 새장
*aviarist 새를 기르는 사람
*aviate 비행하다
*aviation 항공(술), 비행
*aviator 비행사
*aviatophobia 비행 공포증

avian

aviate

aviary

aviarist

*ex 밖으로
*라틴어 sertus 꺼낸, 빼낸

*exert 힘을 가하다, 힘껏 노력하다
*exertive 노력하는
*exertion 노력, 분투, 힘의 행사

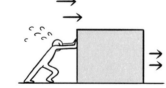

exert

physical exertion

exert an effort

aviation 항공(술), 비행(술)

* 라틴어 **avis**(새) → **avian** 새의 * **aviary** 새장 * **aviarist** 새를 기르는 사람, 애조가

* 라틴어 **avis**(새) → **avian** 새의 → **aviate** 비행하다, 비행기를 조종하다

* **aviation** 항공(술), 비행 * **aviator** 비행사 * **aviatophobia** 비행공포증

예문

He used to aviate military aircraft. 그는 예전에 군용기를 몰았다.

He used to be an aviator. 그는 예전에 비행기 조종사였다.

He is a master of aviation. 그는 비행술의 달인이다.

구문

• **avian flu** 조류독감(**bird flu**)
• **avian influenza** 조류 인플루엔자(**AI**)
• **aviation sickness** 항공병

• **aviation industry** 항공 산업
• **aviation technology** 항공 기술
• **aviation safety** 항공 안전

---

exert ① (힘, 영향력을) 가하다, 행사하다 ② 힘껏 노력하다, 분투하다

* **ex**(밖으로) + 라틴어 **sertus**(꺼낸, 빼낸) → **exert** (밖으로 꺼내기 위해 힘을) 가하다, 행사하다

* **exertive** 노력하는 * **exertion** ① 노력, 분투 ② (힘, 영향력의) 행사

예문

The chief presidential secretary exerted his authority to make him resign.

대통령 비서실장은 그가 사임하도록 모든 권한을 행사했다.

Language exerts hidden power, like a moon on the tides.

달이 조류에 영향을 미치듯이, 언어는 겉으로 드러나지 않는 영향력을 행사한다.

Make your best exertion. 최대한의 노력을 기울여라.

It is no exertion for me to do so. 그렇게 하는 것은 나에게는 힘든 일이 아니다.

구문

• **exert one's influence** 영향력을 행사하다
• **exert an effort** 노력을 기울이다
• **do one's exertion** 전력을 다하다

• **the exertion of force** 물리력의 행사
• **over-exertion** 과도한 운동(연습)
• **physical exertion** 육체적 노력(격렬한 운동)

encompass, acclaim, effect, efficiency, efficacy

*en ~하게 하다
*compass 나침반, 컴퍼스, 범위

*encompass 포함하다, 에워싸다

compass

compass

encompass

my claims
1
2
3

claim

*ac 방향(ad)
*claim 주장, 요구, 요청하다

*acclaim 칭송하다

acclaim

*라틴어 efficere
성과를 내다, 효과를 내다, 생산하다
*effi 는 생산적인 것, 효과적인 것과
관련이 있다

effect

effect

*effect 영향, 결과, 효과
*effective 효과적인, 실질적인, 시행되는
*effectual 효과적인, 효능이 있는
*efficient 능률적인, 유능한, 효율적인
*efficacy 효험, 효능
*efficiency 효율, 능률(성)

effective

effective medication

fuel efficiency

15km/l

效驗효험   efficacy

encompass ① 포함하다, 망라하다, 아우르다 ② 에워싸다, 둘러싸다

*en(~하게 하다) + compass(나침반, 컴퍼스, 범위) → encompass 포함하다, 에워싸다

예문

These books encompass the universal themes. 이 책은 보편적인 주제들을 다루고 있다.

구문

- **a compass needle** 나침반 바늘
- **electronic compass** 전자 나침반
- **moral compass** 윤리 기준
- **encompass theories and practices** 이론과 실제를 포함하다

acclaim ① 칭송하다, 환호하다 ② (작품, 업적 등에 대한) 칭찬, 찬사

* ac(방향 ad) + claim(주장, 요구, 요구·요청하다) → acclaim 칭송하다

예문

His work did not receive much acclaim during his lifetime. 그의 작품은 그의 생애 동안 호평을 받지 못했다.

The people acclaimed their king. 국민들은 그들의 왕에게 환호했다.

구문

- **a claim for damages** 손해배상 요구
- **a prior claim** 우선권
- **claim back the tax** 세금 환급을 요구하다
- **critical acclaim** 비평가들의 찬사
- **receive great acclaim** 큰 갈채를 받다

efficiency 효율, 능률(성), 효율화

* 라틴어 efficere(성과를 내다, 효과를 내다, 만들다, 생산하다)
* effi는 생산적인 것, 효과적인 것과 관련이 있다.
* effect 영향, 결과, 효과 * effective 효과적인, 실질적인, 시행되는
* effectual 효과적인, 효능이 있는 * efficient 능률적인, 유능한, 효율적인
* efficacy 효험, 효능

예문

They released a new car with increased fuel-efficiency. 그들은 연비가 개선된 새 차를 출시했다.

This medicine has a marvelous efficacy in that disease. 이 약은 그 병에 놀라운 효능이 있다.

구문

- **an efficient person** 유능한 사람
- **less efficient** 덜 효율적인
- **effectual means** 효과적인 수단
- **work efficiency** 업무 능률

prolific, proliferate, proletariat, resort

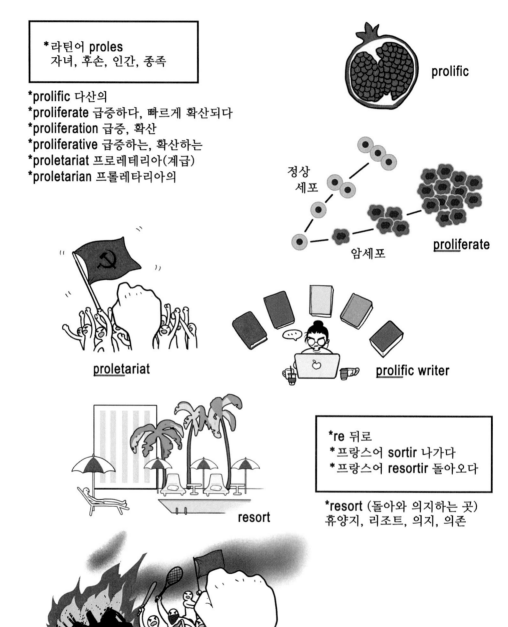

*라틴어 **proles**
자녀, 후손, 인간, 종족

*prolific 다산의
*proliferate 급증하다, 빠르게 확산되다
*proliferation 급증, 확산
*proliferative 급증하는, 확산하는
*proletariat 프로레테리아(계급)
*proletarian 프롤레타리아의

prolific

정상
세포

proliferate

암세포

proletariat

prolific writer

resort

*re 뒤로
*프랑스어 sortir 나가다
*프랑스어 resortir 돌아오다

*resort (돌아와 의지하는 곳)
휴양지, 리조트, 의지, 의존

resort to violence

prolific ① 다작하는 ② 다산의, 열매를 많이 맺는 ③ 먹이가 풍부한

* 라틴어 **proles**(자녀, 후손, 인간, 종족) → **prolific** 다산의
* **proliferate** 급증하다, 빠르게 확산되다 * **proliferation** 급증, 확산
* **proliferative** 급증하는, 확산하는
* **proletariat** (자녀를 많이 낳는) 프롤레타리아 계급 * **proletarian** 프롤레타리아의

예문

Evolution is survival of the most prolific.

진화는 번식력이 가장 강한 것들이 살아남는 것이다.

*강한 자가 살아남는 것이 아니라 살아남는 자가 강하다. 가장 강한 자는 힘센 자가 아니라 적응하는 자이다.

Germs and molds tend to proliferate in humid conditions.

세균과 곰팡이는 습한 조건에서 번식하는 경향이 있다.

Karl Marx focused on a conflict between proletariat and bourgeois.

칼 마르크스는 프롤레타리아와 부르주아의 갈등에 초점을 맞추었다.

*서양철학의 전통은 대립되는 것들이 모순을 지양하면서 조화로운 방향으로 나아간다는 것이고 이것은 모순과 대립 속에서 역사가
발전한다는 헤겔의 변증법으로 이어졌다. 그러나 마르크스는 모순, 대립, 긴장 관계를 조화, 균형, 통일을 향하는 것으로 보지 않고
모순을 확대하고 과장하여 증오심으로 인류를 영원히 싸우게 하는 계급투쟁의 철학을 만들었다.

구문

• **prolific in minerals** 광물질이 풍부하다
• **a prolific goal-scorer** 득점력이 뛰어난 선수
• **a prolific inventors** 발명을 많이 하는 발명가
• **a prolific writer** 작품 활동을 많이 하는 저술가
• **proliferate nuclear weapons** 핵무기를 확산시키다
• **cancer cell proliferation** 암세포 확산(증식)

resort ① 휴양지, 리조트 ② 의지, 의존 ③ ~에 호소하다 ④ 마지막 수단, 최후의 보루
* **re**(뒤로) + 프랑스어 **sortir**(나가다) → 프랑스어 **resortir**(돌아오다)
→ **resort** ① (돌아와 의지하는 곳) 휴양지, 리조트 ② 의지, 의존

예문

He began to fast in the last resort. 그는 최후의 수단으로 단식을 시작했다.

Never resort to violent means. 절대로 폭력적 수단에 의지하지 마라.

The government resorted to a drastic measure. 정부는 강경한 조치를 취했다.

The police resorted to force disperse the demonstrators. 경찰은 시위대를 해산시키기 위해 무력을 사용했다.

구문

• **the last resort** 최후의 수단
• **a spa resort** 온천 리조트

intense, tension, intensity, intend, drop out

> *라틴어 tensus
> 빳빳이 펴진, 긴장된

*tense 긴장한, 긴박한, 동사의 시제(문법)
*tension 긴장(갈등) 상태
*tensity 긴장(상태), 긴장도
*intense 극심한, 치열한, 강렬한
*intension ①강화, 세기, 강도 ②긴장
*intensity 강렬함, 격렬함, 강도(세기)
*intensify 심해지다, 심화(강화)하다
*intensification 심화, 강화, 증대

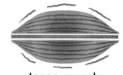
tense muscle

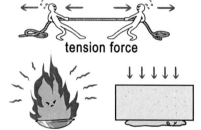
tension force

> *라틴어 tendere 펼치다, 팽팽하게 하다

*tend ~하는 경향이 있다, ~하기 쉽다
*intend 의도(격정)하다, 의미(뜻)하다
*intention 의사, 의도(목적)
*intentional 의도적인, 고의로 한

intense heat

intense pressure

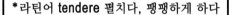
최고강도
intensity
intensify

intentional foul

intend to protest

intend to sue

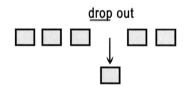
drop out

> *drop
> ①떨어지다, 떨어뜨리다
> ②방울, 소량, 조금

*drop out
①탈퇴하다, 빠지다 ②중퇴(낙오)하다
*dropout 중퇴, 자퇴(자)

dropout

ROOT/STEM

intense 극심한, 치열한, 강렬한, 열정적인

intend ① 의도(작정)하다 ② 의미하다, 뜻하다

* 라틴어 **tensus**(빳빳이 펴진, 긴장된) → **tense**, **intense**

* **tension** 긴장(갈등) 상태 * **tensity** 긴장 (상태), 긴장도

* **intension** ① 강화, 세기, 강도 ② 긴장 * **intensity** 강렬함, 격렬함, 강도(세기)

* **intensify** ① 심해지다 ② 심화(강화)하다 * **intensification** 강화, 심화, 증대

* 라틴어 **tendere**(펼치다, 팽팽하게 하다) → **tend** ~하는 경향이 있다(~하기 쉽다)

* **intend** 의도(작정)하다, 의미(뜻)하다

* **intention** 의사, 의도(목적) * **intentional** 의도적인, 고의로 한

예문

Intense love does not measure. 강렬한(열정적) 사랑은 재지 않는다.

The UN intensified economic sanctions on rogue state.

유엔은 불량 국가(테러지원국)에 대한 경제 제재를 강화했다.

Evolve into the complete person you are intended to be.

당신이 되고자 하는 완벽한 인격체로 거듭나세요.

They are intentionally planning to divert the river from its course.

그들은 의도적으로 강의 물줄기를 바꾸려고 계획하고 있다.

구문

• **tense muscles** 긴장된 근육

• **the past tense** 과거 시제(과거형)

• **tension has heightened** 긴장이 고조되었다

• **racial tension** 인종 간의 갈등(긴장)

• **standing tensely** 긴장한 채 서 있다

• **intense activity** 치열한 활동

• **intense heat** 격렬한 열기

• **intense pressure** 극심한 압력

• **intensify crackdown** 단속을 강화하다

• **intensified training** 강화(심화) 훈련

• **enforce the intension of** ~의 강도를 강화하다

ROOT/STEM

drop out ① 탈퇴하다, 빠지다 ② 중퇴하다, 낙오하다

* **dropout** ① 중퇴자, 기성 체제(인습) 거부자 ② 중퇴, 자퇴, 학업 중단

예문

He dropped out of university. 그는 대학을 중퇴했다.

He is a university dropout. 그는 대학 중퇴자이다.

He dropped out of active politics. 그는 현역 정치에서 손을 뗐다.

구문

• **drop out of the race** 경주에서 이탈(낙오)하다

• **a high school dropout** 고교 중퇴자

• **high dropout** 높은 중퇴율

notorious, notice, notify, concur, current, concurrent

*라틴어 notus
 잘 알려진, 소문난
*not은 알리는 것과 관련이 있다

*notorious 악명높은
*notice 알아채다, 주목하다, 공고물, 공지
*noticeable 뚜렷한, 현저한
*unnoticed 눈에 띄지 않는, 간과되는
*notify 알리다, 공고(공지)하다
*notification 알림, 통지, 공고

사고다발지역 danger

notorious accident black spot

notice
알림

noticeable growth

notorious gangster

notify by email

notify

noticeable scar

*라틴어 currere 달리다
*cur는 달리는 것, 빨리 움직이는
 것, 흐르는 것과 관련이 있다

concur with him in the opinion

의 견

ok!

*concur 동의하다, 의견일치를 보다
*current ①현재의, 통용되는
          ②흐름, 기류, 전류

*currency 통화, 통용
*concurrent 공존하는, 동시의
*concurrence 동시발생, 의견일치,
             동의

concurrence

concurrence

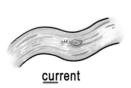
current

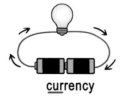
currency

single currency

ROOT/STEM

notorious 악명 높은

* 라틴어 **notus**(잘 알려진, 소문난) → **notorious** 악명 높은
* **notice** ① 알아채다, 주목하다 ② 알아챔, 주목 ③ 공고물, 통지
* **noticeable** 뚜렷한, 현저한 * **noticeably** 현저하게, 눈에 띄게
* **notice board** 게시판(**bulletin board**) * **unnoticed** 눈에 띄지 않는, 간과되는
* **notify** 공식적으로 알리다, 통고(통지)하다 * **notification** (격식적 표현) 알림, 통지, 공고

예문

This point is a notorious accident black spot. 이 지점은 악명 높은 사고다발 지점이다.

I noticed how he neatly sidestepped the question. 그가 얼마나 교묘히 질문을 회피하는지 보았다.

We will notify you of the news by post. 우리는 우편으로 그 소식을 통보하겠습니다.

구문

* **a notorious criminal organization** 악명 높은 범죄 조직
* **notorious for bleeding his debtors**
  채무자들의 고혈을 짜내기로 악명 높은
* **notify a change of address** 주소 변경을 통지하다
* **notify in advance** 사전에 고지하다
* **notify unilaterally** 일방적으로 고지하다
* **noticeable growth** 눈에 띄는 성장
* **an unnoticeable burn** 눈에 띄지 않는 불탄 자국
* **go unnoticed** 눈에 띄지 않고 넘어가다
* **pass unnoticed** 지나치다, 간과하다

ROOT/STEM

concur 동의하다, 의견 일치를 보다

* 라틴어 **currere**(달리다 **run**) → **cur**는 달리는 것, 빨리 움직이는 것, 흐르는 것과 관련이 있다.
* **con**(함께) + **cur**(달리다) → **concur** 동의하다, 의견 일치를 보다
* **current** ① 현재의, 지금의, 통용되는 ② 흐름, 기류, 전류 * **currency** 통화, 통용
* **concurrent** 공존하는, 동시의 * **concurrence** ① 동시 발생 ② 동의, 의견 일치

예문

I concur with you on that point. 그 점에서 너와 의견이 일치한다.

I expressed concurrence with that suggestion. 나는 그 제안에 동의를 표시했다.

Assassination of the prime minister was concurrent with the event. 총리 암살은 그 사건과 동시에 발생했다.

구문

* **concur with the proposal** 그 제안에 동의하다
* **concur with the fact** 사실과 일치하다
* **concurrent connection** 동시 연결
* **concurrent condition** 동시 이행 조건
* **concurrence of events** 사건의 동시 발생
* **concurrence in opinion** 의견의 일치
* **current state** 현황
* **current affairs debate** 시사 토론
* **against a strong current** 강한 물살을 헤치고
* **the current recession** 현재의 경기 후퇴
* **the single currency** 단일 통화
* **foreign currency** 외화
* **British currency** 영국 통화

hale, inhale, exhale, sewer, sewage

*라틴어 halare 숨쉬다

*inhale 들이마시다(들이쉬다)
*inhaler 흡입기
*inhalant 흡입제
*inhalation 흡입
*exhale 내쉬다, 내뿜다
*exhalant 방출하는, 뿜어내는
*exhalation 내뱉는(내쉬는) 것, 발산, 증발

inhale

inhaler

exhale

inhalant

허브 페퍼민트
흡입제

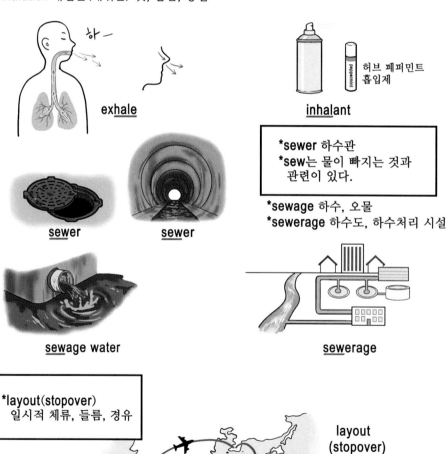

sewer

sewer

*sewer 하수관
*sew는 물이 빠지는 것과
 관련이 있다.

*sewage 하수, 오물
*sewerage 하수도, 하수처리 시설

sewage water

sewerage

*layout(stopover)
 일시적 체류, 들름, 경유

layout
(stopover)

hale 건강한, 정정한, 노익장의, 원기 왕성한

* 라틴어 **halare**(숨 쉬다) → 건강은 숨 쉬는 것과 관련이 있다. * **hale** 건강한, 정정한

* **in**(안으로) + 라틴어 **halare**(숨 쉬다) → **inhale** (숨, 연기, 가스 등) 들이마시다(들이쉬다)

* **inhaler** 흡입기

* **ex**(밖으로) + 라틴어 **halare**(숨 쉬다) → **exhale** 내쉬다, 내뿜다

예문

Inhale the positive, exhale the negative. 긍정을 삼키고 부정을 뱉어라.

Inhale the present, exhale the past. 현재를 삼키고 과거를 뱉어라.

구문

• hale and hearty 정정하고 원기 왕성한　　　　• exhale air 숨을 내쉬다
• inhale smoke 연기를 들이마시다

sewer 하수관

* **Old French** 「**sewiere**(연못의 수문)」「**esseweer**(물이 빠지게 하다)」

*sew는 물이 빠지는 것과 관련이 있다. 물이 빠질 정도로 구멍이 있으면 sew(바느질) 해야 한다.

* **sewage** 하수, 오물 * **sewerage** 하수도, 하수처리 시설

예문

Don't construct sewage disposal plant in my town. 우리 고장에 하수처리장을 설치하지 마라.

*NIMBY(Not in My Backyard) 현상은 자신이 사는 지역에 위험·혐오 시설이 들어서는 것을 반대하는 현상을 말한다. 이것은 공익을
위해서는 필요한 시설이지만 자신이 속한 지역에 들어오는 것은 반대하는 지역 이기주의 현상을 설명할 때 사용되는 용어다.

구문

• a sewer rat 시궁쥐　　　　　　　　　• a sewage outlet 하수 배출구
• sewer gas 하수 가스　　　　　　　　• sewage sludge 하수 찌꺼기(오니)

layover(미국 **stopover**) 일시적 체류, 머묾(들름), 경유

예문

We had two-hour layover in Honolulu. 우리는 호놀룰루에 두 시간 체류했다.

I have a layover in Incheon. 나는 인천에서 갈아타야 한다(인천을 경유해야 한다).

No stopover is allowed. 도중하차가 안 됩니다.

129

pound, impound, vacuum, vacuous, vacate

*pound 치다, 두드리다

*impound (치고, 두드리면서)
압수(몰수)하다, 가두다, 수용하다

pound the fish

the heart is
<u>pound</u>ing

<u>pound</u>ing at the door
쾅쾅!

head is <u>pound</u>ing

眞空 진공
vacuum

<u>vacuum</u>-packed

*라틴어 vacuum 진공
*라틴어 vacuus 비어있는

*vacuum 진공
*vacuous 멍청한, 얼빠진
*vacate 비우다, 떠나다
*vacant 비어있는, 결원의
*vacation 방학, 휴가, 휴정

<u>vacuum</u> cleaner

<u>vacuous</u> expression

<u>vacate</u>

AM 11:00
Check out
Please-
Hotel 705
guests should <u>vacate</u>
their rooms

<u>vacuous</u> life

<u>vacant</u>

<u>vacant</u> lot

<u>vacation</u>

ROOT/STEM

impound ① 압수하다, 몰수하다 ② 가두다, 수용하다

* **im**(안으로 in) + **pound**(요란하게 여러 차례 치다, 두드리다)

→ **impound** (치고 두드려서) ① 압수(몰수)하다 ② 가두다, 수용하다

* 압수(몰수), 가두는 것을 치는 것(**pound**)과 관련지으면 기억하기 쉽다.

예문

The police impounded his weapons. 경찰은 그의 무기를 압수했다.

He impounded stray dogs. 그는 떠돌이 개들을 가두었다.

I was awoken by a pounding at the door. 나는 문을 쿵쿵 두드리는 소리에 잠에서 깨어났다.

Music is pounding out from the nightclub. 나이트클럽에서 음악이 쿵쿵거리며 흘러나오고 있다.

구문

• **a pounding headache** 머리가 지끈거리는 두통
• **pounding wave** 거센 파도
• **pound at the door** 문을 마구 두드리다
• **impound property** 재산을 몰수하다
• **impound the cattle** 소를 몰아넣다

ROOT/STEM

vacuum 진공, 공백

* 라틴어 **vacuum**(진공), 라틴어 **vacuus**(비어 있는)

* **vac**는 비어 있는 것과 관련이 있다 → **vacuum** 진공 * **vacuous** 멍청한, 얼빠진

* **vacate** 비우다, 떠나다 * **vacant** 비어 있는, 결원의

* **vacancy** ① 결원, 공석 ② 빈 방 ③ 멍함 * **vacay** 방학, 휴가

* **vacation** 방학, 휴가, 휴정

예문

The vacuum cleaner sucks up the dust. 진공청소기는 먼지를 빨아들인다.

His presence will fill the power vacuum. 그의 존재가 전력 공백을 메워줄 것이다.

Drugs changed his alert look to a vacuous stare. 약물은 그의 총기 있는 눈빛을 얼빠진 눈빛으로 변화시켰다.

구문

• **vacuum a room** 진공청소기로 방을 청소하다
• **a vacuum-pack** 진공 포장
• **a vacuum vessel** 진공 용기
• **a vacuous expression** 멍청한(얼빠진) 표정
• **vacate the room** 방을 비우다
• **a vacance look** 바캉스 룩
• **paid vacation** 유급 휴가
• **take a vacation** 휴가를 가지다

130

convoy, convey, invert, revert, advert, convert

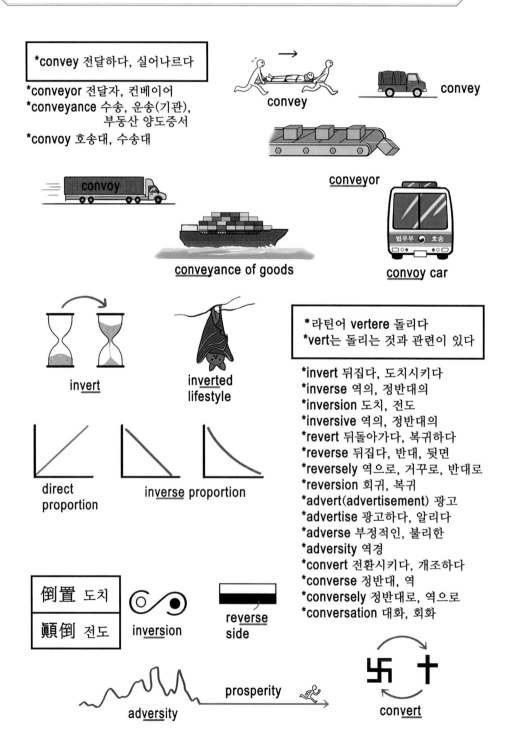

*convey 전달하다, 실어나르다

*conveyor 전달자, 컨베이어
*conveyance 수송, 운송(기관),
　　　　　　부동산 양도증서
*convoy 호송대, 수송대

convey

convey

conveyor

conveyance of goods

convoy

convoy car

법무부 호송

invert

inverted
lifestyle

direct
proportion

inverse proportion

*라틴어 vertere 돌리다
*vert는 돌리는 것과 관련이 있다

*invert 뒤집다, 도치시키다
*inverse 역의, 정반대의
*inversion 도치, 전도
*inversive 역의, 정반대의
*revert 뒤돌아가다, 복귀하다
*reverse 뒤집다, 반대, 뒷면
*reversely 역으로, 거꾸로, 반대로
*reversion 회귀, 복귀
*advert(advertisement) 광고
*advertise 광고하다, 알리다
*adverse 부정적인, 불리한
*adversity 역경
*convert 전환시키다, 개조하다
*converse 정반대, 역
*conversely 정반대로, 역으로
*conversation 대화, 회화

倒置 도치

顚倒 전도

inversion

reverse
side

adversity

prosperity

convert

convoy 호송대, 수송대
* **convey**(전달하다, 실어 나르다) → **convoy** 호송대, 수송대
* **conveyor** 전달자, 컨베이어
* **conveyance** ① 수송, 운송(기관), 탈것 ② 부동산 양도증서

예문

They delivered cash under convoy of the police. 그들은 경찰의 호송하에 현금을 운반했다.

They sailed under convoy of the destroyer. 그들은 구축함의 호위를 받으며 항해를 했다.

They drove in convoy. 그들은 대열을 이루어 달렸다.

They ambushed a relief convoy. 그들은 구호 수송대를 매복 습격했다.

구문

• convoy mission 호송 임무
• food convoy 식량 수송대
• armed convoy 무장 호송
• convoy system 선단식 경영 시스템
• convey the message 그 메시지를 전달하다

• convey goods 상품을 실어 나르다
• convey the urgency 긴급함을 전달하다
• convey passengers 승객을 실어 나르다
• convey property 재산을 양도하다
• the conveyance of water 물 운반

ROOT/STEM

* 라틴어 **vertere**(돌리다) → **vert**는 돌리는 것과 관련이 있다.
* **in**(안으로) + **vert**(돌리다) → **invert** ① (아래위를) 뒤집다 ② (순서를) 도치시키다
* **inverse** 역(정반대)의 * **inversion** 도치, 전도 * **inversive** 역(정반대)의
* **re**(뒤로) + **vert**(돌리다) → **revert** 되돌아가다, 복귀하다, 발길을 돌리다
* **reverse** 뒤집다, 반전(역전)시키다 * **reversion** 회귀, 복귀
* **ad**(방향) + **vert**(돌리다) → **advert**(**advertisement**) 광고(좋은 방향으로 돌려서 말하는 것)
* **advertise** 광고하다, 알리다 * **adversity** 역경 * **adverse** 불리한, 부정적인
* **con**(함께) + **vert**(돌리다) → **convert** ① 전환시키다, 개조하다(되다) ② 개종자, 전향자
* **converse** (사실, 진술의)정반대 * **conversely** 정반대로, 역으로 * **conversation** 대화, 회화

예문

He inverted the sandglass. 그는 모래시계를 뒤집었다.

Bats have an inverted lifestyle. 박쥐는 거꾸로 매달려 생활한다.

It rests on an inverted pyramid. 그것은 위태로운 형국(누란지세)이다.

Your age is in inverse proportion to your memory. The converse is also true.
나이는 기억에 반비례한다. 그 반대도 마찬가지다(기억도 나이에 반비례한다).

As working hours increase, wages also increase. The converse is also true.
일하는 시간이 늘어남에 따라 임금도 증가한다. 그 반대의 경우도 마찬가지다.

Adversity is the touchstone of friendship. 역경은 우정의(단단함을 시험하는) 시금석이다.

구문

• invert a plate 접시를 뒤집다
• inverted hang 거꾸로 매달리기
• inverted triangle 역삼각형
• the inversion of word order 어순의 도치
• go into reverse 반전(역전)되다
• reverse the order 순서를 뒤집다

• the reverse effect 역효과
• reverse the economic decline
  경기 쇠퇴의 흐름을 역전시키다
• advertise goods for sale 상품 판매 광고를 하다
• advertisement flyers 광고 전단지

131

catastrophe, catacomb, debt, debit, outlay

*그리스어 kata 아래로(down)
*그리스어 strephein 돌리다
*그리스어 kastrephein
　　　뒤엎음, 전복

*catastrophe 참사, 재앙
*cataclysm 대재앙, 대변동
*catacomb 지하묘지, 지하통로

catastrophe

大災殃
대재앙

cataclysm

catacomb

debt

BANK

*라틴어 debitum
　빚, 채무, 의무, 책임

*debt 빚, 부채
*debit 차변(지출란), 인출금액
　　　인출하다

차변 debit	대변 credit
자산증가(+) 부채감소(−) 자본감소(−)	자산감소(−) 부채증가(+) 자본증가(+)

Visa debit

VISA

debit card

*out 밖으로
*lay 두다, 놓다

*outlay 경비, 지출

outlay

支出 지출

outlay

ROOT/STEM

catastrophe 참사, 재앙
* cata(그리스어 kata 아래로) + 그리스어 strephein 뒤엎음, 전복 → catastrophe 참사, 재앙(disaster)
* dis(좋지 않은) + aster(별) → disaster 참사, 재앙, 재난
* cata(아래로) + comb(빗, 빗질하다) → catacomb 지하 묘지, 지하 통로
* cataclysm (홍수·전쟁 등) 대재앙, 대변동

예문

War is a series of catastrophe that results in a victory.

전쟁은 승리를 가져오는 재난의 연속이다. - 조지 클레망소

The sinking of the oil tanker was a major catastrophe. 그 유조선 침몰은 대형 참사였다.

구문

• a major catastrophe 대형 참사(커다란 재앙)
• a climate catastrophe 기후 재앙
• impending disaster 곧 닥칠 재앙
• a disaster 완전실패(자)

ROOT/STEM

debt 빚, 부채(를 진 상태)
debit 차변(지출란), 인출금액, 인출하다
* 라틴어 debitum(빚, 채무, 의무, 책임) → debt(빚), debit(차변)

예문

He that dies pays all debts. 죽으면 모든 빚이 저절로 청산된다. - 윌리엄 셰익스피어
*채무자가 사망하면 채무도 상속된다. 그러니 유족이 상속을 포기하면 그만이다. 죽으면 만사가 끝난다는 것은 현실적으로 그렇다는 것일 뿐, 영적 세계에서는 그것이 증명된 바 없다. 채무 때문에 죽음을 택하는 것은 최악의 선택이 될 수도 있다.

We don't pay back our parents. The debt we owe them gets collected by our children.
우리는 부모에게 진 빚을 갚지 않는다. 우리가 부모에게 진 빚은 자식들이 걷어 간다.

구문

• pay it by direct debit 자동이체로 그것을 납부하다
• debit card 직불 카드(체크 카드)
• debit side 부정적 측면
• repay the debt 빚을 갚다
• be in debt 빚을 지고 있다

ROOT/STEM

outlay 경비, 지출
* out(밖으로) + lay(두다, 놓다) → outlay 경비, 지출

예문

This will hardly cover your initial outlay.
이것으로는 너의 본전도 건지기 어려울 것이다.

구문

• cash outlay 현금 지출
• financial outlay 경비 지출
• outlay for education 교육비
• capital outlay 자본 지출(출자)

audio, audit, audition, auditory, distress

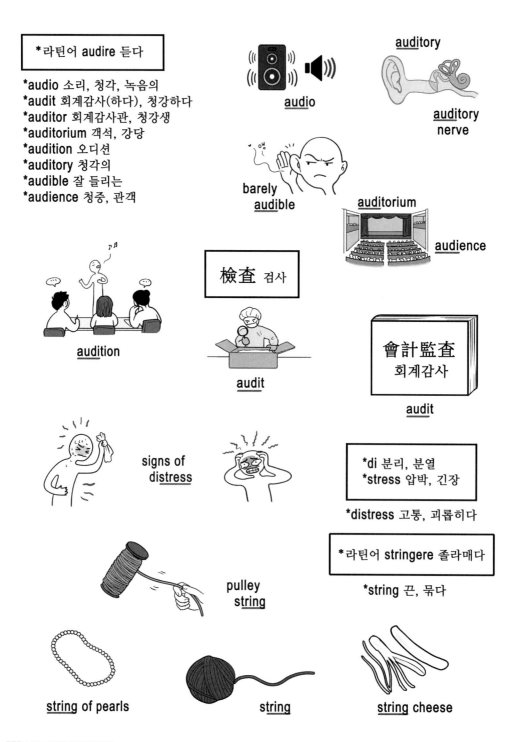

*라틴어 audire 듣다

*audio 소리, 청각, 녹음의
*audit 회계감사(하다), 청강하다
*auditor 회계감사관, 청강생
*auditorium 객석, 강당
*audition 오디션
*auditory 청각의
*audible 잘 들리는
*audience 청중, 관객

audio

auditory

auditory nerve

barely audible

auditorium

audience

audition

檢査 검사

audit

會計監査
회계감사

audit

signs of distress

*di 분리, 분열
*stress 압박, 긴장

*distress 고통, 괴롭히다

*라틴어 stringere 졸라매다

*string 끈, 묶다

pulley string

string of pearls

string

string cheese

auditory 청각의

* 라틴어 **audire**(듣다) → **audio** 소리, 청각, 녹음의
* **audio**(소리, 청각) → **audit** (들어보면서) 회계감사, (품질, 수준) 검사(하다), 수업을 청강하다
* **auditor** 회계감사관, 청강생   * **auditorium** (들어보는) 객석, 강당
* **audition** (들어보는) 오디션, 오디션을 실시하다, 오디션에 참가하다
* **audio**(소리, 청각) → **auditory** 청각의   * **audible** 잘 들리는   * **audience** 청중, 관객

예문

Using earphones too much can cause auditory difficulties.

이어폰을 너무 많이 사용하면 청각 장애를 야기할 수 있다.

The company has an audit at the end of each financial year.

그 회사는 매년 회계연도 말에 회계감사를 받는다.

The auditorium has a seating capacity of 2,000. 그 강당은 2,000명을 수용할 수 있는 좌석을 갖추고 있다.

구문

* **auditory nerve** 청신경
* **auditory stimuli** 청각 자극
* **auditory range** 청각 범위
* **auditory difficulties** 청각 장애
* **annual audit** 연례 감사
* **audit report** 감사 보고서
* **year-end audit** 연말 감사
* **audit a course** 강좌를 청강하다
* **barely audible** 간신히 들리는
* **clearly audible** 또렷하게 들리는
* **the audience booed** 관중들이 야유를 보냈다

distress ① (정신적) 고통, 괴로움, 곤경 ② 괴롭히다, 고통스럽게 하다

* 라틴어 **stringere** 졸라매다 → **string** 끈, 묶다   * **stress** 압박, 긴장, 강조하다
* **di**(분리, 분열) + **stress**(압박, 긴장) → (찢어서 압박함으로써) 괴롭히다, 괴로움, 고통

예문

Gold is tried with fire, friendship with distress. 황금은 불로 시험하고, 우정은 곤경이 시험한다.

Company in distress makes sorrow less. 어려울 때 친구는 슬픔을 덜어준다.

He is a distress to the family. 그는 가족의 골칫거리다.

Don't distress yourself. 괴로워하지 마.

He is economically distressed. 그는 생활고에 시달리고 있다.

구문

* **economic distress** 경제적 어려움, 생활고
* **distress call** 조난 호출(구조 요청)
* **a ship in distress** 조난당한 배
* **distressing scene** 비참한 광경
* **distressing news** 비통한 소식
* **distressed area** 재해 지구
* **be distressed at the sight**
  그 광경을 보고 괴로움에 시달리다

presence, precedented, absence, tort, torture, retort

> *라틴어 esse 있음
> *sence, sent는 있음(有)과
>   관련이 있다

*present 현재의, 존재하는, 참석한
*presence (특정한 곳에) 있음, 존재함, 참석
*absence 결석, 부재, 없음

king's absence　　king's presence

presence of GOD

unprecedented
heat wave

torque
linear force

force
torque

> *라틴어 torquere
>   비틀다, 투석기를 돌리다
> *tor은 돌리는 것, 비트는 것과
>   관련이 있음

*torque 회전력, 토크
*tort 불법행위
*torture 고문(하다)
*retort 반박(반격)하다
　　　　반박, 응수, 대구

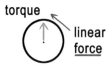

tort

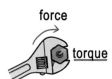

torture

Fxx you!　Dxx you!

retort

ROOT/STEM

presence (특정한 곳에) 있음, 존재(함), 참석

* 라틴어 **esse**(있음) → **sence**, **sent**는 있음(有)과 관련이 있다.
* **present** ① 현재의, 존재하는, 참석한 ② 선물 ③ 현재, 지금
* **unprecedented** 전례가 없는, 미증유의
* **ab**(away) + **sence**(있음) → **absence** 결석, 부재, 없음

예문

We are all equal in the presence of death. 우리는 모두 죽음 앞에 평등하다.

It is a violation of etiquette to yawn in king's presence. 왕 앞에서 하품하는 것은 예의에 어긋나는 일이다.

Your presence is requested. 당신의 참석을 요망합니다.

This summer's heat wave is unprecedented. 이번 여름의 폭염은 전례가 없다.

This winter's cold snap is unprecedented. 이번 겨울의 한파는 전례가 없다.

구문

• **expand one's presence** 존재(입지)를 확대하다
• **notice his presence** 그의 존재를 눈치채다
• **a presence behind him** 그의 뒤에 있는 어떤 존재
• **in the presence of others** 남들 앞에서
• **the present government** 현 정부
• **bring a present** 선물을 가져오다
• **everyone present** 참석한 모든 사람
• **many of those present** 참석한 사람들 중 많은 사람들

ROOT/STEM

retort 반박(응수, 대꾸)하다, 쏘아붙이다

* 라틴어 **torquere**(비틀다, 투석기를 돌리다) → **torque** 회전력, 토크
* 라틴어 **torquere**(비틀다) → **tort** 불법행위   * **torture** 고문, 고문하다
* **re**(다시, 뒤로) + **tort**(불법행위) → **retort** 반박(반격)하다, 쏘아붙이다, 반박, 응수, 대꾸

예문

They have retorted blow each other. 그들은 서로 공격을 맞받아쳤다.

Smaller and more insignificant things begin to torture you in proportion to your fear of being hurt.
다칠까 두려워하는 만큼씩 더 작고 하찮은 것들이 당신을 괴롭히기 시작할 것이다. - 토마스 머튼

구문

• **commit a tort** 불법행위를 범하다
• **a civil tort** 민사상 불법행위
• **suffer torture** 고문을 당하다
• **confessions extracted by torture** 고문에 의한 자백
• **get a sharp retort** 날카로운 반격을 당하다(한 방 먹다)
• **retort blow for blow** 공격에 공격으로 되받아치다
• **give a sharp retort** 날카롭게 반격(반박)하다
• **increase the torque** 토크를 증가시키다

profuse, effuse, diffuse, wring

*라틴어 fundere 쏟다, 붓다
*라틴어 profundere 쏟아버리다, 흘리다

*profuse 많은, 다량의
*profusely 많이, 다량
*profusion 다량, 풍성함
*profusiveness 아낌없이 주는 태도,
　　　　　　　　 낭비성
*effuse 발신(유출)시키다
*effusive 야단스러운, 과장된
*effussion 유출, 감정의 토로
*diffuse 널리 퍼진, 분산된,
　　　　 분산(확인)시키다(되다)
*diffusive 잘 퍼지는, 확산성의,
　　　　　 보급되기 쉬운

profuse

profuse
tears

perspire
profusely

effusion of oil

effuse

effuse to the surface

diffuse

diffusion

diffuser

effusive welcome

wring out

wring up
the nut

*wring
짜다, 비틀다

*wring out 비틀어 짜다
*wring up 단단히 죄다
*wring down (목을) 조르다,
　　　　　 억누르다

wring down
the rat

* **pro**(앞으로) + 라틴어 **fundere**(쏟다, 붓다) → 라틴어 **profundere**(쏟아버리다, 흘리다)

→ **profuse** 많은, 다량의   * **profusely** 많이, 다량

* **profusion** 다량, 풍성함   * **profusiveness** 아낌없이 주는 태도(자세), 낭비성

* **ef**(밖으로 ex) + 라틴어 **fundere**(쏟다, 붓다) → 라틴어 **effundere**(내보내다, 쏟아놓다)

→ **effuse** 발산(유출)시키다   * **effusive** 야단스러운, 과장된   * **effusion** 유출, 감정의 토로

* **dif**(분산 dis) + 라틴어 **fundere**(쏟다, 붓다) → 라틴어 **diffundere**(퍼뜨리다, 분산시키다)

→ **diffuse** ① 널리 퍼진, 분산된 ② 산만한, 장황한 ③ 분산(확산)시키다(되다), 번지다

* **diffusion** 방산, 발산, 보급, 유포

* **diffusive** 잘 퍼지는, 확산성의, 보급되기 쉬운

(예문)

He is profuse of(with) his money. 그는 돈을 아끼지 않고(헤프게) 쓴다.

He is profuse in his outlays. 그는 경비 지출이 심하다. (*outlay 경비, 지출)

(구문)

• profuse hospitality 극진한 환대
• profuse tears 하염없이 흐르는 눈물
• bleed profusely 피를 많이 흘리다
• perspire profusely 땀을 많이 흘리다
• the smell of kimchi effuses from the kitchen
  김치 냄새가 부엌에서 풍겨 나온다
• effusive greeting 요란스러운 인사
• effusive rocks 분출암

• expect effusive welcome
  열렬한(야단스러운) 환영을 기대하다
• an effusion of oil 기름 유출
• a political effusion 정견의 발표
• diffuse power 권력을 분산시키다
• diffuse the virus 바이러스를 확산시키다
• Internet diffusion 인터넷 보급
• stimulus diffusion 자극 확산

---

wring out ~을 비틀어(쥐어) 짜다, 짜내다, 조르다, 닦달하다

* **wring**(짜다, 비틀다) → **wring out** 비틀어 짜다

* **wring up** 단단히 죄다 * **wring down** 조르다

(예문)

You cannot get the money back no matter how hard you wring him out.

너는 그를 아무리 쥐어짜도 돈을 돌려받을 수 없다.

The snake wrings down the rat slowly. 뱀이 쥐의 목을 서서히 조른다.

(구문)

• wring out the laundry 빨래를 비틀어 짜다
• wring out the force of labor 노동력을 착취하다

• wring up the nut 너트를 단단히 죄다

consist, consistent, consistency, subdue

*con 함께
*라틴어 sistere
　서다, 지속하다, 존속하다

*consist ~로 이루어져 있다, ~에 있다.
*consistent 한결같은, 일관된, 일치하는
*consistency 한결같음, 일관성
*inconsistent 일치하지 않는
*inconsistency 모순, 불일치

Happiness consists
in contentment

consist of 4big islands

consistent

一貫性 일관성

consistency

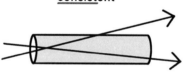

inconsistent

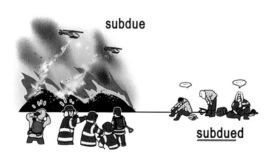

subdue

subdued

*sub ~아래에, 아래로
*라틴어 ducere 끌어당기다
*라틴어 subducere
　뽑아내다, 제거하다

*subdue 진압하다, 가라앉히다
*subdued 기분이 가라앉은,
　　　　좀 우울한

inconsistent 내용이 다른, 부합(일치)하지 않는, 일관성 없는

* con(함께) + 라틴어 sistere(서다, 지속하다, 존속하다) → consist ① ~로 이루어져 있다 ② ~에 있다

* consistent 한결같은, 일관된, ~와 일치하는   * consistency 한결같음, 일관성

* in(부정) + consistent(한결같은, 일관된, ~와 일치하는) → inconsistent 일치하지 않는

예문

A dream is inconsistent with reality. 꿈은 현실과 일치하지 않는다.

His statements are inconsistent with the facts. 그의 진술은 사실과 부합하지 않는다.

It is inconsistent with science. 그것은 과학적으로 맞지 않는다.

Intemperance is not consistent with good health. 무절제는 건강과 양립하지 않는다.

This noodles have a good consistency. 이 국수는 찰기가 좋다.

The most mean way of harming a cause consists of defending it deliberately with faulty arguments.

명분을 해치는 가장 비열한 방법은 고의로 잘못된 주장으로 명분을 옹호하는 것이다. - 프리드리히 니체

Maturity consists in having rediscovered the seriousness one had as a child at play.

성숙(원숙)함은 어릴 때 놀이에 열중하던 진지함을 다시 발견하는 데 있다. - 프리드리히 니체

*니체는 관습적인 도덕규범에 얽매이지 않고 그것을 뛰어넘어 새로운 가치를 창조하기 위해서는 놀이를 하면서 스스로의 창조성을 높이는 어린아이와 같은 자세로 살아야 한다고 하였다(낡은 가치, 거칠고 엄격해진 어른의 모습, 복잡한 의식을 가진 자아를 뚫고 나와야 한다. 과거에 대한 집착과 미래에 대한 기대를 버리고 현재에 충실해야 한다).

구문

• consistent argument 일관성 있는 주장   • correct the inconsistency 불일치를 수정하다

subdue 진압하다, 가라앉히다, 억누르다

* sub(아래) + 라틴어 ducere(끌어당기다)

→ 라틴어 subducere(뽑아내다, 제거하다) → subdue 진압하다, 가라앉히다

* subdued (기분이) 가라앉은, 좀 우울한, 조용조용한

예문

The strength of a man is to be measured by the power of the feelings he subdues.

한 개인의 강인함은 그가 억누르는 감정의 힘으로 판단할 수 있는 것이다. - 윌리엄 셰익스피어

*강한 감정이 반드시 강한 인격(strong character)을 만드는 것은 아니다. 강한 감정을 억누를 수 있는 사람이 정말로 강한 사람이다. 감정을 억누르고 힘을 기르면서 때를 기다려라.

The supreme art of war is to subdue the enemy without fighting.

전쟁의 최고 기술은 싸우지 않고 적을 정복하는 것이다.

Virtue subdues power. 덕은 힘을 굴복시킨다.

구문

• subdue the revels 반란자들을 진압하다   • subdue a mob 폭도들을 진압하다

• subdue an urge 충동을 억누르다   • subdue flames 화염을 진압하다

revere, reverent, eloquent, traitor, betray

*re 다시
*라틴어 vereri
　두려워 하다, 존경하다

*revere 숭배(존경)하다
*reeverent 숭배(존경)하는
*reverently 경건하게, 정중하게
*reverend 목사
*reverence 숭배, 존경
*reverential 숭배심이 넘치는

revere

pay
reverence

Ma'am

pay reverence

reverend

*e(ex) 밖으로
*라틴어 loquor 말하다
*ent 접미사

*eloquent 유창한
*eloquently 유창하게
*eloquence 웅변, 능변, 설득력
*elocution 웅변술, 연설 능력

eloquent

雄辯 웅변　eloquence

*라틴어 tradere
　넘겨주다, 인도하다
*라틴어 traditor
　넘겨주는자, 반역자, 배신자

*traitor 배신자, 반역자
*betray 넘겨주다, 배신(배반)하다
*betrayer 배신자, 매국노
*betrayal 배신, 배반

betrayer

betray

背信 배신

betrayal

revere (격식적 표현) 숭배하다(**idolize**), 추앙(존경)하다, 떠받들다

* **re**(다시, 강조) + 라틴어 **vereri**(두려워하다, 경외하다, 존경하다) → **revere** 숭배(존경)하다   * **reverent** 숭배(존경)하는

* **reverently** 경건하게, 정중하게   * **reverend** 목사

(예문)

We revere him as a life mentor. 우리는 그를 인생 멘토로 존경한다.

They looked at me with reverence. 그들은 존경 어린 시선으로 나를 보았다.

(구문)

• **revere the old** 옛것을 숭배하다

• **reverence for God** 신에 대한 숭배

• **in a reverent manner** 정중하게

• **in a reverent voice** 경건한 목소리로

eloquent 웅변(연설)을 잘하는, 유창한

* **e**(밖으로 **ex**) + 라틴어 **loquor**(말하다) + **ent**(집미사) → **eloquent** 유창한

* **eloquently** 유창하게   * **eloquence** 웅변, 능변, 설득력

* **elocution** 웅변술, 연설 능력

(예문)

Silence is more eloquent than words. 침묵은 말보다 더 웅변적이다.

Well-timed silence have more eloquence than speech. 시의적절한 침묵은 연설보다 더 설득력이 있다.

(구문)

• **an eloquent speaker** 유창한 연설가

• **eloquent speech** 유창한 연설

• **passionate eloquence** 열정적 웅변

• **deft eloquence** 능수능란한 화술(웅변)

traitor 배신자, 반역자

* 라틴어 **tradere**(넘겨주다, 인도하다) → 라틴어 **traditor**(넘겨주는 자, 반역자, 배신자) → **traitor** 배신자, 반역자

* **be**(~로 만들다, ~가 되다) + 라틴어 **tradere**(넘겨주다, 인도하다) → **betray** 넘겨주다, 배신(배반)하다

* **betrayal** 배신, 배반

(예문)

Our doubts are traitors. 의심은 배반자이다. - 윌리엄 셰익스피어

*의심하면 내가 하고자 하는 일에 대한 두려움이 생겨 얻을 수 있는 좋은 결과를 얻지 못하게 된다.

He was branded as a traitor. 그는 반역자로 낙인찍혔다.

When we succeed, our pride betrays us. 성공할 때는 자존심이 우리를 배반한다.

*실패한 때는 자존심이 우리를 지켜준다. 그러나 성공한 때는 자존심이 자만심이 되기 쉽기 때문에 화를 초래할 수도 있다.

(구문)

• **behead the traitor** 반역자를 참수하다

• **label (as) a traitor** 반역자 딱지를 붙이다

• **betray one's colleagues** 동료들을 배신(밀고)하다

• **a betrayal of my trust** 나의 신뢰에 대한 배신

• **betrayal trauma** 배신 트라우마

voluntary, involuntary, impede, impeach

*라틴어 voluntas 의사, 의도, 의지
*라틴어 voluntarius 자원하는, 자발적인
*volunt는 자발적 의지(will)의 관련이 있다

*voluntary 자발적인
*voluntarily 자발적으로, 자진해서
*volunteer 자원봉사자
*involuntary 비자발적인, 자기도 모르게 하는
*involuntarily 모르는 사이에, 본의 아니게

volunteer

寄附
기부

voluntary contribution

involuntary smoking

不隨意筋
불수의근

involuntary muscle

名譽退職 명예퇴직

voluntary resignation
voluntary retirement

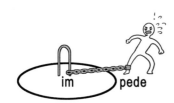
im   pede

*im 안으로(in)
*라틴어 pes 발
*라틴어 pedere 발을 달다
*라틴어 pedica 올가미, 덫

*impede 방해하다, 지연시키다
*impeach 탄핵하다
*impeachable 탄핵(고발) 대상이 되는
*impeachment 비난, 고소, 고발, 탄핵

彈劾
탄핵

impeach   impeachment

voluntary 자발적인, 자원해서 하는

* 라틴어 **voluntas**(의사, 의도, 의지) → 라틴어 **voluntarius**(자원하는, 자발적인, 자유의지에 의한)
* **volunt**는 자발적 의지(**will**)와 관련이 있다.
* 라틴어**volunt**(자유의지) + **ary**(접미사) → **voluntary** 자발적인
* **voluntarily** 자발적으로, 자진해서   * **volunteer** 자원봉사자
* **in**(부정) + **voluntary**(자발적인) → **involuntary** 비자발적인, 자기도 모르게 하는, 원치 않는
* **involuntarily** 모르는 사이에, 본의 아니게, 부지불식간에

(예문)

Breathing and heartbeats are involuntary actions. 호흡과 심장박동은 비자발적(무의식적) 활동이다.

Many voluntary helpers were active in the olympic games.

많은 자원봉사자들이 올림픽 경기에서 활동했다.

I voluntarily work overtime. 나는 자발적으로 연장 근무를 한다.

(구문)

- **voluntary service** 자원봉사
- **step down voluntarily** 자진해서 물러나다
- **involuntary smoking** 비자발적 흡연
- **involuntary cry** 무의식적 비명
- **an involuntary reflex** 무의식적 반사 행동
- **involuntary muscle** 불수의근
- **draw back involuntarily** 무의식적으로 뒤로 물러서다

impeach 탄핵하다, ~에 대해 의문(의혹)을 제기하다

* 라틴어 **pes**(발), 라틴어 **pedere**(발을 달다), 라틴어 **pedica**(올가미, 덫)
* **pe**, **ped**는 발과 관련이 있다. → **pedal**(페달), **pedicure**(발 관리), **pedigree**(족보, 혈통)
* **im**(안으로 **in**) + **pede**(발) → **impede** (안으로 발을 잡아) 방해하다, 지연시키다
* **impede**(방해하다, 지연시키다) → **impeach** 탄핵하다
* 방해(**impede**), 탄핵(**impeach**)은 발(**ped**)을 잡아 자유롭지 못하게 하는 것과 관련이 있다.
* **impeachable** 탄핵(고발)의 대상이 되는   * **impeachment** 비난, 고소, 고발, 탄핵

(예문)

The national assembly impeached the president for abuse of authority.

국회는 대통령을 직권남용으로 탄핵했다.

(구문)

- **impeach the witness** 증인의 신빙성을 탄핵하다
- **impeach the minister** 장관을 탄핵하다
- **impeach his motives** 그의 동기에 의혹을 제기하다
- **the presidential impeachment** 대통령 탄핵
- **an impeachable offense**
  탄핵의 대상이 되는 위법행위
- **support**(**oppose**) **the impeachment**
  탄핵을 지지(반대)하다

autonomous, autonomy, precept, concept, mischief

*auto
스스로, 저절로, 자동적으로
*그리스어 nomos 법, 관습

*autonomous 자주적인, 자율적인, 자치의
*autonomy 자치권, 자주성, 자율성

autonomy

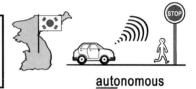

自治 자치
自主 자주
自律 자율

autonomous car

Greenland

autonomous territory of Denmark

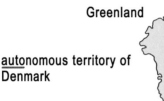

local autonomy

개념

concept

民主 민주

difficult concept

자유?
인권?
선동?
비효율?

*라틴어 capere, cipere, 잡다
→ 영어 capt, ceive, cept로 변형

*precept 교훈, 계율
*preceptive 교훈적인, 명령적인
*concept 개념

pratice 실행
example 실제사례 > precept 교훈

*실행(실제사례)가 교훈보다 낫다
말로만 하지말고 솔선수범하라

誠實 성실

moral precepts

*mis 잘못된
*chief 추장, 주된

*mischief 나쁜 짓, 장난
*mischievous 짖궂은, 말썽꾸러기의

mischievous boy

ㅋㅋ

mischief

ROOT/STEM

autonomous 자주적인, 자율적인, 자치의
* **auto**(스스로, 저절로, 자동적으로) + 그리스어 **nomo**(법, 관습) + **ous**(접미사)
→ **autonomous** 자주적인, 자율적인, 자치의   * **autonomy** 자치권, 자주성, 자율성

예문

Hong Kong has demanded autonomy from China. 홍콩은 중국으로부터의 자치권을 요구해왔다.

I set a high value on autonomy. 나는 자율성을 중요하게 생각한다.

The company developed autonomous vehicle. 그 회사는 자율주행 차량을 개발했다.

구문

• **an autonomous region** 자치 지역
• **autonomous learning** 자율 학습
• **an autonomous republic** 자치 공화국
• **full autonomy** 완전 자치
• **an autonomous territory** 자치령

• **work autonomously** 스스로(독자적으로) 작동하다
• **autonomy in management** 경영자율권
• **the autonomy of selecting their own students** 학생 선발의 자율권

ROOT/STEM

precept 교훈, 계율, 행동 수칙
* 라틴어 **capere, cipere**(잡다) → **capt, ceive** → **cept**로 변형
* **cept**는 잡는 것, 품는 것과 관계가 있다.
* **pre**(앞에) + **cept**(잡은 것, 품은 것) → (앞에서 선조들이 잡고 있던) 교훈, 계율
* **preceptive** 교훈적인, 명령적인   * **preceptively** 교훈적으로, 명령대로
* **con**(함께) + **cept**(잡은 것, 품은 것) → **concept** (함께 잡아서 품고 있는) 개념

예문

Practice is better than precept. 실행이 교훈보다 낫다.

There is no moral precept that does not have something inconvenient about it.
지키기에 불편한 것이 없는 도덕 계율은 없다.

구문

• **worthwhile precept** 가치 있는 교훈
• **religious precept** 종교적 계율

• **the elusive concept** 규정하기 힘든 개념
• **a slippery concept** 파악하기 힘든 개념

ROOT/STEM

mischief 나쁜 짓, 장난, 장난기
* **mis**(나쁜, 잘못된) + **chief**(추장, 주된, 머리의) → **mischief** (나쁘게 머리를 써서 한) 장난
* **mischief**(나쁜 짓, 장난) → **mischievous** 짓궂은, 말썽꾸러기의, 해를 끼치는

예문

The mischievous pranks often turns to fights.
짓궂은 장난은 종종 싸움이 된다. (*prank 농담으로 하는 장난 *prank call 장난전화)

구문

• **a mischievous devil** 짓궂은 악마
• **a mischievous plan** 악의적인 계획

• **a mischievous boy** 짓궂은 소년
• **keep out of mischief** 장난을 피하다(멀리하다)

superstition, trivia, trivial, trifle, fortress

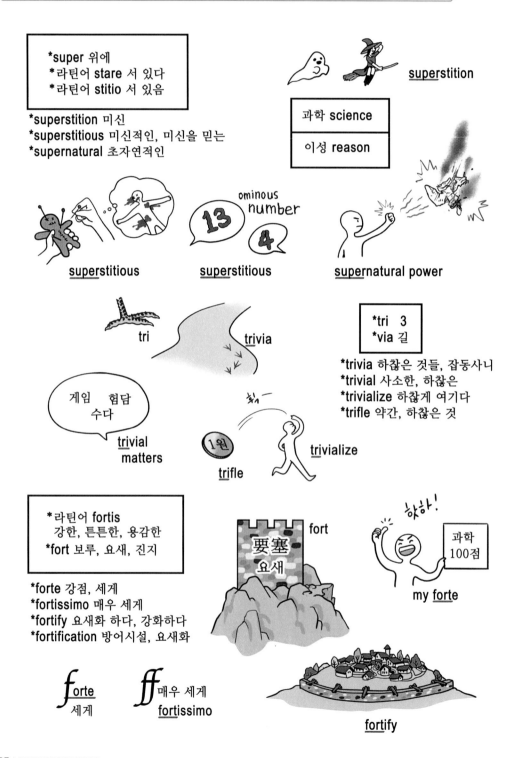

*super 위에
*라틴어 stare 서 있다
*라틴어 stitio 서 있음

*superstition 미신
*superstitious 미신적인, 미신을 믿는
*supernatural 초자연적인

superstition

과학 science

이성 reason

superstitious

superstitious

supernatural power

tri

trivia

*tri 3
*via 길

*trivia 하찮은 것들, 잡동사니
*trivial 사소한, 하찮은
*trivialize 하찮게 여기다
*trifle 약간, 하찮은 것

게임 험담
수다

trivial
matters

trifle

trivialize

*라틴어 fortis
강한, 튼튼한, 용감한
*fort 보루, 요새, 진지

*forte 강점, 세게
*fortissimo 매우 세게
*fortify 요새화 하다, 강화하다
*fortification 방어시설, 요새화

fort

要塞
요새

과학
100점

my forte

forte
세게

fortissimo
매우 세게

fortify

superstition 미신
* **super**(위에) + 라틴어 **stitio**(서 있음) → **superstition** (현실 위에 서 있는 것) 미신
* **superstitious** 미신적인, 미신을 믿는   * **supernatural** 초자연적인

예문

Fear is the main source of superstition. 두려움은 미신의 근원이 된다.
*사이비 종교인, 선동 정치꾼들은 인간의 두려움을 이용하여 이득을 취한다.

Superstition is to religion what astrology is to astronomy.
미신과 종교의 관계는 점성술과 천문학의 관계와 같다.

구문

• be free from superstition 미신을 믿지 않다   • supernatural powers 초자연적 능력
• superstitious belief 미신적 믿음

ROOT / STEM

trivia 하찮은(사소한) 것들, 잡동사니, 잡학
* **tri**(3) + **via**(길) → **trivia** (삼거리에서 쉽게 볼 수 있는) 하찮은 것들
* **trivial** 사소한, 하찮은   * **trivialize** 하찮게 여기다, 비하(경시)하다   * **trifle** ① 약간 ② 하찮은 것

예문

We have no time for trivia. 하찮은 일에 낭비할 시간이 없다.
It's a trivial matter. 그것은 사소한 문제야.
I cannot be bothered with trifles. 나는 하찮은 일에 신경 쓸 수 없어.
Don't be disappointed at such a trifle. 그까짓 일로 실망하지 마.

구문

• domestic trivia 사소한 집안일   • trivial offense 경범죄
• trivia quiz 일방상식 퀴즈   • trivial matters 사소한 일

ROOT / STEM

fortress 요새
* 라틴어 **fortis**(강한, 튼튼한, 용감한) → **fort** 보루, 요새, 진지(**fortress**는 규모가 더 크다)
* **forte** ① 강점 ② 세게   * **fortissimo** 매우 세게
* **fortify** 요새화하다, 강화하다   * **fortification** 방어 시설, 요새화

예문

UN troops besieged the fortress. 유엔군이 그 요새를 포위 공격했다.
They have built an impregnable fortress. 그들은 난공불락의 요새를 구축했다.
The heart of man could be fortified with positivity. 인간의 마음은 긍정성(적극성, 확신)으로 강화될 수 있다.

구문

• fortify the town 마을을 요새화하다   • fortified concrete 강화 콘크리트
• impenetrable fortress 철옹성, 난공불락의 요새   • fortify the defense 방어를 강화하다

sterile, sterilize, expedite, expedition

*라틴어 sterilis
비옥하지 않은, 불임의

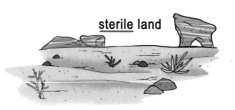

sterile land

*sterile 불임의, 살균한, 소독한
*sterility 불임
*sterilize 살균(소독)하다, 불임이 되게 하다
*sterilizer 살균 장치, 소독기
*sterilization 불임(단종)시술, 살균, 소독

sterile

不姙 불임

sterility

sterilize

UV sterilizer

殺菌 살균
消毒 소독

sterilization

*라틴어 pes 발
*라틴어 pedere 발을 달다
*ped, pedi는 발과 관련이 있다

*expedite 신속히 처리하다
*expedition 탐험, 탐험대, 원정대,
　필요한 일을 하기 위한 짧은 여행

ex

expedite
delivery

빨리
빨리!

꼬르륵!

ex

expedition

ROOT/STEM

sterile ① 불임의(**infertile**) ② 살균한, 소독한 ③ 아무 소득 없는, 무익한

* 라틴어 **sterilis**(비옥하지 않은, 불임의) → **sterile** 불임의, 살균한, 소독한

* **sterility** 불임 * **sterilize** 살균(소독)하다, 불임이 되게 하다

* **sterilization** ① 불임(단종)시술, 불모로 만듦 ② 살균, 멸균, 소독

예문

This land became sterile after the meteorite impact. 이 땅은 운석 충돌 이후 불모의 땅이 되었다.

I sterilized surgical instruments. 나는 수술 도구들을 소독했다.

A mule is generally sterile. 노새는 대개 새끼를 낳지 못한다.

*노새는 암말과 수탕나귀 사이에서 이종교배로 태어난 동물이다. 노새는 유전적으로 홀수의 염색체(63)개를 가지고 있어서
생식세포 분열 시 염색체가 쌍을 이루지 못하기 때문에 생식세포를 형성할 수 없어서 대부분 불임이다.

구문

• **sterile land** 척박한 땅
• **a sterile debate** 아무 소득 없는 토론
• **live in sterile wedlock** 아이 없는 결혼 생활을 하다
• **cause sterility** 불임을 유발하다

• **result in sterility** 허사가 되다
• **sterilize surgical instruments**
  수술 도구들을 소독하다

ROOT/STEM

expedite 신속히 처리하다

* 라틴어 **pedere**(발을 달다), 라틴어 **pes**(발) → **ped**, **pedi**는 발과 관련이 있다.

* **ex**(밖으로) + **pedi**(발) + **ite**(동사형 접미사 **ate**)

→ **expedite** (발을 밖으로 풀어주어 자유롭게 함으로써) 신속히 처리하다

* **ex**(밖으로) + **pedi**(발) + **tion**(명사형 접미사)

→ **expedition** 탐험, 탐험(원정)대, 필요한 일을 하기 위한 짧은 여행

예문

I asked him to expedite the repairs. 나는 신속하게 고쳐달라고 부탁했다.

We offer expedited delivery. 우리는 빠른 배송을 제공합니다.

구문

• **expedite the shipment** 선적을 신속히 하다
• **expedite deliveries** 배달을 신속히 처리하다
• **expedited procedure** 신속 처리 절차
• **expedite matters** 일들을 신속히 처리하다

• **lead an expedition** 탐험대(원정대)를 인솔하다
• **a record of expedition** 탐험 기록
• **Everest expedition** 에베레스트 원정대
• **go on an expedition to** ~ 탐험을 떠나다

141

tread, trespass, treadmill, itinerary, itinerant, detergent

*Old English 「treadan」
  발을 디디다, 밟다, 가로지르다
*tre는 발로 밟는 것과 관련이 있다

*tread ①밟다, 디디다, ②타이어 접지면, 발걸음
*treadmill 발로 밟아 돌리는 기구
*downtrodden 억압받는, 짓밟힌
*trespass 무단침입(출입) 하다

tread in the paddle

treadmill

downtrodden

tread

NO trespassing

trespass

travel itinerary

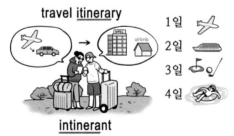

1일 ✈
2일 🚢
3일 ⛳
4일 🏊

intinerant

*라틴어 itineratium
  여행 안내서, 여행기

*itinerary 여행 일정표
*itinerant 떠돌아 다니는, 순회하는

*de 분리
*라틴어 tergere 씻다, 닦다

  *detergent 세제

세제

detergent

tread ① 밟다, 디디다, 밟아서 뭉개다 ② 타이어의 접지면 ③ 발걸음
* Old English 「**treadan**(발을 디디다, 밟다, 가로지르다)」→ **tread** 밟다, 디디다
* **downtrodden** 억압받은, 짓밟힌
* **tre**는 발로 밟는 것과 관련이 있다. → **tread** 발을 디디다　* **trespass** 무단침입(출입)하다
* **treadmill** 발로 밟아 돌리는 기구, 다람쥐 쳇바퀴 같은 일(생활), 걷기나 달리기용 운동 기구(러닝머신)

(예문)

You trod on my foot. 너 내 발을 밟았어.

The tread on this tyre has worn down. 이 타이어의 접지면이 마모되었다.

Tread on a worm and it will turn. 지렁이도 밟으면 꿈틀한다.

Tread lightly, the daisies are near under the snow. 가볍게 밟아라, 데이지 꽃들이 눈 아래에 있다.

Death's way must be trodden once, however we pause. 죽음의 길은 아무리 망설여도 한 번은 밟게 된다.

(구문)

• tread on stepstone 디딤돌을 밟다
• tread in the puddle 물웅덩이에 발을 디디다
• hear his heavy tread 그의 무거운 발소리를 듣다
• work for the downtrodden
　억압받은 사람들을 위해 일하다
• trespass on one's privacy ~의 사생활을 침해하다

itinerary 여행 일정표
* 라틴어 **itineratium**(여행 안내서, 여행기) → **itinerary** 여행 일정표
* **itinerant** 떠돌아다니는, 순회하는

(예문)

Let's have to build exact itinerary. 정확한 여행 일정을 세우자.

(구문)

• itinerant justice 순회 재판, 순회 판사
• itinerant worker 떠돌이 노동자

detergent 세제
* **de**(분리) + 라틴어 **tergere**(씻다, 닦다) → **detergent** 세제

(예문)

This detergent will remove stains. 이 세제가 얼룩을 제거할 것이다.

(구문)

• dish detergent 설거지 세제
• laundry detergent 세척용 세제
• dissolve detergent in water 물에 세제를 풀다

advantage, disadvantage, integrate, integral, integrity

*dis 반대
* 프랑스어 avant(앞에)

*advance 전진, 발전, 진격(하다)
*advantage 유리한 점
*disadvantage 불리한 점, 약점

advantage

dis<u>advantage</u>

advance

1박 150,000원

결제하기

pay in
<u>advance</u>

HOTEL

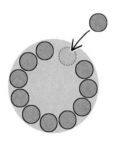

integrate

elevator

제조기술
IT기술
수송기술

<u>integrated</u>
technologies

*라틴어 integer
전체의, 완전한

*integrate 통합하다
*integration 통합
*integral 필수적인, 내장된
*integrity 완전한 상태

territorial
<u>integrity</u>

structural
<u>integrity</u>

정직
청렴
성실

a woman with
<u>integrity</u>

<u>integral</u>
parts

advantage ① 유리한 점, 이점, 장점 ② ~에게 유리하게 하다

* 프랑스어 **avant**(앞에) → **advance** 전진, 발전, 진격(하다)

→ **advantage** 유리한 점(앞에 가면 유리하다)

* **dis**(반대) + **advantage**(유리한 점) → **disadvantage** 불리한 점, 약점, 난점

*프랑스어 avant-garde(아방가르드): 20세기 초 기성의 예술 관념이나 형식, 미적 가치를 부정하고 혁신적인 예술을 주장한 예술운동 또는 그 유파. 전위예술, 반지성, 반도덕, 반예술적 경향이 있다.

*현대자동차 avante(아반떼)는 스페인어로 전진, 앞으로 힘차게 나아간다는 것을 나타낸다.

(예문) ────────────────────────────────────

It is to your advantage to make mutual concessions. 서로 양보하는 것이 당신들에게 이득입니다.

He changed some contract terms to his advantage. 그는 몇몇 계약 조항을 자기에게 유리하게 고쳤다.

He will probably just take advantage of you. 그는 너를 이용하려고만 할 거야.

Your disadvantage is lack of practical experience. 너의 약점은 실무 경험이 부족하다는 것이다.

That gives us disadvantage. 그러면 우리가 불리하잖아.

You can't say that civilization doesn't advance, however, for in every war they kill you in a new way.

문명이 발전하지 않는다고 할 수 없지만 모든 전쟁에서는 새로운 방법으로 사람을 죽인다. - 윌 로저스

*문명 발전에 따라 환경오염, 교통체증, 노동시간 증가 등 부정적 요인도 증가하고 삶의 질이 악화되는 면도 있기 때문에 문명 발전이 반드시 행복을 증진시키는 것만은 아니다.

Fortune can, for her pleasure, fools advance, and toss them on the wheels of Chance.

행운의 여신은 재미삼아 (어리석은 자를) 먼저 찾아가 농락하고(속이고) 그들을 요행의 수레에 던질 수 있다. - 유베날리스

*처음 해본 도박에서 돈을 땄다고 좋아하지 마라. 그것은 미끼이자 함정이다.

(구문) ────────────────────────────────────

• home turf advantage 홈그라운드의 이점   • an advance guard 전위부대(선발대)
• operate to my advantage 나에게 유리하게 작용하다   • notify in advance 미리(사전에) 고지하다
• an advance man 선발대원   • advanced country 선진국

- - ROOT/STEM -

integrity ① 완전한 상태, 온전함 ② 진실성

* 라틴어 **integer**(전체의, 완전한) → **integrity** 완전한 상태

* **integrate** 통합하다   * **integration** 통합   * **integral** 필수적인, 필요불가결한, 내장된

(예문) ────────────────────────────────────

He is a man of high integrity. 그는 청렴결백한 사람이다.

They restored the integrity of the ancient building. 그들은 고대 건축물의 완전한 형태를 복원했다.

Hydrogen is integral to the water molecule. 수소는 물 분자를 구성하는 필수 요소다.

(구문) ────────────────────────────────────

• integrate management 경영을 통합하다   • integral parts of machine 기계의 필수 부품
• economic integration 경제 통합

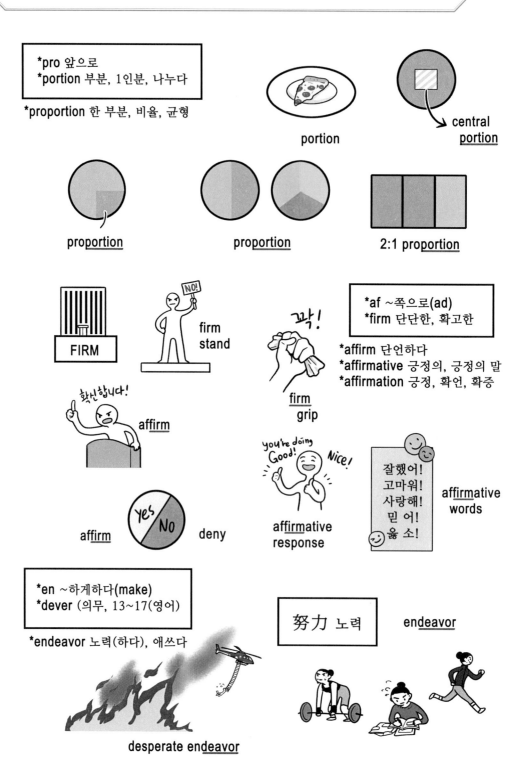

143

portion, proportion, affirmative, endeavor

*pro 앞으로
*portion 부분, 1인분, 나누다

*proportion 한 부분, 비율, 균형

portion

central portion

proportion

proportion

2:1 proportion

FIRM

firm stand

확신합니다!
affirm

꽉!
firm grip

*af ~쪽으로(ad)
*firm 단단한, 확고한

*affirm 단언하다
*affirmative 긍정의, 긍정의 말
*affirmation 긍정, 확언, 확증

affirm   Yes No   deny

you're doing Good! Nice!
affirmative response

잘했어!
고마워!
사랑해!
믿어!
옳소!

affirmative words

*en ~하게하다(make)
*dever (의무, 13~17(영어))

*endeavor 노력(하다), 애쓰다

努力 노력   endeavor

desperate endeavor

ROOT/STEM

portion ① 더 큰 것의 일부 ② 1인분 ③ 나누다, 분배하다

* **pro**(앞으로, 먼저) + **portion**(일부) → **proportion** (먼저 떼어놓은) 한 부분, 비율, 균형

예문

Fears are growing in proportion to our ignorance. 무지에 비례하여 두려움이 커진다.

A man is arrogant in proportion to his ignorance. 사람은 자신의 무지에 비례하여 거만하다.

구문

- one portion of steak 스테이크 1인분
- a small portion of the budget 예산의 작은 일부
- significant portion of the population 인구의 상당 부분
- the central portion of the bridge 그 다리의 중앙 부분
- accept a portion of the blame
  비난의 일정 부분을 받아들이다
- out of proportion with ~와 균형이 맞지 않다

ROOT/STEM

affirm 단언하다, 확언하다, 장담하다

* **af**(~ 쪽으로 **ad**) + **firm**(단단한, 확고한) → **affirm** 단언하다

* **affirmative** 긍정의, 긍정의 말   * **affirmation** 긍정, 확언, 확증

예문

I affirm it to be a fact. 나는 그것이 사실이라고 장담한다.

He declined either to affirm or deny. 그는 긍정도 부정도 하지 않았다.

He answered in the affirmative. 그는 긍정적으로 대답했다.

Two negatives make an affirmative. 이중의 부정은 긍정이 된다.

구문

- give me an affirmative response
  나에게 긍정적으로 답변을 하다
- an affirmative defense 적극적 방어(변호)

ROOT/STEM

endeavor ① 노력, 애씀 ② 노력하다, 애쓰다

* **en**(make) + **dever**(13~17C 영어, 의무) → **endeavor** 노력(하다), 애쓰다

예문

The way to gain a good reputation is to endeavor to be what you desire to appear.
좋은 평판을 받는 방법은 자신이 드러내고자 하는 모습이 되도록 노력하는 것이다. - 소크라테스

All the endeavors were in vain. 모든 노력이 물거품이 되었다.

구문

- the endeavor to understand 이해하려는 노력
- do one's best endeavors 전력을 다하다
- elevate one's life by conscious endeavor
  의식적인 노력으로 자신의 삶을 고양시키다

pregnant, pregnable, impregnable, allure, stride, strident

*pre 이미, 미리
*라틴어 gnatu 태어난, 생긴
*ant 접미사

*pregnant 임신한
*pregnable 정복할 수 있는,
　　　　　점령하기 쉬운, 취약한
*impregnable 난공불락의 , 확고한

pregnant

pregnable

impregnable

難攻不落
난공불락

impregnable
fortress

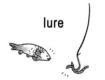

lure

lure him
away

*lure 꾀다, 유혹하다.
　　유혹, 매력, 미끼

*allure 매력, 꾀다. 유혹하다

allure him
with money

elegant
allure

*stridan(Old English)
　　보폭을 넓히다

*stride ①성큼성큼 걷다 ②(큰) 걸음, 보폭, 전진
*strident 귀에 거슬리는, 거친, 공격적인, 단호한
*match our stride 발을 맞춰 걷다

make a long stride

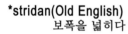

strident

match our stride

pregnant 임신한(구어 preg) * pregnancy 임신
* pre(미리) + 라틴어 gnatu(태어난, 생긴) + ant(접미사) → pregnant 임신한
* pregnable 정복할 수 있는, 점령하기 쉬운, 취약한 * impregnable 난공불락의, 확고한

예문

The pregnant woman is near her time. 그 임산부는 출산일이 가까워졌다.
All aphorisms are pregnant with meaning. 모든 경구는 의미로 가득 차 있다.
The present is pregnant with the future. 현재는 미래를 잉태하고 있다.

구문

• a pregnable argument 근거가 약한 주장   • an impregnable fortress 난공불락의 요새

ROOT/STEM

allure ① 매력(격식적 표현) ② 꾀다, 유혹하다
* lure ① 꾀다, 유혹하다 ② 유혹, 매력 ③ 미끼
* al(방향 ad) + lure(꾀다, 유혹하다) → allure ① 매력 ② 꾀다, 유혹하다

예문

Bees are lured by attractive fragrances of flowers. 벌들은 매력적인 꽃향기에 이끌린다.
He is blinded by the lure of money. 그는 돈의 유혹에 눈이 멀었다.
It is bad to allure others with money. 돈으로 유혹하는 것은 나쁜 일이다.

구문

• lure the consumers 소비자들을 유혹하다   • sexual allure 성적 매력
• lure the enemy into the trap   • have a subtle allure 묘한 매력이 있다
  적을 함정으로 유인하다   • allure her to buy it 그녀를 꾀어 그것을 사게 하다

ROOT/STEM

stride ① 성큼성큼 걷다 ② 큰 걸음(보폭)
* Old English 「stridan(보폭을 넓히다)」→ stride 성큼성큼 걷다
* strident 귀에 거슬리는, 거친, 공격적인, 단호한
* street(거리, 도로)에서 stride(성큼성큼) 걸으면 strident (귀에 거슬리는) 상태가 된다.

예문

He made great strides in all aspects. 그는 모든 면에서 장족의 발전을 했다.
An elephant crossed the road at a stride. 코끼리는 한 걸음에 길을 건넜다.
The rhetoric sounds strident. 미사여구는 귀에 거슬린다.

구문

• stride across 성큼성큼 건너다   • in stride 쉽게, 대수롭지 않게
• one meter at a stride 한 걸음에 1미터 • strident music 귀에 거슬리는 음악
• in two strides 두 걸음 만에   • strident criticism 귀에 거슬리는(공격적인) 비판

amphibian, setback, accost

*amphi 양쪽의
*bio 생명

*amphibian 양서류
*amphibious 양서류인, 수륙양용의

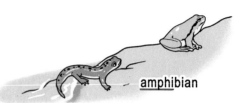

amphibian

amphibious car
(amphicar)

兩棲類
양서류

amphibian

*set 놓다
*back 뒤에

*setback 차질
*set back 저지(방해)하다
　　　　지연시키다

setback

set <u>back</u> my plan

*ac (방향, ~쪽으로 ad)
*라틴어 costa 갈비, 옆구리

*accost
(위협적으로) 다가와 말을 걸다

accost

amphibian 양서류

* **amphi**(양쪽의) + **bio**(생명) + **ian**(접미사) → **amphibian** 양서류(복수형은 **amphibia**)
* **amphibious** 양서류인, 해병대 합동의, 수륙양용의

예문

Frogs are amphibians and coldblooded. 개구리는 양서류이고 냉혈동물이다.

*양서류: 개구리, 도룡뇽salamander, 두꺼비toad 등 양서류는 물과 육지 양쪽에서 생활한다. 그들은 주위 온도에 따라 몸의 온도가 변하는 냉혈동물로서 햇빛을 쬐어 열을 얻는다. 양서류는 허파가 있지만 피부 호흡을 해서 산소를 얻는데, 피부에는 수분 방출을 막아주는 깃털이나 비늘이 없기 때문에 살갗을 항상 촉촉하게 해주어야 한다.

구문

• **an amphibian tank** 수륙양용 탱크
• **amphibian species** 양서류 종

• **amphibious operation**
　해병대(수륙양용) 합동작전, 육군·해군(공군) 합동작전

ROOT/STEM

setback 차질, 실패(좌절)

* **set**(놓다) + **back**(뒤에) → **setback** (뒤에 놓아서 발생한) 차질
* **set back** 저지(방해)하다, 지연시키다

예문

There is a bit of setback. 약간 차질이 있어.

Due to the economic slump, a setback is expected in the export market.

경기 침체로 수출 시장에 차질이 예상된다.

He tried to set back my plan. 그는 내 계획을 저지하려고 했다.

구문

• **suffer a major setback** 중대한 차질을 겪다
• **a temporary setback** 잠정적 차질, 잠깐의 실패

ROOT/STEM

accost (위협적으로 다가와) 말을 걸다

* **ac**(방향 ad) + 라틴어 **costa**(갈비, 옆구리) → **accost** (옆구리 쪽으로 위협적으로) 다가와 말을 걸다

예문

A stranger accosted me. 낯선 사람이 나에게 말을 걸었다.

A robber accosted a passerby using a gun. 강도가 다가와 총으로 행인을 위협했다.

Why did she accost you? 왜 그 여자가 너에게 말을 걸었어?

strenuous, pest, pester, combust

*strength 힘, 기운, 혈기

*strenous
①몹시 힘든 ②불굴의, 완강한
*strenuously 활기차게, 열심히
*strenuosity 분투정신, 맹렬한 기세

strength

strenuous
exercise

pest

pester

pesticide

*pest 해충

*pester
성가시게하다, 괴롭히다, 조르다
*pesticide 살충제, 농약

*com 함께
*bust 부수다

*combust 연소하다(되다)
*combustion 연소, 불이 탐
*combustible 불이 잘 붙는, 타기 쉬운

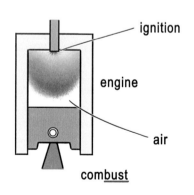

ignition

engine

air

combust

燃燒 연소

combust

(예문)

Rudeness is the weak man's imitation of strength. 무례함이란 약자가 힘이 있는 것처럼 꾸미는 것이다.

Some athletes get the massage to aid recovery after a strenuous workout.

일부 사람들은 격렬한 운동 후 회복을 돕기 위해 마사지를 받는다.

(구문)

• make strenuous efforts 불굴의 노력을 하다   • strenuously insist 강경하게 주장하다
• avoid strenuous exercise 격렬한 운동을 피하다   • strenuously oppose 강경하게 반대하다

(예문)

He is a pest of the neighborhood. 그는 이웃의 골칫거리다.

You are a pest! 너 참 집요하구나!

Flies pester me. 파리가 나를 성가시게 한다.

(구문)

• a real pest 진짜 성가신 녀석   • pest repeller 해충 퇴치제, 살충제
• pest control 방제, 해충 관리   • crops sprayed with pesticide 살충제를 뿌린 작물들
• the prevalence of pests 해충의 창궐

(예문)

The perfect combustion doesn't leave the soot. 완전연소는 그을음을 남기지 않는다.

*산소 공급이 충분하면 완전연소가 일어나 탄산가스와 수증기만 발생한다.

Shredded paper can easily combust. 잘게 찢어진 종이는 쉽게 연소될 수 있다.

(구문)

• the combustion of fossil fuel 화석연료의 연소   • the rocket's combustion chamber 로켓의 연소실

compound, rectangle, correct, incorrect

147

*com 함께
*라틴어 ponere 놓다, 두다
*라틴어 componere 함께 놓다, 두다

*compound 복합체, 화합물,
　　　　　혼합물, 합성(복합)의
*compounding (약) 조제, 조합

water molecule

compo<u>und</u>

dragonfly compo<u>und</u> eyes

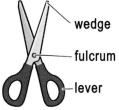

- wedge
- fulcrum
- lever

compo<u>und</u> machine

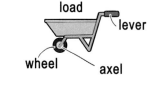

- load
- lever
- wheel
- axel

돌+다리=돌다리
날다+짐승=날짐승

compound words

*corn 함께(con)
*라틴어 rectus 곧은
*rect는 곧은 것, 바른 것 과
　　관련이 있다

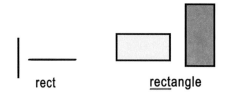

rect　　　rectangle

*correct
①맞는, 정확한 ②바로잡다, 정정하다
*correctly 정확하게, 제대로
*corrective 바로잡는, 교정하는(것)
*correctness 정확함, 정확성
*correction 정정, 교정
*incorrect 부정확한, 맞지 않는
*incorrectly 부정확하게, 맞지 않게

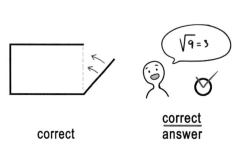

$\sqrt{9}=3$

correct　　　<u>correct</u> answer

correct ⊘ ⊗ in<u>correct</u>

訂正 정정
矯正 교정

<u>correction</u>

compound ① 복합체, 화합물, 혼합물 ② 합성(복합)의 ③ 복합단지, 구내

* com(함께) + 라틴어 ponere(두다, 놓다 put) → 라틴어 componere → compound

* com(함께) + pound(치다, 두드리다) → 여러 가지를 함께 두드려 부수어 혼합compound하는 것으로 생각하면 기억하기 쉽다. * compounding (약) 조제, 조합

예문

All living things are carbon compounds. 모든 생명체는 탄소화합물이다.

A water molecule is a compound of oxygen and hydrogen. 물 분자는 산소와 수소의 화합물이다.

Sodium and chloride joined together chemically to make a compound(salt).

나트륨과 염화물은 화학적으로 결합되어 화합물(소금)을 만든다.

Dragonflies have a big compound eyes. 잠자리는 큰 겹눈을 가지고 있다.

The truth is always a compound of two half-truths, and you never reach it.

진실은 언제나 두 개의 반쪽 진실들로 이루어진 복합체이고 당신은 결코 진실에 도달할 수 없다.

*우리가 진실이라고 믿는 것에는 언제나 그 이상의 무엇이 있다. 무엇을 안다고 섣불리 자만하지 말라.

구문

• compound machines 복합 기계(바퀴wheel, 축axle, 지렛목fulcrum, 지렛대lever로 구성된 기계 - 가위, 자전거 등)
• compound words 합성어
• compound fracture 복합 골절
• military compound 군부대
• compound interest 복리

---

rectangle 직사각형

* 라틴어 rectus(곧은 right) → rectangle 직사각형

* rect는 곧은 것과 관련이 있다. → correct ① 맞는, 정확한 ② 바로잡다, 정정하다

* correctly 정확하게, 맞게, 제대로   * corrective 바로잡는, 교정하는 (것)

* correctness 정확함, 정확성   * correction 정정, 교정

* incorrect 부정확한, 맞지 않는   * incorrectly 부정확하게, 맞지 않게

예문

Figure out the area of the rectangle. 직사각형의 면적을 구하라.

Correcting the mistake is a positive move, a nurturing move.

실수를 고치는 것은 긍정적 행동이자 자신을 성숙시키는 행동이다.

구문

• fold it into a rectangle 그것을 직사각형으로 접다
• the correct answer 정답
• the correct decision 올바른 결정
• a brace to correct one's bite
  치아의 맞물림을 교정하기 위한 교정기
• pronounce correctly 정확하게 발음하다
• answer correctly 정확하게 대답하다
• take corrective action 바로잡는 조치를 취하다
• add a corrective to ~에 수정하는 부분을 덧붙이다
• incorrect information 부정확한 정보
• incorrect spelling 틀린 철자

criterion, critic, criticize, robe, rubbish, quarry

*그리스어 **krinein** 판단(결정)하다
*그리스어 **krites** 심판관
*그리스어 **kriterion** 판단기준
*crit 는 판단, 비판과 관련이 있다

*critic 비평가, 비판하는 사람
*critical 비판적인
*criticism 비판
*criticize 비판(비평)하다
*criterion (판단, 비판을 위한) 기준

criticize   critical

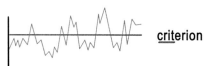

criterion

批判 비판

criticism

*robe
(특별한 의식때 입는) 예복, 가운

*rubbish 쓰레기
*bathrobe 목욕용 가운
*shower robe 샤워 가운

robe   rubbish

*라틴어 **quadrum** 정사각형
*quad 사각형

quadrangle

*quadrangle 사각형(quad)
*quarry ①채석장 ②캐내다,채석하다
③사냥감
*quarryman 채석공
*quartz 석영
*quadrupled 네발짐승

quarry

quartz   quarry man

ROOT/STEM

criterion (판단, 비판을 위한) 기준　★ **criteria**(복수형)
★ 그리스어 **krinein**(판단하다, 결정하다), 그리스어 **kriterion**(판단 기준)
★ 그리스어 **krites** 심판관
★ **crit**는 판단, 비판과 관련이 있다.
→ **critic** 비평가, **critical** 비판적인, **criticism** 비판, **criticize** 비판(비평)하다

예문

Profitability is the most important criterion for our business. 수익성은 우리 사업의 가장 중요한 기준이다.

No candidate fulfills all the criteria. 모든 기준을 충족시키는 후보자는 없다.

To be mature means to face, and not evade, every fresh crisis that comes.

성숙해진다는 것은 다가오는 모든 생생한 위기를 피하지 않고 마주하는 것을 의미한다.

구문

• **selection criteria** 선발 기준　　　　　　　• **crisis management** 위기관리

ROOT/STEM

rubbish 쓰레기, 형편없는 것　★ **rubbishy** 형편없는, 쓰레기 같은
★ **robe** (특별한 의식 때 입는) 예복, 가운 → **rubbish** 쓰레기　★ **robe**(예복)은 한 번 입고나면 **rubbish**(쓰레기)가 된다.
★ **bathrobe** 목욕용 가운　★ **shower robe** 샤워 가운

예문

His works are rubbish. 그의 작품은 쓰레기다.

Don't talk rubbish! 말 같지 않은 소리(개소리) 하지 마!

구문

• **burn up the rubbish** 쓰레기를 태우다　　　　• **dump rubbish** 쓰레기를 버리다

ROOT/STEM

quarry ① 채석장 ② 캐내다, 채석하다 ③ 사냥감　★ **quarryman** 채석공
★ 라틴어 **quadrum**(정사각형) → **quad**(사각형, **quadrangle** 사각형 안뜰)
*돌을 사각형(quad) 모양으로 자르는 곳 → quarry 채석장
★ **quartz** 석영　★ **quad bike** 4륜 오토바이

예문

He breaks up stones in a quarry. 그는 채석장에서 돌을 부순다.

He lost sight of his quarry. 그는 사냥감을 시야에서 놓쳤다.

The abandoned quarry looks very ugly. 버려진 채석장이 흉물스럽게 보인다.

149

defer, deference, multitude, multiple, multilateral

*de 아래로
*fer 옮기다(ferry)

*defer ①미루다, 연기하다 ②~를 따르다(to)
*deference 존중, 경의를 표하는 행동
*deferential 경의를 표하는, 공손한
*deferentially 경의를 표하여, 공손하게

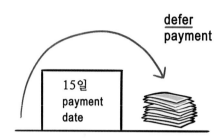

defer
payment

15일
payment
date

yes

defer to his father's decision

deferential attitude

show (pay)
deference
to~

7 × 8 = 56

multiply

multiple
choice

*multi 다색의, 다채로운
*라틴어 plicare 접다
*lateral 옆의, 측면의

*multiply 곱하다, 증식하다
*multiple 많은, 다수의, 복합적인
*multiplication 곱셈, 증식
*mulioplex 복합 상영관
*mulilateral 다자간의, 다각적인
*multitude 다수, 대중

multiple
passport

mulitiplication
of cells

영화	영화
식당	커피숍

multiplex

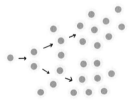

multilateral   talks

multitude

ROOT/STEM

deference 존중, 경의를 표하는 행동

* **de**(아래로) + **fer**(옮기다, **ferry**) → **defer** ① 미루다, 연기하다 ② ~를 좇다, 따르다(~**to**)

* **defer**(~를 좇다, 따르다) → **deference** 존중, 경의를 표하는 행동

* **deferential** 경의를 표하는, 공손한   * **deferentially** 경의를 표하여, 공손하게

예문

We paid deference to the buying mission. 우리는 구매사절단에게 경의를 표했다.

Comedy is nothing more than tragedy deferred. 희극은 유예된 비극에 지나지 않는다. - 피코 아이어

구문

• **deference system** 경어법
• **deference for one's elders** 윗사람에 대한 존중
• **a deferential attitude** 공손한 태도
• **defer payment** 지불을 미루다

• **defer enlistment** 입영을 연기하다
• **defer departure** 출발을 연기하다
• **defer it to you** 그것을 너에게 미루다(맡기다, 양도하다)

ROOT/STEM

multitude 아주 많은 수, 다수, 대중

* **multi**(다색의, 다채로운) + 라틴어 **plicare**(접다) → **multiply** 곱하다, 크게 증가하다(시키다), 증식(번식)하다(시키다)

* **multiple** 많은, 다수의, 복합적인   * **multiplication** 곱셈, 증식   * **multiplex** 복합 상영관

* **multi**(다색의, 다채로운) + **lateral**(옆의, 측면의) → **multilateral** 다자간의, 다각적인

* **multi**(다색의, 다채로운) + **tude**(성질, 상태) → **multitude** 아주 많은 수, 다수, 대중

예문

Charity shall cover a multitude of sins. 자선은 허다한 죄들을 덮으리라.

He suffers from a multiple personality disorder. 그는 다중인격 장애를 앓고 있다.

구문

• **multiple pile-up** 다중 충돌 사고
• **multiple choice** 선다형
• **the lowest common multiple** 최소 공배수

• **multiple answers** 복수 응답
• **the assembled multitude** 모여 있는 군중
• **the multilateral talks** 다자간 회담

150

prophet, prophecy, prophesy, meander, meanderingly

*pro 앞에
*phe 말하다

*prophet 선지자, 예언자
*prophecy 예언
*prophesy 예언하다

the prophet
Muhammad

Quran

豫言 예언

prophecy

하늘에서 공포의 대왕이
내려온다
-노스트라다무스-

마른땅은 더 마르고
큰 홍수가 오리라

prophesy

Nostradamus

蛇行川
사행천

meandering
river

meander

*라틴어 maeander
터키에 있는 굴곡이 심한 사행천

*meander 구불구불하다
이리저리 돌아다니다, 횡설수설하다
*meanderingly 구불구불하게, 정처 없이

meander along the streets

prophet 선지자, 예언자　　* prophetic 예언의, 예언적인, 예언자(선지자)의

* phe는 말하는 것과 관련이 있다.

* pro(앞에) + phe(말하다) + t(사람) → prophet 선지자, 예언자(여성은 prophetess)

* prophecy 예언　　* prophesy 예언하다

* prophecy는 장래에 어떤 일이 일어날 것이라고 말하는 것(종교적, 마법적 힘과 관련)

* prediction은 자신이 생각하는 것 또는 말한 것이 일어날 것이라고 하는 것

예문

His prophecy came true. 그의 예언은 실현되었다.

History is the best prophecy. 역사는 최선의 예언이다.

No prophet is accepted in his own country. 선지자는 고향에서 환영받지 못한다.

Muhammad is God's prophet. 무하마드는 신이 보낸 예언자이다.

구문

• prophesy war 전쟁을 예언하다
• rosy prophecy 낙관적 예언
• prophesy what may happen
  무슨 일이 일어날지 예언하다

• an inspired prophet 신의 계시를 받은 예언자
• an accurate prediction of the costs 정확한 비용 예측
• the growth prediction 성장 예측
• weather prediction 일기예보

meander ① 구불구불하다 ② 이리저리 돌아다니다 ③ 두서없이 진행되다, 횡설수설하다

* 라틴어 maeander(터키에 있는 굴곡이 심한 사행천) → meander 구불구불하다

* meanderingly 구불구불하게, 정처 없이

예문

The river meanders slowly down to the sea. 그 강은 굽이굽이 흘러서 바다로 간다.

Cease to meander! 돌려서 말하지 마!

He was meandering around the house. 그는 그 집 주변을 서성이고 있다.

His speech was long and meandering. 그의 연설은 지루하고 횡설수설하고 있었다.

구문

• meander through hills and fields
  산과 들을 굽이쳐 흐르다
• the meanders of a river 강의 굴곡
• meander back and forth 앞뒤로 굽이쳐 흐르다
• meander along the streets
  거리를 따라 정처 없이 돌아다니다

• a tiny stream meandering through the meadow
  초원을 굽이쳐 흐르는 냇물
• meanderingly stretch along mountain ridges
  산등성이를 따라 구불구불 뻗어 있다
• meandering stream 사행천